Richo

Vertrauen wagen

David Richo

Vertrauen wagen

**Das bedingungslose Ja
zum Leben wie es ist**

WINDPFERD

Titel der amerikanischen Originalausgabe *Daring to Trust*
Erschienen bei *Shambhala Publications, Inc., Boston, MA, USA*
www.shambhala.com
© 2010 by David Richo
Aus dem amerikanischen Englisch übersetzt von
Maike und Stephan Schuhmacher

Weitere Titel von David Richo:
Fünf Dinge, die wir nicht verändern können
Reif werden füreinander
Wenn die Vergangenheit allgegenwärtig ist

1. Auflage 2012
© 2011 Windpferd Verlagsgesellschaft mbH, Oberstdorf
Alle Rechte vorbehalten
Umschlaggestaltung: KplusH, Agentur für Kommunikation und Design, CH-Amden
Bildquelle Cover: 123rf
Layout und Grafik: Marx Grafik und ArtWork
Gesetzt aus der Warnock
Druck: Himmer AG, Augsburg

Printed in Germany
ISBN 978-3-86410-005-5
www.windpferd.de

In liebevoller Erinnerung
an meine fürsorgliche Mutter Louise
und an meine Freundin Faye Honey Knopp,
die meinen Pfad erhellt hat.

Ich werde euch nie vergessen.

Was hätten wir jemals,
das mehr oder besser wäre
als unser gemeinsames Leben?

Inhaltsverzeichnis

Einführung

Wir legen nun ab zu einer Reise in Gewässer, die meist eher stürmisch als ruhig sind. Nur wir Wagemutigen gehen an Bord eines Schiffes namens *Vertrauen*. Können wir darauf vertrauen, dass das Schiff nicht sinken wird? Können wir unseren Mitreisenden vertrauen? Über diese Fragen wollen wir uns voller Respekt für unsere Familie und unsere Freunde, aber natürlich auch für unsere Welt Gedanken machen.

Nur diejenigen von uns, die Verletzlichkeit zulassen, können dieses Meer der Risiken befahren. Wenn wir über Bord gehen und kopfüber in die Wellen stürzen, mögen wir fürchten, dass sie uns verschlingen. Können wir darauf vertrauen, dass unser zerbrechlicher Körper in solch rauer See nicht untergehen wird? Wir treten Wasser, ohne eine Garantie zu besitzen, dass sich uns, die wir in den kalten und aufgepeitschten Wellen treiben, wie versprochen oder erhofft eine Hand entgegenstrecken wird. Und wird der unerschrockene Gefährte, der es wagt, zu uns herüberzuschwimmen, uns wieder an Bord bringen können und bei uns bleiben, bis wir erneut festen Boden unter den Füßen haben? Es gibt Strudel und Riffe in den Gewässern des menschlichen Vertrauens. Doch dies sind Risiken, die die meisten von uns bereitwillig auf sich genommen haben, wieder und wieder, was uns hoch anzurechnen ist.

Manchmal sind wir auf unseren Seefahrten in Häfen eingelaufen, in denen uns große Loyalität erwartet hat. Das wussten wir zu schätzen. Manchmal sind wir von jemandem, der für uns da zu sein schien, der es aber nicht war, schwer betrogen worden. Unsere Geschichte des Vertrauens ist das Logbuch unseres Lebensschiffs. Auf den folgenden Seiten findet sich manchmal eine Schwimmweste, manchmal ein Anker, manchmal aber auch wenig mehr als eine wacklige Planke über einsam blaue und unausgelotete Tiefen. Doch wir werden einen Weg finden, auf den Wellen zu reiten und nicht in ihnen zu ertrinken.

Wie dieses Buch zustande kam

Die Entstehung dieses Buches geht zurück auf einen denkwürdigen Augenblick in einer Eheberatungssitzung, die ich mit einem Paar durchführte, das ich hier Alice und Erik nennen will. Alice hatte eine Affäre gehabt, die inzwischen beendet war, und Erik hatte erst kürzlich davon erfahren. Der Zweck der Therapie war, ihre Beziehung wieder herzustellen – das heißt, wieder Vertrauen aufzubauen.

Die Therapie hatte uns allen deutlich gemacht, dass es Erik äußerst schwer fiel, seiner Frau wieder zu vertrauen, obwohl sie die andere Beziehung freiwillig beendet hatte und sich aufrichtig dazu verpflichtet hatte, die Angelegenheit aufzuarbeiten und künftig treu zu sein. Inzwischen war genügend Zeit vergangen, sodass – wir alle drei – eigentlich erwarteten, dass Erik zumindest *beginnen* würde, Alice zu vertrauen. Aber trotz einiger sehr intensiver Therapiesitzungen passierte nichts.

In einem besonders schmerzlichen Moment begann Erik zu weinen, und mir wurde plötzlich klar, dass er nicht nur ein Problem damit hatte, Alice zu vertrauen. Da war etwas sehr viel Größeres im Spiel. Es ging um sein Vermögen, überhaupt jemandem voll zu vertrauen. Eriks Kummer in diesem Augenblick betraf sämtliche Vertrauensbrüche in seinem Leben, von seiner Kindheit bis zum heutigen Tag. Seine Tränen galten der Tatsache, dass er sich bei jeder dieser Erfahrungen mehr verschlossen hatte, sodass er nun kein Vertrauen mehr aufbringen konnte, auch wenn es angebracht gewesen wäre. Die Angst, die ein natürlicher Bestandteil allen Kummers ist, war für ihn eher zu einer Phobie geworden. Erik stellte sich nicht die Frage: ‚Ist es gefahrlos, dir zu vertrauen?' Seine wirkliche Frage war: ‚Ist es gefahrlos, *irgendjemandem* zu vertrauen?'

Diese eine tränenreiche Sitzung machte mir deutlicher, als ich es je zuvor gedacht hatte, dass Vertrauen etwas Zweischneidiges ist. Vertrauen kann eine Reaktion auf Vertrauenswürdigkeit sein, aber zuerst einmal muss es eine Fähigkeit sein, die sich aus der Erfahrung sicherer Beziehungen in der Vergangenheit ergeben hat. Unser Vermögen zu vertrauen ist proportional zu der Vertrauenswürdigkeit, die wir bei allen Mitreisenden auf unserer Lebensreise vorgefunden haben, insbesondere bei unserer Mutter und unserem Vater. Den Aufbau unserer Fähigkeit, in der stürmischen See unseres Lebens zu schwimmen, schaffen wir also nicht allein. Vertrauenswürdige Menschen, denen wir in unserem Leben von der Kindheit bis zum jetzigen Augenblick begegnet sind, leben als begleitende und stabilisierende Präsenz in unserer Psyche. Sie werden zu einem Teil unserer inneren Kraftquellen, der psychischen und spirituellen Strukturen in uns selbst, die uns die Kraft geben, uns Bedrohungen zu stellen und mit unseren Bedürfnissen umzugehen. Unsere Erinnerungen an vertrauenswürdige Menschen und unsere Sehnsucht nach ihnen erinnern uns an diese Ressourcen und rufen sie in uns wach. Haben wir mit ihnen und zu ihnen vertrauensvolle Beziehungen hergestellt, dann sind unsere inneren Kraftquellen dadurch etabliert worden. Wenn wir nun das Gefühl haben, von etwas überwältigt zu werden, haben wir ein Reservoir an Erinnerungen, aus dem wir Kraft schöpfen können.

Ralph Waldo Emerson sprach in seiner Ansprache an die Theologische Fakultät der Harvard-Universität von diesen ermutigenden Möglichkeiten: „Wir haben lichtvolle Erinnerungen an die wenigen Begegnungen mit Seelen, die unsere eigene Seele weise gemacht haben, die das aussprachen, was wir gedacht haben, die uns das sagten, was wir wussten, und die uns die Erlaubnis gaben, das zu sein, was wir innerlich sind."

Ich habe oft die Erfahrung von Synchronizität zwischen mir und den Klienten, die zu mir gekommen sind, gemacht. Synchronizität ist ein sinnvolles Zusammentreffen, bei dem Zufall und persönlicher Sinn zusammenkommen. So ist es eine Synchronizität, dass genau die richtigen Klienten auftauchen, um mir etwas über mich selbst zu zeigen, das ich erst zu diesem Zeitpunkt zu erkennen vermag. Im Prozess der Arbeit mit einem Klienten entdecke ich immer wieder Wahrheiten, die in mir selbst verborgen waren, da sie in meiner Vergangenheit in einen tiefen Kerker verbannt wurden. Jene Therapiesitzung war für mich eine Umkehrerfahrung, die mich dazu brachte, mich selbst genauer anzusehen und mich zu fragen, ob ich selbst und vielleicht auch andere Menschen nicht dasselbe Problem haben wie Erik. Die Frage, wie gut ich selbst diese erste Aufgabe im Leben – nämlich zum Vertrauen fähig zu werden – bewältigt hatte, ließ mich nicht mehr los.

Wenn dich selbst all das dermaßen fasziniert, so sagte ich mir, dann ist dies eine Aufforderung, die Sache zu erkunden und, so gut es mir möglich ist, darüber zu schreiben. Mein Horizont weitete sich auf das gesamte Problem des Vertrauens aus, umfasste also nicht nur die Treue zu einem Partner, sondern auch Vertrauen in allen anderen Lebensbereichen.

Mir wurde klar, dass ich selbst, ebenso wie Erik und so viele andere von uns, unter einer auf traurige Weise verkümmerten Fähigkeit zu vertrauen litt – unter einem Mangel an Vertrauen auf mich selbst, auf andere Menschen, auf die Wirklichkeit oder auf eine Macht, die uns alle übersteigt. Meine Neugier und mein Enthusiasmus wuchsen und ich gelangte zu vielen Einsichten. Ich wollte sie mit anderen teilen, und so lief dieses Buch zu seiner Jungfernfahrt aus.

Manche von uns bringen leicht ein angemessenes Vertrauen auf, weil sie eine behütete und sichere Vergangenheit hatten. Bei manchen von uns ist die Erfahrung von Vertrauen etwas angeknackst, weil ihre Eltern meistens vertrauenswürdig waren, sie aber manchmal im Stich ließen. Und einige wenige von uns wurden dermaßen verraten und verkauft – schon früh in ihrem Leben traumatisiert –, dass sie ihre

Fähigkeit zu vertrauen gänzlich verloren haben. Die erwachsenen Beziehungen dieser Menschen mögen dann aussehen wie eine lange Episode von posttraumatischem Stress.

Erik gehörte nicht zu der letzteren Kategorie, aber er war – sowohl in seiner Kindheit als auch als Erwachsener – oft genug enttäuscht worden, um mit seinem Vertrauen auf andere extrem vorsichtig geworden zu sein. Da Vertrauen zu einem gewissen Teil auch durch die Bereitschaft definiert ist, Risiken einzugehen, ist extreme Vorsicht gleichbedeutend mit „kein Vertrauen".

Erik und Alice hatten niemals ein Gespräch über ihre Fähigkeit zu vertrauen geführt, was ein entscheidender Bestandteil des gegenseitigen Kennenlernens von Partnern ist. Ein Teil unserer Arbeit in der Therapie bestand darin, das Vertrauen zum Thema zu machen, uns die frühen und neuesten Erfahrungen der beiden mit dem Vertrauen anzusehen und zu betrachten, welche Auswirkungen diese auf sie hatten.

Eine Darlegung unserer eigenen *Geschichte des Vertrauens* ist wesentlich für ein Verständnis unserer selbst und für eine Vertiefung der Intimität mit unserem Partner. Wir müssen die handelnden Personen in unserer Geschichte des Vertrauens benennen und müssen über unsere Erfahrungen mit diesen Personen sprechen. Wir müssen uns fragen, ob wir jeden Fund (jede Person, die sich als vertrauenswürdig erwies) wirklich zu schätzen wussten und ob wir jeden Verlust (jede Person, die uns im Stich gelassen hat) wirklich ganz betrauert haben. Ebenso müssen wir uns fragen, ob wir, statt zu trauern, die Wucht der Wirkung unserer Verletzungen und Enttäuschungen abgepuffert haben. Ein Vertrauensbruch mag uns sehr viel tiefer treffen, als ein nonchalantes Schulterzucken vermuten lässt.

Eriks Vertrauen auf die Beziehung mit Alice war erst unlängst enttäuscht worden, aber seine Fähigkeit zu vertrauen war bereits vor langer Zeit beschädigt worden. Da Eriks Problem nichts mit Vertrauen *als Reaktion* auf die jüngste Situation zu tun hatte, sondern mit seinem allgemeinen *Vermögen zu vertrauen*, legten wir besonderen Wert auf seine frühesten Erinnerungen an seine Eltern

13

und darauf, ob er ihnen vertrauen konnte oder nicht. Es widerstrebt mir, in einer Beziehung einen Partner als „den mit den Problemen" abzustempeln. In diesem Abschnitt der Therapie sagte ich genau das und bat dann um die Erlaubnis, in Alices Gegenwart eine Weile mit Erik zu arbeiten. Denn Eriks Problem war eine verletzte Fähigkeit zu vertrauen. Bei Alice ging es um eine Geschichte der Erfahrung, kein Vertrauen geschenkt zu bekommen – und das sollte dann, in Gegenwart von Erik, unser nächster Schwerpunkt werden.

Sitzt ein Partner still im Raum, in dem unsere persönliche Arbeit angesprochen und durchgearbeitet wird, fühlen wir uns von ihm oder ihr *begleitet,* und dadurch nimmt die Intimität auf vielfältige Weise zu. Während jeder Sitzung wandte ich mich dem anderen Partner zu und fragte, wie sie oder er sich fühle und was für einen Eindruck die Arbeit, die der andere leiste, auf ihn oder sie mache. Was für eine wunderbare Gelegenheit für den einen Partner, zu lernen, wie man mit Mitgefühl zuhört, und für den anderen, Vertrauen zu lernen – und welche Gelegenheit, die Intimität zu vertiefen.

Für dieses Ehepaar war die Arbeit so ursprünglich und so grundlegend, dass es war, als begänne die Beziehung noch einmal ganz neu und erholte sich nicht nur von der kürzlich erfahrenen Untreue. Ich fragte mich, wie viele Paare sich womöglich erst auf dieser ersten Stufe ihrer Beziehung befinden, ohne sich darüber im Klaren zu sein.

Die Therapie begann dort, wo Alice und Erik anfangen wollten: mit der Heilung des Vertrauensbruchs in der Beziehung. Doch uns allen wurde deutlich, dass der wirkliche Ausgangspunkt sein musste, die alten Wunden des verratenen Vertrauens nochmals zu öffnen und sie zu heilen.

Das Gegenteil von zwischenmenschlichem Vertrauen ist nicht Misstrauen. Es ist Verzweiflung. Zu dieser Verzweiflung kommt es, weil wir aufgegeben haben, daran zu glauben, dass wir bei anderen Vertrauenswürdigkeit und Erfüllung finden können. Wir haben die Hoffnung auf unsere Mitmenschen verloren. Die Therapie mit Erik machte deutlich, dass er auf einer tieferen Ebene bereits seit Langem in einem Zustand der Verzweiflung gelebt hatte. Alice hatte das im

Lauf der Jahre sicherlich wahrgenommen, aber es war zu ungreifbar gewesen, um es in Worte zu fassen. Als all das zum Vorschein kam, wir Worte dafür fanden und die Gefühle zum Vorschein brachten, konnten beide Partner die Fähigkeit zu vertrauen, aber auch ihre Vertrauenswürdigkeit entwickeln. Was könnte für jeden von uns wertvoller sein?

Unsere Bedürfnisse, unsere Angst, unser Risiko

Vertrauenswürdigkeit bedeutet, dass jemand Vertrauen verdient, jenes Vertrauen, das unser erstes Bedürfnis im Leben ist. Ob andere Menschen vertrauenswürdig sind, ist vielleicht zu unserer schlimmsten Angst geworden. Und wenn wir das Abenteuer eingehen, uns als Erwachsene in Beziehungen zu entwickeln, dann mag es unser zartestes Risiko werden.

Es gehört zu den Gegebenheiten des Lebens, dass manche Menschen vertrauenswürdig sind und manche nicht. Unser Risiko besteht darin, offen dafür zu sein, im Augenblick mit Dankbarkeit Loyalität zu empfangen und einem späteren Verrat mit Trauer, aber ohne Vergeltung zu begegnen.

Ein erwachsener Mensch wird anderen den Umständen entsprechend vertrauen – also dann, wenn es ihm aufgrund seiner eigenen Erfahrungen angebracht erscheint. Menschen werden vertrauenswürdig für uns, wenn unsere Erfahrung zeigt, dass sie auf verlässliche Weise gerecht handeln, ehrlich sind und loyale Liebe beweisen. Eine spirituell bewusste Person wird unbedingt auf die Macht von Gerechtigkeit, Wahrheit und Liebe vertrauen. Wir können nicht immer darauf vertrauen, dass wir selbst oder andere diesen idealen Tugenden jederzeit gerecht werden können, aber wir können darauf vertrauen, dass sie die Welt zu einer besseren Welt machen, *wenn* es uns gelingt, ihnen gerecht zu werden.

Wir können uns selbst nicht immer trauen, aber wir können uns dazu entschließen, anderen gegenüber vertrauenswürdig zu handeln, ganz gleich, wie sie sich uns gegenüber verhalten. Wir können uns dazu verpflichten, und wenn es uns nicht gelingt, können wir uns mehr Mühe geben. Üben wir bedingungslose Vertrauenswürdigkeit, dann zeigt sich bald ein wohltuendes Resultat: Wir sind nicht mehr am Boden zerstört, wenn andere uns im Stich lassen. Unser Augenmerk hat sich verschoben: von uns selbst als Opfer des Verrates anderer hin zur verlässlichen Einhaltung unserer eigenen Verpflichtung zur Vertrauenswürdigkeit. Wir sehen immer noch, dass manche Menschen nicht vertrauenswürdig sind, und wir sind deshalb traurig und verletzt. Aber solange wir nicht Vergeltung üben, sind wir nicht so verletzt, wie wir es früher waren – und wir können uns selbst besser leiden. Das bedeutet nicht, dass wir jetzt naiv und leichtgläubig geworden sind. Es zeigt nur, dass wir mehr Selbstvertrauen besitzen. Außerdem lernen wir, klarer zu sehen, welche Menschen vertrauenswürdig sind.

Zusammenfassend könnte man sagen: Wenn wir in der Art unserer Lebensführung erwachsener werden, dann haben wir keine Angst, auf andere zu vertrauen, aber wir bleiben wachsam. Gleichzeitig ist es aber so, *dass dann, wenn wir ein integres Leben führen, alle Menschen uns vertrauen können, auch wenn wir nicht allen vertrauen können.* Um das an einem einfachen Beispiel zu verdeutlichen: Im öffentlichen Schwimmbad kann ich nur einen einzigen Menschen, den ich kenne und dem ich vertraue, bitten, auf meine Brieftasche aufzupassen, während ich schwimmen gehe. Aber von den Hunderten anderer Badegäste kann mir jedermann seine eigene Brieftasche anvertrauen.

In diesem Buch geht es um die Fähigkeit, Vertrauen zu schenken und vertrauenswürdig zu sein. Wir werden Vertrauen als Bedürfnis, als Angst und als Risiko betrachten. Wir beginnen damit, dass wir die Bedeutung von Vertrauen und die Ursprünge von Vertrauen in unserem Gefühlsleben untersuchen. Dann betrachten wir die vier Richtungen, in die Vertrauen gehen kann: Vertrauen auf uns selbst, auf andere, auf die Wirklichkeit und auf eine höhere Macht oder einen spirituellen Weg.

Sie und ich werden zusammen die Kabinen des Schiffs namens *Vertrauen* aufsuchen, welches das Meer der Risiken befährt oder in ihm Schiffbruch erleidet. Wir werden entdecken, was Vertrauen bedeutet, wem wir vertrauen können, wie man gebrochenes Vertrauen heilen kann und wie man davon ablässt, in den Herzen von Menschen, die uns im Stich gelassen haben, nach Liebe zu suchen. Wir werden verstehen lernen, worin der Unterschied zwischen einem kindlichen Vertrauen und einem erwachsenen Vertrauen besteht. Vor allem aber werden wir sehen, auf welche Art jede unserer Ängste ein Problem für das Vertrauen darstellt. Wir fürchten nicht einfach nur Nähe, Verpflichtung, Gefühle und unser Herz an jemanden zu verschenken. Solche Ängste sind nur das Kielwasser, welches dem dunklen Schiff namens *Angst vor dem Selbstvertrauen* folgt. Wir werden dieses Schiff jetzt furchtlos einholen und werden es neu taufen mit dem Namen *Risikobereitschaft.*

Ich überantwortete mich der unermesslichen und offenen See.

– ODYSSEUS ZU DANTE IN *Die göttliche Komödie*

Übung

UNSERE GESCHICHTE DES VERTRAUENS ERKUNDEN

Bevor Sie die einzelnen Kapitel dieses Buches lesen, möchten Sie vielleicht Ihre eigene Geschichte des Vertrauens erkunden.

Machen Sie eine Liste der Menschen, denen Sie im Laufe Ihres Lebens vertraut haben. Schreiben Sie zu jedem Namen Ihre Erfahrung des Vertrauens mit dieser Person auf. Wenn Sie sich selbst die folgenden Fragen stellen, könnte das hilfreich sein:

Wie verlässlich, ehrlich und engagiert war diese Person mir gegenüber?

Welche Versprechungen hat mir diese Person gemacht, und hat sie sie gehalten?

Was habe ich von der Person erwartet, das sich aus meinen eigenen Überzeugungen oder Projektionen ergab und nicht aus einer ausdrücklichen gegenseitigen Übereinkunft?

Wenn das Vertrauen gebrochen wurde, war die Person dann bereit, das zuzugeben und es wiedergutzumachen, und war die Person offen für einen Wiederaufbau des Vertrauens zwischen uns?

Habe ich der Person weiterhin vertraut, auch wenn sich gezeigt hatte, dass sie nicht vertrauenswürdig war?

Ist irgendetwas hiervon ein wiederkehrendes Muster?

Habe ich die Vertrauensbrüche, die ich erfahren habe, jemals wirklich betrauert, sodass ich dann mit meinem Leben fortfahren konnte?

Habe ich Wertschätzung für die mir entgegengebrachte Vertrauenswürdigkeit zum Ausdruck gebracht?

Eine Übung wie diese hilft uns auf vielfältige Weise: Wir bemerken, dass unsere Fähigkeit, heute Menschen zu vertrauen, von unserer Vergangenheit abhängig ist. Wir erkennen Muster in der Art und Weise, wie Menschen mit uns umgehen. Wir sehen, wie unsere Erwartungen eine Rolle für unser Vertrauen auf andere spielen. Wir finden Hinweise auf unsere Angst vor dem Vertrauen oder auf die Einschränkungen unseres Vertrauens.

Es ist immer möglich, unser Vertrauen zu vergrößern und besser darin zu werden, Grenzen zu ziehen, sodass man uns nicht ausnutzen kann. Je weiter wir in unserer Erforschung fortschreiten, desto deutlicher sehen wir, dass unser Vertrauen auf andere ein direktes Resultat unserer Geschichte ist. Wenn wir das wissen, können wir zu einer Weise des Umgangs mit anderen finden, die innovativ, realitätsbezogen und ganz gewiss befriedigend ist.

1
Was ist Vertrauen?

Wir mögen uns fragen, warum es ein Wort für Vertrauen gibt. Es existiert in unserem Vokabular, weil wir wissen, wie es ist, zu misstrauen. Das Gegenteil hilft uns zu bemerken, was wir vielleicht für selbstverständlich gehalten haben. So würden wir auch die Liebe anderer Menschen nicht erkennen, wenn wir nicht die Erfahrung von Gleichgültigkeit gemacht hätten. Ein Fisch hätte kein Wort für Wasser, wenn er nicht einmal auf dem Trockenen gelandet wäre.

Das große Wörterbuch der deutschen Sprache definiert Vertrauen als „festes Überzeugtsein von der Verlässlichkeit, Zuverlässigkeit jemandes, einer Sache". Das ist keine Abhängigkeit, sondern vielmehr eine innere Zuversicht, ein Zutrauen, das uns ein Gefühl der Sicherheit gibt. Vertrauen ist also ein *Überzeugtsein von der Verlässlichkeit*. Das Element der Verlässlichkeit basiert jedoch auf unserer Wahrnehmung oder Erwartung und es mag nicht erfüllt werden oder andauern, wenn es hart auf hart kommt. Das liegt in der Hand von jemand anderem. Alles, was sich unserer Kontrolle entzieht, ist immer eine Quelle von Befürchtungen und Komplikation. Es ist diese Ungewissheit, die das Vertrauen für die meisten von uns zu einer solch haarigen Angelegenheit macht. So wie Haustiere lernen, ihren Herren zu vertrauen, wenn sie bemerken, dass diese die Kontrolle aufrechterhalten können, so könnte es sein, dass auch wir annehmen, jemand sei vertrauenswürdig, weil er oder sie Kontrolle zu besitzen scheint.

Das englische Wort *trust* für Vertrauen kommt von dem altnordischen Wort *traust* her, welches Hilfe oder Zutrauen bedeutet. Es ist außerdem mit dem deutschen Wort Trost verwandt. Diese Begriffe bezeichnen ein Gefühl der Gewissheit, dass uns etwas oder jemand auf alle Fälle beistehen wird und dass wir durch diese Versicherung Trost finden. Per definitionem vertrauen wir also jemandem, wenn wir auf dessen vorhersehbare und wiederholte Treue zählen können und uns das auch für die Zukunft ein Zutrauen zu dieser Person gibt. Vertrauen geschieht in der Gegenwart und es verbindet Erfahrungen aus der Vergangenheit mit Wahrscheinlichkeiten in der Zukunft.

Wir gebrauchen das Wort Vertrauen gewöhnlich als ein Substantiv, was den Eindruck erwecken könnte, dass es sich dabei um eine mentale Realität handelt. Tatsächlich verstehen wir „vertrauen" besser, wenn wir das Wort als Verb benutzen. Vertrauen ist in Wirklichkeit eher ein zwischenmenschlicher *Prozess*, eine Weise, mit einem anderen Menschen in Beziehung zu treten.

Vertrauen ist kein Gefühl. Es beginnt mit einem *Glauben* an den anderen, der auf unserer eigenen Mutmaßung oder auf einem uns gegebenen Versprechen beruht. Wenn es dann genügend Beweise dafür gegeben hat, dass jemand tatsächlich vertrauenswürdig ist, dann wird Vertrauen zu einer durchgehenden *Eigenschaft* der Beziehung. Dieser Zuverlässigkeit entspringt ein Gefühl der Sicherheit und Geborgenheit, auch wenn das Vertrauen jederzeit gebrochen werden kann. „Sicherheit" bezieht sich auf ein inneres Gefühl, dass uns nichts Schlimmes geschehen wird, wenn wir in Gefühlen, Wort und Tat ganz und gar wir selbst sind. „Geborgenheit" bezieht sich auf ein inneres Gefühl, das jemand für uns da sein wird. So vertrauen wir zum Beispiel einer Regierung, wenn wir glauben, uns darauf verlassen zu können, dass sie Schaden von uns abwenden, unsere Freiheit garantieren und unser Wohlbefinden während unserer Lebensspanne bewahren wird. Wir vertrauen anderen Menschen, wenn wir uns in ihrer Gegenwart sicher und geborgen fühlen.

Dass wir am liebsten mit den Menschen Zeit verbringen, mit denen wir uns sicher fühlen, erhöht unseren Vertrauens-IQ. Mit der Zeit werden wir immer besser darin, den Unterschied zwischen einem Schwindler und einem ehrlichen Typen zu erkennen. Wenn wir uns mit einem Menschen nicht wohlfühlen und trotzdem bei ihm bleiben, dann beschädigen wir unser Vermögen, bei denjenigen Menschen, die wir in Zukunft treffen werden, Vertrauenswürdigkeit zu erkennen.

Wir können aber auch auf die Loyalität und Ehrlichkeit eines Menschen vertrauen, den wir erst kürzlich kennengelernt haben und von dem uns unsere Intuition und nicht die Beweislage vermittelt, dass er vertrauenswürdig ist. Vertrauen kann auf einem Gesichtsausdruck oder der Körpersprache beruhen, einer Gestik und einem Betragen, die uns Vertrauenswürdigkeit vermuten lassen. In diesem Fall ist Vertrauen ein soziales Ereignis, etwas, das zwischen zwei Menschen entsteht, eine gegenseitige Spiegelung von Vertrauen und Vertrauenswürdigkeit.

Vertrauen kann auch auf einer Vermutung beruhen. Wir vertrauen vielleicht auf den Ausgang eines Spiels, wenn wir eine Lieblingsmannschaft haben und die Chancen für deren Sieg gutstehen. Vertrauen kann auch ein uneingeschränktes Zutrauen sein – wie etwa die Gewissheit, dass ein Gast eintreffen wird, der seine bevorstehende Ankunft gerade über Handy angekündigt hat.

Häufiger jedoch impliziert Vertrauen ein Risiko. Unser Zutrauen mag berechtigt sein oder nicht, je nachdem, wie andere sich entscheiden werden. Als Erwachsene lernen wir, dass es an uns liegt, jemandem Vertrauen zu schenken oder nicht, basierend auf unserer Einschätzung der Vertrauenswürdigkeit, die wir erfahren haben und von der wir annehmen, dass sie bei der anderen Person auch in Zukunft vorhanden sein wird.

Wenn wir auf jemanden vertrauen, bedeutet dies, dass wir uns nicht mehr schützen müssen. Wir glauben daran, dass der andere uns nicht verletzen oder uns Schaden zufügen wird, zumindest nicht absichtlich. Wir vertrauen auf seine guten Absichten, auch wenn wir wissen, dass es unter gewissen Umständen zu einer Verletzung kommen kann. Wir könnten sagen, dass Verletzungen sich nun einmal ereignen – das ist eine der Gegebenheiten des Lebens. Doch wenn uns jemand Schaden zufügt, so steht eine Entscheidung des anderen dahinter.

Wenn eine Beziehung sich vertieft, dann besteht unsere Motivation für den Wunsch, unser Partner möge vertrauenswürdig sein, nicht mehr in dem Bestreben, uns vor dem Schmerz von Verrat oder Verlust zu schützen. Da wir inzwischen ein stärkeres Selbstvertrauen besitzen und auf unser Vermögen zu trauern vertrauen, wissen wir, dass wir mit diesem Schmerz letztlich umgehen können. Unsere Motivation für den Wunsch nach einer Beziehung des gegenseitigen Vertrauens ist, dass wir eine intimere Verbindung kultivieren möchten.

Die Basis für das Vertrauen eines Erwachsenen ist nicht „Du wirst mich niemals verletzen", sondern vielmehr „Ich vertraue auf mich selbst, ganz gleich, was du tun wirst". Wenn Menschen, denen wir vertrauen, uns dann betrügen, werden wir trotzdem bestürzt, verwirrt und bekümmert sein. Doch wenn wir sagen „Bitte verletze mich niemals", so klingt darin das Einnehmen einer Opferrolle an. Ist unser Ich stabiler geworden, dann mögen wir erkennen: Die Menschen brechen manchmal ein Versprechen, es stellt sich heraus, dass sie anders sind, als wir erwartet haben, sie verändern ihre Vorlieben, und so weiter. Die erwachsene Reaktion darauf mag sich etwa folgendermaßen anhören: „Ich bin darauf vorbereitet, mit einer Enttäuschung umzugehen, falls und wenn es dazu kommt – hoffentlich nie. Je mehr ich mich an meine eigenen Vorstellungen von der Realität klammere, desto mehr werde ich mich unter solchen Umständen als Opfer fühlen und diese Umstände nicht einfach als das Auf und Ab einer Beziehung ansehen. Tatsächlich bin ich davon überzeugt, dass es um so wahrscheinlicher ist, dass Menschen mir treu bleiben werden, je weniger Vorstellungen dieser Art ich mir mache, weil sie sich dann nicht mehr – bewusst oder unbewusst – von meinen Projektionen, Urteilen, Ansprüchen und unrealistischen Erwartungen belastet fühlen."

Projektionen sind persönliche Gedanken, Gefühle, Überzeugungen oder Motivationen, die wir einer anderen Person zuschreiben oder die unserer Vorstellung nach in der anderen Person vorhanden sind. Es kommt zu Projektionen, wenn wir uns nicht sicher sind, ob wir uns auf gegebene Zusagen verlassen können, und nicht wissen, ob wir deren Implikationen trauen können. Objektive Aussagen haben verlässliche Implikationen. So impliziert zum Beispiel die Aussage „Sie sind an unserer Universität angenommen", dass man sich dort als Student immatrikulieren und an Vorlesungen teilnehmen kann. Eine objektive Aussage hat etwas von einem Vertrag. Die Implikationen von subjektiven Aussagen entsprechen jedoch nicht unbedingt einem Vertrag. Wir *stellen uns vor,* dass die Aussage „Ich liebe dich" auch „Ich werde dich nicht verlassen" impliziert. Aber das ist unsere Projektion und wird von der ursprünglichen Aussage nicht notwendigerweise versprochen. Zugleich ist jedoch sehr wohl verständlich, dass wir uns wünschen, die Aussage „Ich liebe dich" möge die Implikationen haben, die der gesunde Menschenverstand damit verbindet. Wir wünschen uns Verlässlichkeit, aber ohne dass es im Lauf der Zeit Beweise dafür gibt, können wir nicht darauf bauen: „Nach all diesen Jahren bist du immer noch bei mir, also hat ‚Ich liebe dich' bedeutet ‚Ich werde dich nicht verlassen'. Jetzt kann ich vernünftigerweise darauf vertrauen, dass das auch weiterhin gelten wird. Nichtsdestoweniger bleibt die Vermutung, dass eine subjektive Aussage genau so gemeint ist, wie wir sie verstehen, eine Erwartung und keine Übereinkunft. Erwachsenen ist klar geworden, dass Erwartungen nicht gültig sind und dass wir nicht einmal erwarten können, dass Übereinkünfte eingehalten werden. Trotzdem ist es sinnvoll zu vertrauen, bis sich das Gegenteil erweist.

Intelligentes Misstrauen

Vertrauen ist sicherlich die beste Vorgehensweise, aber ein gesundes Unterscheidungsvermögen in Hinsicht darauf, auf wen oder worauf wir vertrauen können, ist ebenfalls wichtig. Wir alle sind schon einmal auf die eine oder andere Weise angelogen, getäuscht, betrogen oder im Stich gelassen worden. Angesichts dessen, was uns unsere Erfahrung mit dem Verhalten von Menschen gezeigt hat, besteht kein Zweifel daran, dass das Vertrauen auf Menschen immer etwas Vorläufiges sein muss. Es gibt Menschen, denen wir anfangs trauen können, die sich aber später gegen uns wenden. Andere haben uns schon die ganze Zeit getäuscht wie Schwindler oder Hochstapler. Der Schwindler oder Schlangenölverkäufer ist ein ewig wiederkehrender Charakter in der Geschichte der Menschheit. Er ist der „Räuber", eine Form des Trickster-Archetyps. Er erspäht rasch ein leichtes Ziel, eine sitzende Ente, jemanden, der leichtgläubig und naiv ist – den Archetypen des unschuldigen Opfers. Der Schwindler bricht das Vertrauen, indem er jemanden dazu verleitet, ihn für vertrauenswürdig zu halten, obwohl er es nicht ist. Ein „Treffer" für einen Schwindler ist jemand, den man mit genügend Einfallsreichtum ausnutzen kann. Das könnte auch jemand sein, der selbst durch Gier oder den Glauben motiviert ist, dass es eine Abkürzung zu einem versprochenen Gewinn gibt.

Diese beiden Archetypen, der Trickster und das Opfer, widersprechen einer auf gesundem Vertrauen basierenden Beziehung zwischen Menschen und lösen diese auf. Wie wir in diesem Buch sehen werden, hilft uns die Kultivierung eines spirituellen Bewusstseins jedoch, beide Stile zu vermeiden. Wenn wir Mitgefühl und Integrität üben, werden wir niemanden austricksen oder betrügen; wir sind bedingungsloser Vertrauenswürdigkeit verpflichtet. Handeln wir in Übereinstimmung mit Weisheit, dann werden wir in uns selbst von unwürdigen Motivationen Abstand nehmen und werden auf der Hut sein vor denjenigen, die unser Vertrauen ausnutzen wollen.

Interessanterweise sind dieselben Stile, das Betrügen und das fraglose Schlucken, auch zwischen privatwirtschaftlichen Nachrichtensendern und ihren Zuschauern im Spiel. Der durchschnittliche Fernsehzuschauer, der eine Nachrichtensendung im Fernsehen sieht, nimmt an, dass er hier die volle Wahrheit zu sehen bekommt. Doch oft ist das, was berichtet wird, eine von wirtschaftlichen Interessen gefärbte Version oder Sichtweise der aktuellen Ereignisse. Wenn wir uns nicht darum bemühen, unsere Nachrichten auch aus weniger voreingenommenen Quellen zu beziehen, sind wir eher Opfer als gut informierte Bürger. In der gesamten Geschichte der Menschheit haben die Vorsichtigen eher überlebt als die Leichtgläubigen. Die unbekümmert leichtgläubige Person kann zum Opfer einer Täuschung werden. Wenn wir in unserem Alltag jedoch auch Menschen misstrauen, die tatsächlich vertrauenswürdig sind, verlieren wir den Draht zu Menschen, die uns wirklich wichtig sind. Wenn überall Bedrohungen und Gefahren lauern, besteht der sicherste Pfad darin, bei durchgängiger Vorsicht doch im Herzen zentriert zu bleiben.

Manche Menschen sind in Kleinigkeiten unzuverlässig, aber wir können fraglos auf ihre Liebe zu uns vertrauen. So kann ein Freund zum Beispiel immer zu spät kommen, ohne dass wir an seiner Loyalität zweifeln müssen. Wir werden ihm diese Eigenheit dann gern zugestehen und unser Vertrauen auf die wirklich wichtigen Dinge richten. Dies ist ein Beispiel dafür, dass wir eine Person lieben können, auch wenn unser Vertrauen zu ihr eingeschränkt ist.

Ein lateinisches Wort für Vertrauen ist *fiducia*. Eine fiduziarische Beziehung ist die Beziehung zwischen einem Treuhänder – einer Person, der man zutraut, ehrlich zu handeln – und einer Person, für die der Treuhänder handelt. Eine fiduziarische Beziehung basiert auf unserem Zutrauen zu einer Person, von der wir annehmen, dass sie ehrlich ist und zuverlässig Dinge zu unserem Vorteil regelt. Wir vertrauen darauf, dass wir nicht betrogen werden. So basiert unsere Beziehung zu einem Bankier auf der Annahme, dass er uns nicht wissentlich betrügen wird. Wir vertrauen auch darauf, dass die Behörde, die die Grundsteuer erhebt, uns nicht übers Ohr haut. Wir nehmen an, dass die Polizei uns beschützt, dass unsere Nahrungsmittel nicht vergiftet sind, dass sich in einer Konservendose, auf der „Erbsen" steht, kein Mais findet, dass andere Autofahrer nicht darauf aus sind, uns umzubringen, dass ein Bankkassierer ehrlich ist, dass unsere Eltern sich um uns kümmern werden und unser Partner treu sein wird.

Dennoch sind wir nicht naiv. Wir wissen, dass jede Person oder Organisation in einer Machtposition korrupt sein kann. In jedem menschlichen Unternehmen kann es Gier oder Missbrauch geben, sei es in finanziellen Angelegenheiten, beim Erbringen von Dienstleistungen, bei der staatlichen Überwachung von Bereichen wie der Nahrungsmittelindustrie oder in irgendeinem Bereich einer fiduziarischen Beziehung. Wir wissen, dass es in jedem Rathaus Schiebung und Bestechung geben kann, ebenso wie in Organisationen, auch wenn sie noch so hehre Ziele vertreten. Uns ist klar, dass Macht oft die Vertrauenswürdigkeit korrumpiert und einen moralischen Gedächtnisschwund bei den korrupt gewordenen Personen hervorruft. In diesem Sinne sagte Mark Twain einmal augenzwinkernd: „Keines Menschen Leben, Freiheit oder Besitz ist sicher, wenn die Regierenden tagen."

Dies erinnert uns auch daran, dass die Entstehung der Vereinigten Staaten von Amerika auf einem intelligenten Misstrauen gegenüber den Regierenden beruht. Unsere erleuchteten Gründerväter erkannten in ihrer Beziehung zum britischen König, dass sie ihm gegenüber nicht unbedingt lehenstreu sein konnten, sondern dass ihre Treue vom Maß seiner Fairness gegenüber seinen Untertanen abhängig sein musste. Sie wussten auch, dass angesichts der Beschaffenheit der menschlichen Natur Sicherheitsmaßnahmen durch das Volk in ihre eigene Regierung eingebaut werden mussten. Das war der Ursprung des Systems der Gewaltenteilung. Jeder der drei Zweige der US-Regierung ist verpflichtet, die anderen zu beaufsichtigen und zu kontrollieren – und die Wähler sollten das ebenfalls tun. Man kann sagen, dass wir überall dort, wo Menschen im Spiel sind, intelligentes Misstrauen, die Entsprechung zu intelligentem Vertrauen, walten lasse sollten.

Soll unser Vertrauen also auf vernünftige Weise vorsichtig bleiben, dann müssen wir andere Menschen, Behörden, Produkte und Dienstleistungen regelmäßig einer Kontrolle unterziehen. Nur Gott, eine höhere Macht, die Buddhanatur können wir nicht kontrollieren. Ein Glaube ist ein Vertrauen ohne Kontrolle, weil wir hiermit den

Bereich des Mysteriums jenseits von menschlicher Berechnung und menschlichem Einfluss betreten. Was unser Vermögen angeht, uns um uns selbst zu kümmern, muss das Selbstvertrauen immer an erster Stelle stehen. Diejenigen zu überprüfen, die sich uns als vertrauenswürdig ausgeben, gehört mit dazu. Natürlich können wir auch uns selbst nicht immer trauen, da Leugnung, Fehler und Projektionen zum liebsten Zeitvertreib der meisten von uns gehören. Deshalb bedürfen auch wir selbst von Zeit zu Zeit der Überprüfung – was nichts ist, wofür man sich schämen müsste. Ich hoffe, dass die Übungen in diesem Buch einer solchen Selbstüberprüfung dienlich sind.

Unsere Fähigkeit zu vertrauen

Vielleicht hatten wir das Glück, feststellen zu können, dass unser ursprüngliches Vertrauen – nämlich das Vertrauen darauf, dass unsere Eltern für uns sorgen werden – berechtigt war. Wenn sich erweist, dass unsere Eltern – oder andere Personen in unserem frühen und späteren Leben – vertrauenswürdig sind, wächst unser Vertrauen darauf, dass die Welt und andere Menschen uns das bieten können, was wir für unsere Erfüllung brauchen. So wird unsere persönliche Erfahrung zu einer Einstellung gegenüber dem Kollektiv verallgemeinert. Dies ist eine der kostbaren Eigenschaften von Vertrauen – seine Tendenz, sich auszuweiten.

Wird schon früh in unserem Leben auf gesunde Weise Vertrauen etabliert, so macht uns das *fähig zu unterscheiden,* wer vertrauenswürdig ist und wer nicht. Außerdem ist ein gesundes Vermögen zu vertrauen belastbar. Wenn uns jemand zum Narren hält, wie das immer einmal geschehen kann, dann lernen wir aus der Erfahrung und gehen weiter. Wir haben dann kein Verlangen nach Vergeltung. Menschen mit einem anspruchsvollen Ego – also Menschen, die allein auf ihre eigene Befriedigung fixiert sind – nehmen Rache, wenn ihre Wünsche nicht erfüllt werden. Menschen mit einem gesunden Ego versuchen die Situation zu verstehen und zu schlichten, so weit das möglich ist. Diese innere Haltung ist ein verlässlicher Hinweis darauf, dass wir auf spirituell bewusste Weise mit unserer Erfahrung umzugehen wissen.

Hatten wir jedoch keinen Grund, unseren Eltern zu vertrauen, dann mag es uns an Vertrauen auf die Welt im Allgemeinen mangeln. Es kann sein, dass wir dann pessimistisch und zynisch werden. In beiden Fällen – im Fall der Vertrauenswürdigkeit und des Mangels an Vertrauenswürdigkeit – ziehen wir aus dem Verhalten unserer ursprünglichen Bezugspersonen Rückschlüsse über die Welt. Haben sie sich als durchgängig vertrauenswürdig erwiesen, dann bleibt unser Vermögen zu vertrauen zum Glück für immer erhalten.

Nicht jedermann kommt mit demselben Vermögen zu vertrauen oder mit derselben Offenheit, von seinen Bezugspersonen Vertrauen zu lernen, auf die Welt. Es ist anzunehmen, dass es *tatsächlich* genetische Faktoren gibt, die wir noch nicht richtig verstehen. Wir dürfen auch nicht unterschätzen, welche Wirkung Faktoren, die im Mutterleib auf uns eingewirkt haben, darauf haben können, wie sich später unser Vertrauen entwickelt. So wird ein Fötus zum Beispiel von Stress, den die Mutter während der Schwangerschaft erleidet, beeinträchtigt. Dies kann das Klima unserer Erde für das kleine Wesen, das bald geboren werden soll und das sich nicht gegen die Stresshormone, die seine Mutter erzeugt, wehren kann, ziemlich ungastlich erscheinen lassen. Darum kann es sein, dass wir alle mit unterschiedlichem Vermögen zu vertrauen geboren werden, einem Vermögen, das darauf basiert, zu welchen subtilen Einflüssen es während der Schwangerschaft unserer Mutter gekommen ist und welche genetischen Faktoren, die das Temperament beeinflussen, wir geerbt haben. Dennoch ist das Vermögen zu vertrauen immer irgendwie vorhanden, und wenn fürsorgliche Eltern sich als einfühlsam und verlässlich erweisen, kann ein Kind trotz solcher Vorgaben lernen, voll zu vertrauen.

Es könnte sogar sein, dass wir Säugetiere, die wir seit vielen Jahrhunderten vertraut haben, es gar nicht mehr nötig haben, dass das Vertrauen bei uns erst durch unsere frühen Bezugspersonen oder unsere erwachsenen Partner „installiert" wird. Es könnte inzwischen zu einer genetischen Prägung des Menschenwesens geworden sein, sodass es sich von selbst einstellt. In diesem Fall dürfen wir auf unser kollektives Erbe vertrauen. Es gibt jedenfalls eine neurochemische Grundlage für unsere Fähigkeit zu vertrauen. Unser Gehirn enthält ein stressreduzierendes und beruhigendes Hormon, das als Neurotransmitter fungiert, das Oxytocin. Es findet sich im Hypothalamus im Mittelhirn. Wenn wir in unserer frühen Lebensphase nicht genügend Nähe und Berührung von unseren Bezugspersonen erhalten haben, kann es sein, dass die Oxytocin-Rezeptoren in unserem Gehirn nicht voll aktiviert sind. Ist das Oxytocin reduziert, so kann es schwierig für uns sein, den Kandidaten für eine Partnerschaft später in unserem Leben zu vertrauen.

Das Oxytocin gelangt durch Nähe, Zärtlichkeit, Berührung und den Orgasmus in unseren Blutkreislauf. Es wird in Frauen auch während des Stillens freigesetzt, damit sich die Mutter-Kind-Beziehung in einer ruhigen Atmosphäre entwickeln kann. Weniger Stress ist gleichbedeutend mit mehr Sicherheit, Behaglichkeit und Geborgenheit, den wesentlichen Elementen des Vertrauens, die das Bonding erleichtern. So haben Gehirnscans zum Beispiel gezeigt, dass bestimmte Bereiche im Gehirn, die Oxytocin enthalten, aktiviert werden, wenn wir uns an Menschen, die wir lieben, erinnern und Fotos von diesen ansehen.

Vom körperlichen Standpunkt gesehen, ist der orbifrontale Kortex entscheidend für unsere Fähigkeit, mit unseren eigenen Emotionen umzugehen, die Gefühle anderer zu empfangen und zu verstehen sowie mit dem Stress unseres täglichen Lebens fertig zu werden. Sein Wachstum wird durch die Interaktionen in einer Mutter-Kind-Beziehung direkt beeinflusst, insbesondere durch körperliche Berührung. Darum haben unser ursprüngliches Heim und unsere ursprüngliche soziale Umgebung sowie das Verhalten unserer ersten Bezugspersonen eine direkte Auswirkung auf die Entwicklung von Strukturen im Gehirn des Kleinkindes, die bis zum fünften Lebensjahr nicht voll ausgeprägt sind. Unsere emotionale und physische Beziehung zu unseren Eltern und bedeutsamen anderen Personen ist eine treibende Kraft für die Entwicklung jenes Menschen, der wir einmal sein werden.

Wir sollten beachten, dass es in dieser Hinsicht vor allem wichtig ist, wie wir die Bezugspersonen unserer Kindheit *erfahren* haben. Andere Menschen mögen das, was wir in der Kindheit wahrgenommen haben, ganz anders beurteilen, aber das spielt keine Rolle. Der Schlüssel ist, wie wir uns in der Beziehung zu unseren Eltern gefühlt haben, und nicht irgendein vermeintlich objektiver Maßstab der Fürsorge, die wir genossen haben.

Was Berührung angeht, so ist sie ganz zentral für das Vertrauen. Ohne sie kann es sein, dass wir uns fragen, ob sich jemand wirklich um uns kümmert. Viele von uns sind hungrig nach Berührung und waren es immer. Vielleicht haben wir unser Bedürfnis nach Kontakt und Vereinigung unterdrückt – ein Ausdruck davon, dass wir daran verzweifelt sind, das bei anderen zu finden, was wir brauchen. Es kann sein, dass wir als Erwachsene den Sex als einen Ersatz für die Berührung und die Zärtlichkeit verstehen, die wir brauchen. Dann benutzen wir unsere Genitalien und die Genitalien anderer, um das zu tun, was eigentlich unser Herz tun sollte.

Andererseits haben wir vielleicht Angst davor, andere zu berühren. Dann entgeht uns die emotionale Lebendigkeit, die das Leben so spannend macht. Wenn wir lernen, uns selbst zu trauen, dann wird es immer leichter, den Arm um jemand anderen zu legen oder ihr oder ihm eine warme Umarmung zukommen zu lassen – und das bedeutet dem anderen sicherlich sehr viel. Lassen wir unsere unangemessenen Hemmungen fallen, dann trauen wir uns selbst mehr und andere haben mehr Vertrauen zu uns. Berührung ist Vertrauen in Form einer Hand oder eines Kusses.

Dem großzügigen Weinstock gleich nährt der Mensch das Leben;
Seine Umarmungen sind es, die ihm Kraft verleihen.

– ALEXANDER POPE, *Essay on Man*

Bedürfnisse, und wie sie zum Ausdruck kommen

Bei den meisten von uns haben die Eltern verlässlich für Unterkunft und Verpflegung gesorgt. Wir konnten darauf vertrauen, dass sie uns Tag für Tag ein Dach über dem Kopf zur Verfügung stellen. Doch vermochten sie auch Tag für Tag vergehen lassen, ohne uns zu kontrollieren, zu kritisieren und herabzusetzen? Das wären nämlich alles Anzeichen dafür, dass sie uns nicht vertraut haben – und das macht es uns schwer, uns selbst zu vertrauen. Wir konnten zwar zu ihnen gehen, wenn wir uns den Magen verdorben hatten, aber haben sie uns auch verstanden, wenn uns unsere Gefühle Bauchschmerzen bereitet haben? Für unsere grundlegenden Überlebensbedürfnisse war gesorgt, aber wie stand es mit dem, was wir für unser seelisches Wachstum brauchten?

Nach Abraham Maslow haben wir eine Hierarchie der Bedürfnisse. Das, was er Defizitbedürfnisse nennt, sind die grundlegenden physiologischen Bedürfnisse nach Nahrung und Behausung sowie, auf der nächsten Stufe, die „Sicherheitsbedürfnisse" (niedrigere Bedürfnisse) nach Geborgenheit und einem Gefühl der Zugehörigkeit. Das sind die Bedürfnisse, die wir mit allen Säugetieren gemeinsam haben. Außerdem haben wir „Wachstumsbedürfnisse", die den „höheren" Bedürfnissen nach Selbstverwirklichung entsprechen. Das Wort „Defizit" könnte unsere natürlichen Bedürfnisse herabwürdigen. Heutzutage sehen wir die Dinge weniger dualistisch – eher holistisch als hierarchisch. Wir würdigen beide Gruppen von Bedürfnissen als gleich wichtig für unsere Entwicklung. So wird unsere Ernährung zum Beispiel nicht mehr als bloßer „Brennstoff" angesehen, sondern als etwas, das einen wichtigen Beitrag zu unserer psychischen und spirituellen Gesundheit leistet.

Für unsere Erörterung in diesem Buch reicht es aus, wenn wir unsere Bedürfnisse als ein Spektrum betrachten und einfach zwischen den unmittelbaren Überlebensbedürfnissen und den tieferen emotionalen Bedürfnissen unterscheiden. Unsere Überlebensbedürfnisse sind zuerst physischer Natur – das Bedürfnis nach Kleidung, Behausung und Nahrung. Für unser Überleben bedürfen wir außerdem der Sicherheit, Geborgenheit und Zugehörigkeit. Wir müssen wissen, dass unser Platz in der Familie gesichert ist, dass unsere Eltern uns nicht misshandeln werden und dass wir sowohl zuhause als auch in der weiteren Welt vor Gefahr geschützt sind.

Vertrauen auf andere entwickelt sich, wenn der Beängstigung bei Kindern mit Einfühlung und Schutz begegnet wird. Macht ihre eigene Beherrschung von Angst und Stress es ihnen möglich, ihre Gefühle zu modulieren, dann wächst auch ihr Selbstvertrauen. Das Bedürfnis nach Sicherheit und Geborgenheit bei anderen ist wesentlich, aber es ist Grundbestandteil unserer Entwicklung, stellt ein Defizitbedürfnis dar. Deshalb kann man sagen, dass unser Gefühl der Sicherheit und Geborgenheit in den frühen Stadien unseres Wachstums von anderen Menschen kommt. Wenn wir zu wirklich reifen Menschen geworden sind, wird es zu unserer eigenen inneren Kraftquelle und erfüllt unser Bedürfnis nach Wachstum.

Dieses emotionale Bedürfnis nach höherem Wachstum – unser Bedürfnis nach Selbstverwirklichung – verlangt, dass wir die Zeit, den Raum und die Ressourcen erhalten, um zu dem werden zu können, was wir, wie Ralph Waldo Emerson es formulierte, „innerlich sind". Zu unseren höheren Bedürfnissen gehört, unsere Begabungen voll auszuschöpfen, unsere Berufung zu finden und zu erfüllen sowie um unser selbst willen geschätzt und geliebt zu werden – und in Beziehungen zu sein, die all dies möglich machen. Solche Bedürfnisse werden in einer Atmosphäre der fünf Aspekte der Liebe erfüllt, und diese sind Aufmerksamkeit, Akzeptanz, Wertschätzung, Zuneigung und Zulassen. Die Eigenschaft des Zulassens ist für unser Wachstum besonders wichtig. Das Zulassen gibt uns die Freiheit, unser Leben voll und ohne Einschränkung der Bandbreite unserer Gefühle, unseres Selbstausdrucks und unserer Wahlmöglichkeiten zu leben. Das Zulassen betrifft drei Bereiche:

1. Wir bekommen die Freiheit, unsere Gefühle zu zeigen, ohne unterbrochen zu werden und dafür bestraft oder lächerlich gemacht zu werden.

2. Wir erhalten die volle Erlaubnis und werden dazu ermutigt, unsere tiefsten Bedürfnisse, Werte und Wünsche zum Ausdruck zu bringen und in Übereinstimmung mit diesen zu leben.

3. Unsere Bezugspersonen ebnen uns den Weg ins Leben, indem sie uns schützen *und* fördern, sodass wir unsere eigenen Entscheidungen treffen und uns von ihnen loslösen können, sobald wir dazu bereit sind.

Unsere Überlebensbedürfnisse werden dann erfüllt, wenn unsere körperliche Entwicklung sichergestellt wird; bei unseren emotionalen Bedürfnissen geht es um unser persönliches Wachstum und unsere innere Entwicklung. Unsere Überlebensbedürfnisse werden also dann befriedigt, wenn wir in unserem Heim sicher sind; unsere emotionalen Bedürfnisse finden Erfüllung, wenn wir zuhause Wertschätzung erfahren und zugleich unsere Reise ins Leben angestoßen wird. Bei unseren Überlebensbedürfnissen geht es um Geborgenheit, bei unseren emotionalen Bedürfnissen um eine Herausforderung.

Wir Menschenwesen sind genetisch auf das Überleben eingestellt. Unglücklicherweise sind wir nicht ebenso gut darauf eingestellt, gesunde Beziehungen zu haben. Darum müssen wir *daran arbeiten*, Intimität und andere Wachstumsbedürfnisse zu einer Priorität zu machen, weil das Überleben die Standardeinstellung oder Voreinstellung unserer körperlichen Software ist. Das erklärt auch, warum wir vielleicht in einer Beziehung verweilen, die nicht funktioniert: Wir glauben, sie auf der Ebene des Überlebens zu brauchen. Wissen wir gesunde Grenzen zu ziehen, dann entscheiden wir uns für unser persönliches Glück und unsere geistige Gesundheit. Dann glauben wir nicht mehr, eine bestimmte Beziehung zum Überleben zu brauchen.

In unserem Leben als Erwachsene können die Überlebensbedürfnisse und die Wachstumsbedürfnisse zwei unterschiedliche Motivationen für eine Beziehung darstellen: Wir können uns eine Beziehung wünschen, um sicher und geborgen zu sein – was die

Motivation unseres Säugetiererbes ist. Wir können aber auch nur mit einer Beziehung der durchgängigen Verpflichtung zur Intimität zufrieden sein, was unsere menschliche Erfüllung fordert.

Suchen wir bei einem anderen Menschen Sicherheit und Geborgenheit, ohne diese in unserem erwachsenen fürsorglichen Ich zu kultivieren, dann kann es sein, dass wir einen bedürftigen und verzweifelten Eindruck auf andere machen. Tragen wir aber Sicherheit und Geborgenheit in uns selbst und streben dann eine intime Beziehung an, so erfährt uns der andere als offen und nicht als verzweifelt. Es ist dann nicht unser Bedürfnis, erfüllt, sondern nur bereichert zu werden. Henry David Thoreau sagte dies auf seine Weise: „Ich werde zu dir kommen, meine Freundin, wenn ich dich nicht mehr brauche. Dann wirst du einen Palast vorfinden und kein Armenhaus."

Wurden unsere emotionalen Bedürfnisse in unserer Kindheit nicht befriedigt und haben wir später nicht an diesem Defizit gearbeitet, dann sind wir vielleicht nicht bereit für eine erwachsene Beziehung. Wir streben dann vielleicht nach einer Beziehung, um das zu kompensieren oder zu ersetzen, was uns in der Kindheit entgangen ist – es kann sein, dass wir nach einem Elternteil suchen. Ein Partner kann zwar anstelle eines Elternteils fungieren und dieses Bedürfnis für uns erfüllen, aber ein Partner, der darauf aus ist, diese Rolle zu spielen, hat wahrscheinlich seine eigenen ungelösten Kindheitsprobleme. Keiner der beiden Partner agiert dann auf erwachsenem Terrain. Außerdem mag Eros die Eltern-Kind-Bindung nicht besonders und verschwindet deshalb schnell wieder aus dem Schlafzimmer.

Glücklicherweise benötigen wir als Erwachsene nicht so viel Sicherheit und Geborgenheit wie als Kinder. Brauchen wir dann allerdings immer noch die Sicherheit und Geborgenheit des kindlichen Stadiums, so kann es sein, dass wir uns an einen fürsorglichen Partner klammern, weil wir fürchten zu verlieren, was nur Kinder wirklich brauchen. In einer erwachsenen Beziehung sind wir einander ebenbürtig und geben und empfangen die fünf Aspekte der Liebe. In einer Beziehung, die wir für unsere Sicherheit brauchen, befinden wir uns in einer abhängigen Beziehung zu einer Elternfigur. Das beeinträchtigt unsere Weise zu vertrauen: In der Eltern-Kind-Beziehung ist unser Vertrauen bedingungslos und blind. Das lässt uns in der Beziehung feststecken und macht es wahrscheinlich, dass wir auch dann in der Beziehung verweilen, wenn sie uns nicht weiter wachsen lässt.

Von den Eltern erwarten wir, dass sie 100 Prozent unserer Bedürfnisse in der frühen Kindheit erfüllen, einschließlich Sicherheit und Geborgenheit. Als Erwachsene lernen wir, die Erfüllung unserer Bedürfnisse in uns selbst zu finden sowie in unseren Freunden, in unserer Familie, in unseren Haustieren, in unserem Beruf, in unserem spirituellen Programm, in der Natur und in vielen anderen Dingen, die wir vielleicht entdecken. Wir erwarten von einem Partner oder irgendeiner anderen Person dann nicht mehr als 25 Prozent unserer Bedürfnisbefriedigung – einschließlich unserer Sicherheit und Geborgenheit.

Gehen wir von einem kindischen Standpunkt aus, so verlangen wir mehr als das von unserem Partner. Auch dann können sich unsere emotionalen Bedürfnisse wie Überlebensbedürfnisse anfühlen. Das hilft uns zu verstehen, warum die Beendigung einer als unbedingt nötig erfahrenen Beziehung bei einem der Partner Selbstmordgedanken aufkommen lassen kann. Die Aussicht darauf, dass uns all unsere emotionalen Güter plötzlich entrissen werden, führt dazu, dass wir uns hohl und leer fühlen, da wir so schwache Kraftquellen in uns selbst haben, auf die wir zurückgreifen können. Wir glauben, dass unser Leben ohne den Partner an unserer Seite nichts mehr wert ist. Das erzeugt ein Gefühl der Einsamkeit, als sei uns und unserem ganzen Leben der Boden unter den Füßen weggezogen worden. Unglücklicherweise haben wir nicht genügend Selbstvertrauen aufgebaut, da wir uns ganz und gar auf den anderen gestützt haben. Die Überbetonung unserer Abhängigkeit schlägt auf uns zurück, wenn deren Objekt dahin ist. Kein Mensch ist dafür geschaffen, nur mit einer einzigen Kraftquelle zu leben. Darum fühlen wir uns jetzt so beraubt und haltlos. Da wir uns derart haben verblenden lassen, stehen wir nun mit leeren Händen da.

Um es nochmals zusammenzufassen: Wir können sagen, dass unser Bedürfnis nach Sicherheit und Geborgenheit Teil des Lebens in Beziehung mit jedem Menschen ist, aber es geht hier nur um den Aspekt des Überlebens. Der zweite und wesentlich wichtigere Aspekt ist unser Bedürfnis nach wechselseitiger Liebe und persönlicher Erfüllung, welche sich in Form der fünf Aspekte (Aufmerksamkeit, Akzeptanz, Wertschätzung, Zuneigung und Zulassen) manifestiert. Sind diese Aspekte mit Enttäuschungen in unserer anfänglichen Erfahrung des Zusammenlebens mit anderen assoziiert, dann haben wir später Schwierigkeiten damit, Vertrauen zu schenken. Diese „Schwierigkeiten" haben auch einen Namen: Angst. Das, wovor wir in einer intimen Beziehung Angst haben, ist nicht die Nähe, sondern die Enttäuschung, von der wir als „gebrannte Kinder" glauben, sie folge gewiss darauf, dass wir uns auf einen anderen Menschen einlassen. Dieser Aberglaube lässt sich durch die Annahme der Tatsache widerlegen, dass uns zwar manche Menschen hintergehen, dass andere das aber nicht tun werden. Auf jeden Fall können wir überleben, wenn andere uns enttäuschen – und wir können an diesem Prozess wachsen.

Unsere beschädigte Geschichte des Vertrauens und die Assoziationen, die wir deshalb erzeugen, beeinträchtigen uns auf lange Sicht. All die aufregenden Verabredungen, die uns Hoffnungen gemacht haben und auf die eine Zurückweisung folgte, haben sich in unserem empfindlichen Herzen festgesetzt. Dass wir uns dort draußen entblößt haben, nur um durch Enttäuschung und Zurückweisung niedergeschmettert zu werden, fordert einen psychischen Tribut von uns. Diese Geschichte schlägt auf uns zurück – in Form von Selbstbeschuldigungen und einem Gefühl, dass wir nicht gut genug sind, um auf lange Sicht geliebt zu werden. Das ist für Wesen, wie wir es sind, für die die Meinungen und das Verhalten anderer wichtig sind, eine normale Reaktion und es ist nichts, wofür wir uns schämen müssten. Wenn wir an Reife zunehmen, werden diese Meinungen weniger wichtig für uns, weil wir Ressourcen in uns entwickelt haben, die darüber hinaus gehen. Die Meinungen anderer berühren uns nicht mehr so sehr. In unserer Interaktion mit ihnen ist uns unsere persönliche Integrität und unsere eigene liebende Güte wichtiger geworden.

Wenn wir aufhören, Zurückweisungen allzu ernst zu nehmen, beginnen wir uns selbst mehr zu mögen, und das gibt uns mehr Halt als von anderen gemocht zu werden. Unser gesamtes Auftreten verändert sich und wir sind seltsamerweise für andere Menschen attraktiver, besonders für die Gesünderen unter ihnen. Und siehe da, auf einmal können wir uns sogar selbst einen Partner aussuchen, statt darauf warten zu müssen, dass uns jemand zum Tanz auffordert.

Nur zwei Eigenschaften bringen uns in diese Position. Die erste ist, wie bereits gesagt, das Kultivieren unserer inneren Kraftquellen, sodass wir unsere Sicherheit und Geborgenheit auf stabile Weise in uns selbst finden. Solche inneren Ressourcen helfen uns, in Hinsicht auf andere eher eine Verbindung zu suchen als ihnen aus einer Bedürftigkeit heraus zu begegnen. Die zweite Eigenschaft ist ein bedingungsloses und rückhaltloses Ja zu der Gegebenheit der Launenhaftigkeit des Menschen, wodurch diese zu etwas wird, worauf wir nun nicht mehr mit Schrecken und Schuldzuweisung reagieren, sondern mit Verständnis und sogar mit Belustigung.

Uns selbst verstehen

Als Säugling stellt Andreas fest, dass er das Bedürfnis zu essen hat und dass seine Bezugspersonen es nicht immer bemerken, wenn dieses Bedürfnis in ihm auftaucht; also schreit er laut nach Nahrung. Wenn Andreas das Bedürfnis hat, in den Arm genommen zu werden, benutzt er ein anderes Schreien, um dieses spezielle Bedürfnis zu kommunizieren. Er muss darauf vertrauen, dass seine Mutter die Bedeutung dieses speziellen Schreiens erkennt. Andreas' Bedürfnisse rotieren zwischen Nahrung, dem Gehaltenwerden und dem Wechseln der Windeln – und er weiß immer, was für ihn gerade dran ist. Aber sein Schreien bedarf der Interpretation. Nach einiger Zeit gelingt es seiner Mutter besser, sein Schreien zu übersetzen, und Andreas gewinnt mehr Zutrauen dazu, dass seine Bedürfnisse verstanden und erfüllt werden. Er hat Anteil daran, dass seine Bedürfnisse befriedigt werden, und das schenkt Andreas ein Gefühl der Handlungsfähigkeit und Wirksamkeit. Wenn die Umstände einigermaßen günstig sind, wird es im Laufe seines Lebens weiter wachsen.

Vierzig Jahre später hat Andreas eine Scheidung hinter sich und sitzt allein und gelangweilt zuhause vor dem Fernseher. Er hört vielleicht einen Schrei in seinem Inneren, den er als das Verlangen nach einem Snack interpretiert. In Wirklichkeit verlangt es ihn jedoch nicht nach Essen, sondern danach, umarmt zu werden. Ist es nicht seltsam, dass Andreas die Fähigkeit verloren hat, zu wissen, was er wirklich braucht, und dass er noch nicht die Fertigkeit entwickelt hat, sein eigenes Verlangen zu interpretieren – eine Fertigkeit, die seine Mutter von ihm gelernt hat?

Als Kleinkind glaubte Andreas, auf seine Welt vertrauen zu können, wenn sein Bedürfnis nach Nahrung erfüllt wurde. Seine erste Definition von Glück war die Beantwortung und Erfüllung seiner Bedürfnisse. Das schenkte ihm die Fähigkeit zu vertrauen – eine wichtige Kraftquelle. Aber Andreas hat nicht weiter in seine inneren Kraftquellen investiert, jene Ressourcen, die er durch die Arbeit an seinen Problemen – insbesondere in Beziehungen – hätte gewinnen können.

Sein gesundes kindliches Vertrauen schützt ihn heute nicht vor seiner Fehlinterpretation der eigenen Bedürfnisse. Um seine eigenen Bedürfnisse zu kennen, müsste er ständig weiter daran arbeiten, Selbstvertrauen aufzubauen. Andreas weiß nicht, wo das Glück zu finden ist, und deshalb sucht er vielleicht an Orten danach, die ihn zuvor bereits enttäuscht haben. All dies wird in seinen Körper eingelagert, der spät in der Nacht noch einen Snack zu sich nimmt und dafür sehr wahrscheinlich mit einem schlechten Gesundheitszustand bezahlen muss.

Wenn sich ein Bedürfnis zeigt, reagieren wir gewöhnlich darauf, indem wir es bemerken und dann nach seiner Befriedigung streben. Unser Bedürfnis nach Nahrung führt zu einem Gang in den Supermarkt. Auf unser Bedürfnis nach Aspirin folgt ein Gang in die Apotheke. Vielleicht folgen wir derselben Abfolge in Hinsicht auf unser Bedürfnis nach emotionalen Gütern. Wenn wir zum Beispiel bedingungslose Liebe haben wollen, beginnen wir gleich nach dem Partner zu suchen, dem wir es zutrauen, dass er sie uns liefert. Doch als Alternative können wir eine Vorgehensweise einüben, die uns hilft, uns selbst tiefergehend zu erkennen. Wir können zuerst unserem Bedürfnis *nachgehen,* um herauszufinden, was es über uns aussagt, und können erst danach nach der Befriedigung unseres Bedürfnisses streben, das wir nun besser verstehen. Ein Bedürfnis ist dann wie das Weiße Kaninchen, das Alice durch das Kaninchenloch ins Wunderland einführt – in den unbewussten Teil ihrer selbst, wo sie Eigenschaften in sich entdeckt, von denen sie zuvor nichts wusste. Ein Bedürfnis kann dasselbe für uns leisten, *wenn wir nicht sofort zu jemandem hinrennen, der es befriedigt, sondern uns die Zeit nehmen, es zu erkunden.* Vielleicht zeigt unser Bedürfnis nach warmherziger bedingungsloser Liebe, was uns in der Kindheit gefehlt hat. Vielleicht ist es auch eine unreife Strebung, die auf dem Gefühl basiert, ein Recht auf etwas zu haben – wobei das Ego am Steuer sitzt. Vielleicht ist es ein Mangel an Liebe zu uns selbst. Die folgende Übung kann uns helfen, *uns selbst durch unsere Bedürfnisse zu erkennen.*

Übung

Unseren Bedürfnissen nachgehen

In dieser Übung sowie in allen anderen Übungen in diesem Buch müssen wir nur eine Kleinigkeit in unserem Leben verändern, um zu unserem Wachstum beizutragen. Das hilft uns, mehr Zutrauen zu uns selbst zu gewinnen. Dadurch, dass wir in kleinen Bereichen unseres Lebens Erfolg mit einer Erneuerung haben, indem wir winzige Schritte außerhalb unserer gewohnten negativen Muster machen, üben wir, es mit größeren Herausforderungen aufzunehmen – und entsprechend wächst unser Selbstvertrauen. Uns wird nämlich klar, dass wir unsere Energie in etwas investieren, das uns selbst hilft. Darum vertrauen wir nun darauf, dass wir uns um uns selbst kümmern können.

Diese Übung ist einfach: Wir bemerken ein Bedürfnis, gehen ihm nach und versuchen erst dann, es zu befriedigen – vielleicht auf eine ganz neue Weise. Jetzt erkennen wir unsere Bedürfnisse und benutzen sie als Quelle der Selbsterkenntnis. Es zeigt sich, dass das, was wir wollen, uns etwas Bedeutsames über uns selbst erzählt. Das kann viel interessanter werden, als uns unmittelbar in die Befriedigung hineinzustürzen. Mit dieser Übung entdecken wir vielleicht ein neues oder ein tieferes Bedürfnis, wodurch wir uns selbst mehr zu schätzen lernen.

Das Wort „tiefer" verweist hier auf eine geheimnisvolle Wirklichkeit hinter allen Lebewesen, Ereignissen und Erscheinungen, eine Wirklichkeit, die wertvoll und sinnvoll ist. Wir erkennen uns selbst tiefergehend, wenn wir darauf vertrauen, dass wir ein erleuchtetes Wesen besitzen, das immer unseren Entscheidungen und unserem Verhalten zugrunde liegt, wie unerleuchtet diese auch aussehen mögen. Tiefe in diesem Sinne steht für die spirituelle Dimension einer Erfahrung oder der Wirklichkeit.

Um Ihre Bedürfnisse zu entschlüsseln, stellen Sie sich die unten stehenden Fragen. Manche Menschen finden es vielleicht hilfreich, die Antworten in einem Tagebuch oder als Notiz auf dem Computer aufzuschreiben.

1. Welches ist in diesem Augenblick mein Bedürfnis?
2. Was, fürchte ich, könnte geschehen, wenn ich dieses Bedürfnis nicht befriedige?
3. Welche Geschichte erzähle ich mir selbst angesichts des Auftauchens dieses Bedürfnisses? Zum Beispiel: „Es ist falsch [oder richtig], dass ich dieses Bedürfnis habe." – „Ich bin unzulänglich, darum werde ich keine Erfüllung finden

können." – „Ich verdiene es nicht [oder verdiene es], Erfüllung zu finden." – „Ich habe ein Recht auf diese Sache." – „Wenn ich dies bekomme, werde ich für immer glücklich sein."

4. Inwieweit kommt mir dieses Bedürfnis bekannt vor, insbesondere wenn ich an meine Kindheit denke?
5. Welche Botschaften habe ich früher – insbesondere von meinen Eltern – erhalten, wenn ich dieses Bedürfnis hatte?
6. Welche anderen möglichen Gründe gibt es für mein gegenwärtiges Bedürfnis?
7. Wie steht dieses Bedürfnis in Verbindung zu meinen anderen Bedürfnissen?
8. Wie intensiv ist dieses Bedürfnis und was sagt es mir über mich selbst?
9. War meine übliche Weise, Befriedigung dieses Bedürfnisses zu suchen, erfolgreich?
10. Bin ich jetzt bereit dazu, Befriedigung zu finden?
11. Ist es dies, was ich wirklich will, oder ist dies ein Ersatz für ein tieferes Bedürfnis?
12. Wie kann ich dieses Bedürfnis befriedigen?

Die Übung besteht, um es noch einmal zusammenzufassen, darin, von diesem Modell der Befriedigung:

Das Bedürfnis empfinden. → Das Bedürfnis genau so befriedigen, wie ich es anfangs benannt habe.

überzugehen zu diesem Modell:

Das Bedürfnis empfinden. → Das Bedürfnis zu seiner tieferen Bedeutung nachverfolgen. → Das Bedürfnis auf neue Weise befriedigen.

Diese Übung hilft uns, unseren Bedürfnissen zu vertrauen.

Zusatzbonus-Aufgabe: Schreiben Sie, wenn Sie diese Übung und all die anderen Übungen in diesem Buch ausführen, danach ein

Gedicht, das zu Ausdruck bringt, was Sie über sich selbst erfahren haben. Sobald Sie das Buch durchgearbeitet haben, sammeln Sie all diese Gedichte unter einem Titel Ihrer Wahl zu einem kleinen Heft. Bewahren Sie dieses Heft als Erinnerung an die Arbeit, die Sie an sich selbst geleistet haben, auf. Kopieren sie Ihr Heft voller Gedichte und lassen Sie andere Menschen in Ihrem Leben, denen Sie vertrauen, daran teilhaben. Könnte es ein besseres Geschenk geben als diesen Bericht über Ihren Fortschritt hin zu mehr Vertrauen und mehr Vertrauenswürdigkeit?

Es gibt gesunde Verbindungen

Der Psychoanalytiker Erik Erikson beschreibt die psychische Entwicklung des Menschen als eine Reihe von Konflikten und Herausforderungen, die alle bewältigt werden müssen, bevor wir auf die nächste Stufe unseres Wachstums und unserer Entwicklung aufsteigen können. Er definiert den ersten Entwicklungskonflikt als Vertrauen kontra Misstrauen; zu diesem Konflikt kommt es in der frühen Kindheit. Bevor wir unsere späteren Herausforderungen erfolgreich angehen können, müssen wir zuerst das Problem des Vertrauens zufriedenstellend gelöst haben. Nur als Menschen, die die Fähigkeit zu Vertrauen erlangt haben, können wir den Weg zu einem gesunden, erfüllten Leben weiter beschreiten. Dem ist so, weil Vertrauen die Grundlage aller menschlichen Verbindungen ist.

Selbst wenn wir in unserer Kindheit kein Vertrauen gelernt haben, brauchen wir nicht zu verzweifeln. Wir können auch später im Leben noch Menschen finden, die durchgehend vertrauenswürdig sind. Solche Beziehungen können frühere Erfahrungen korrigieren und ergänzen. Wenn unser Vertrauen in der Kindheit verletzt wurde, verloren gegangen ist oder wir es nie gelernt haben, geben diese Menschen uns eine neue Gelegenheit, Vertrauen zu lernen. Haben wir uns für andere Menschen geöffnet, sind wir das Risiko des Vertrauens eingegangen und nicht enttäuscht worden, dann ist das tatsächlich so, als hätten wir neue Eltern gewonnen. Auf diese Weise wird das Vertrauen, das uns in der Kindheit gefehlt hat, endlich doch noch in uns etabliert. Die Intimität mit einem anderen erwachsenen Menschen ist für uns dann ein Weg zur Ganzheit geworden.

Neurologisch gesehen kann dies bedeuten, dass wir unser neuronales Netzwerk für Vertrauen wiederherstellen oder neu aufbauen. Die Wissenschaft hat gezeigt, dass unser Gehirn unser Leben lang Plastizität besitzt, das heißt, dass es veränderbar ist. Es bestehen also sehr günstige Voraussetzungen für uns: Unser inneres Wesen ist stets offen dafür, sich zu seiner bestmöglichen Verfassung weiterzuentwickeln. Wir können darauf vertrauen, dass es zu neuronalen Veränderungen kommt, wenn wir die erforderlichen psychischen Schritte machen. Unser inneres Selbst möchte gesund sein und es trägt zu dem freudigen Impuls bei, der uns zur Ganzheit und Heilung hin drängt. Auf jeden Fall ist es so, dass unsere Kindheitserfahrungen unsere Zukunft nicht determinieren, sondern sie nur beeinflussen. Deshalb haben wir stets die Chance, Gesundheit und Glück zu finden.

Eine weitere Chance besteht darin, dass unsere ursprünglichen Erfahrungen zwar die Basis unserer Persönlichkeit darstellen, dass wir aber von negativen Mustern einen Schritt zurücktreten und mit ihnen arbeiten können. Wir können den Schmerz und die Fehlfunktionen unserer Vergangenheit ansprechen, durcharbeiten, auflösen und integrieren.

Ansprechen bedeutet, dass wir unsere Überzeugungen über eine Erfahrung überdenken, sie einschätzen und infrage stellen. Wir können unsere Erfahrung dann *durcharbeiten* – das heißt, dass wir aufsteigende Gefühle zulassen und bemerken, was sie mit unserer Vergangenheit zu tun haben. Dann können wir daran gehen, unser Problem *aufzulösen*. Dies bedeutet, dass wir in unserem Bestreben, zu anderen in Beziehung zu treten, nicht mehr aufgehalten werden. Schließlich können wir unsere Arbeit in unseren Lebensstil *integrieren*. Wir tun dies, wenn wir die notwendigen, aber riskanten Schritte unternehmen, die uns zu einem Vertrauen auf andere Menschen führen, ohne uns von den Ängsten, die uns in der Vergangenheit zurückgehalten haben, aufhalten zu lassen.

In diesem Buch wird oft empfohlen, unsere Gefühle und Erfahrungen anzusprechen, sie durchzuarbeiten, aufzulösen und zu integrieren. Wir sollten uns unbedingt dessen bewusst sein, dass das Ansprechen auch eine Weise ist, *bei unseren Gefühlen zu bleiben und in unserer Erfahrung zu verweilen.* Dies ist eine achtsame Weise, uns auf die Wirklichkeit des Hier und Jetzt zu konzentrieren und nicht auf das, was unser Geist darum herumspinnt. Wir werden in uns selbst nur das voll und ganz ansprechen können, was wir an uns selbst vollständig und mitfühlend annehmen. Nur dann öffnen wir uns für das, was vor sich geht, und nur dann treten wir ganz und gar in den Ablauf ein.

Die meisten von uns lieben sich selbst nicht genug, um diese Art des Ansprechens zu praktizieren. Es mag sein, dass wir unsere eigene Wahrheit fürchten. Indem wir üben, unsere Probleme auf achtsame und mitfühlende Weise anzugehen, entwickelt sich eine Furchtlosigkeit in Hinsicht auf uns selbst und wir fühlen uns nicht länger von unseren inneren Dämonen bedroht, ganz gleich, wie laut sie heulen. Dies wird zu einem ersten Schritt in Richtung auf Zutrauen zu anderen.

Besitzen wir Vertrauen, dann sind wir nicht länger in der „Voreinstellung" eines von Cortisol angetriebenen Stresses gefangen, welcher zu primitiven Ängsten vor Nähe führt. Uns stehen nicht länger bloß die beiden primitiven Optionen offen, entweder zu „flüchten" oder die Sache „auszukämpfen". Wir haben nun auch die Option, beim anderen Menschen Zuflucht zu suchen und uns ihm in einer vertrauensvollen Bindung anzuschließen. Dies ist der neuronale Schaltplan für einen psychischen Wandel, für eine Umprogrammierung vom Stress hin zur Sicherheit. Die sichere Vertrauenswürdigkeit, die wir gefunden haben, begründet eine neue Fähigkeit zu vertrauen. Es ist erstaunlich, welche Hoffnung wir auf eine Beziehung setzen können, wenn wir bemerken, dass ein lange bestehendes unbewusstes Muster verändert und neu programmiert wurde. Diese Art von Vertrauen macht unsere Liebe zu einem anderen Menschen wirklich und dauerhaft.

Für lange Zeit war unsere Angst vielleicht die einzige Weise, darum zu wissen, dass wir noch lebendig waren. Nun wird Liebe zu der Weise, unsere Lebendigkeit zu erfahren.

Bindung und Beziehung

Die Bindungstheorie beschreibt, inwiefern Sicherheit und Unsicherheit in unseren Beziehungen mit unserer Kindheit zu tun haben. Die Theorie wurde von dem Psychiater John Bowlby begründet und von der Psychologin Mary Ainsworth und nachfolgenden Experten weiter ausgebaut. Eine rasche und, wie ich hoffe, vereinfachte Erklärung ihrer Konzepte kann uns helfen, den Ursprung und die Bedeutung von Vertrauen besser zu verstehen.

Die Bindungstheorie besagt im Grunde, dass Kinder, um Sicherheit und Geborgenheit zu finden, sich psychisch an diejenigen Menschen binden, die für sie sorgen. Der uns angeborene biologische Trieb, Nähe zu einer Bezugsperson zu suchen, wenn wir glauben, in Gefahr zu sein, aktiviert die Bindung – und dies ist eine Bindung sowohl aufseiten des Kindes als auch aufseiten der Bezugsperson. Die Qualität der Sicherheit, des Trostes, des Schutzes und der Geborgenheit, die dem Kind geboten werden, beeinflusst das Ausmaß des Vertrauens, das sich in dem Kind für den Rest seines Lebens entwickelt. Diese Ideen wurden in der jüngeren Vergangenheit dahingehend erweitert, dass sie nun auch die Beziehungen Erwachsener umfassen.

Bindung ist aus psychologischer Sicht unser natürlicher Wunsch nach körperlicher und emotionaler Nähe zu einer anderen Person. Sie kommt dadurch zustande, dass wir miteinander umgehen und aufeinander reagieren. Bindung bedeutet nicht, dass wir andere besitzen oder kontrollieren wollen, sondern dass wir auf sie eingehen und ihnen antworten, indem wir ihnen die Fünf Aspekte der Liebe entgegenbringen. Bindung ist kein zwanghaftes Klammern, das von obsessiven Gedanken und einer nagenden Unersättlichkeit begleitet wird. Diese drei Elemente sind, aus psychologischer Sicht, ein Signal für Abhängigkeit. Sie sind auch das, was in den buddhistischen

Lehren über Verhaftung „Leiden" genannt wird. Zu einer gesunden Beziehung kommt es, wenn wir jemanden sanft umarmen, statt uns an ihn zu klammern, als ginge es um unser Leben, wenn wir jemanden in unserem Herzen tragen, ohne auf ihn oder sie fixiert zu sein, und wenn wir mit einer angemessenen Zuwendung zufrieden sein können, statt nicht genug bekommen zu können. Das daraus entstehende Gefühl der Freiheit von Bedürftigkeit ist sehr viel mehr wert als die Befriedigung irgendeines Bedürfnisses.

Bis zum Ende des ersten Jahres hat das Baby gelernt, die Bindung zu seiner Bezugsperson durch ein Repertoire von erprobten und bewährten Signalen und Reaktionen aufrechtzuerhalten. Es kann sich erfolgreich beschweren, wenn die Mutter den Raum verlässt, kann ein gewinnendes Lächeln aussenden, wenn sie zurückkehrt, und es kann sich an seine Mutter klammern, wenn es sich fürchtet. Bleibt ein Säugling in der Nähe von ihm vertrauten Menschen, so gibt ihm das beim Auftauchen einer Gefahr ein Gefühl der Sicherheit.

Für die Bindungstheoretiker ist das Weinen eine angeborene Strategie des Säuglings, eine Bezugsperson auf seine Bedürfnisse aufmerksam zu machen. Es ist auch eine Technik, die das Baby benutzt, um sein Gefühl der Sicherheit zu entwickeln – es ist ein Indikator für den Wert, seinen Kummer während des gesamten Lebens offen zum Ausdruck bringen zu können. Verlässliche Reaktionen von den Eltern fördern eine sichere Bindung, und dadurch wird die Autonomie des Kindes vergrößert. Das Ergebnis ist weniger Weinen und eine stärkere Aktivierung seiner Befähigung zur Selbstregulierung – also der Fähigkeit, sich in Zeiten des Stresses selbst zu beruhigen und die eigenen Gefühle zu regulieren. Dies führt zu Selbstvertrauen, sodass in einem selbst Sicherheit und Geborgenheit zu wachsen beginnen.

Wir erlangen auf diese Weise auch ein Wissen darüber, wie wir uns durch das Bonding mit anderen Menschen, die unsere Gefühle unaufgeregt spiegeln und bestätigen, selbst beruhigen und unsere Gefühle regulieren können. Gab es keine solche Einstimmung auf unsere Gefühle, dann sind wir vielleicht von diesen besessen oder blockieren sie. Dann fällt es uns schwer, bei unseren Gefühlen zu bleiben, sie anzusprechen, durchzuarbeiten und aufzulösen. Das liegt daran, dass wir es nicht gelernt haben, sie zuzulassen. Auf jeden Fall ist es so, dass wir gewöhnlich, wenn auch nicht andauernd, Einfühlung in unsere Gefühle finden müssen, um Vertrauen lernen zu können. Die Menschen müssten schon Gedanken lesen können, um sich ständig auf unsere Bedürfnisse und Gefühle einstellen zu können. In jeder Familie und jeder Beziehung kommt es nur für Momente zur Einfühlung, und solche Momente reichen aus.

Die spezifischen Indikatoren dafür, dass es zum Bonding gekommen ist, verändern sich, während wir aufwachsen. So mag ein Säugling schreien, wenn seine Mutter den Raum verlässt, aber ein Neunjähriger ruft einfach: „Wann kommst du zurück?" Ein Teenager sagt vielleicht gar nichts und genießt das Ungestörtsein, und er bemerkt vielleicht, wenn die Mutter später als erwartet zurückkehrt. Bei den letzten beiden Beispielen ist allerdings eine sichere Bindung Voraussetzung. Kinder, die sich über ihre Beziehung zu ihren Bezugspersonen nicht sicher sind, können nicht so leicht mit dem Kommen und Gehen umgehen.

Mary Ainsworth hat das erste Lebensjahr von Kindern sehr genau beobachtet. Ihre Studien deuten auf drei Bindungsmuster in der Beziehung zwischen Kindern und ihren Bezugspersonen hin; das sind die sichere Bindung, die unsicher-ambivalente Bindung und die unsicher-vermeidende Bindung. Es folgen Beispiele dafür, wie diese in der Kindheit herausgebildeten Beziehungstypen sich in erwachsenen Beziehungen manifestieren:

Kinder, die eine *sichere Bindung* erfahren haben, besitzen gewöhnlich großes Selbstvertrauen und eine optimistische Sicht ihrer selbst, anderer Menschen und der Beziehungen im erwachsenen Leben. Sie mögen Nähe und empfinden sie nicht als Bedrohung ihrer Unabhängigkeit. Sie sind fähig, in ihrer Beziehung zu Partnern Nähe und Distanz auszubalancieren.

Menschen, die sich in ihrer Kindheit sicher fühlten, haben Stabilität erlangt. Diese Eigenschaft ermöglicht es ihnen, ihre Bedürfnisse zu äußern und andere um die Mittel der Erfüllung ihrer Bedürfnisse zu bitten – was zwei Voraussetzungen für Intimität sind. Solche Menschen mit einer sicheren Bindung werden sich zu Partnern hingezogen fühlen, die ebenso stabil sind und die die gleiche Selbstachtung besitzen. Sie werden im Allgemeinen nicht von einem wetteifernden Ego getrieben, das nach Überlegenheit strebt, sondern besitzen ein kooperatives Ego, das Gleichheit respektiert. Das liegt daran, dass sie sich selbst vertrauen, was es ihnen leichter macht, anderen zu vertrauen. In einer Beziehung konzentrieren sie sich eher darauf, eine geistige Begegnung herbeizuführen, statt durch Selbstbehauptung einen Sieg zu erringen.

Unsicher-vermeidende Kinder suchen bei ihren Bezugspersonen ständig Bestätigung, Zustimmung und Aufmerksamkeit, und als Erwachsene erwarten sie dasselbe vielleicht von ihren Partnern. Es kann sein, dass sie sich an andere klammern und einen übermäßig abhängigen Eindruck machen. Sie sind sich selbst gegenüber pessimistischer eingestellt als andere Menschen und können sich selbst nicht so leicht vertrauen. Es fällt ihnen auch schwer, anderen zu vertrauen, weil sie glauben, keine andauernde Liebe von ihnen zu verdienen.

Unsicher-ambivalente Kinder sind zwanghaft unabhängig. Als Erwachsene halten sie diesen Stil vielleicht bei. Sie sehen sich selbst als selbstständig und vermitteln den Eindruck, dass sie keine engen Bindungen an andere brauchen. Oft verbergen sie ihre wahren Gefühle. Wenn jemand sie zurückweist, dann absentieren sie sich einfach und machen so die Auflösung von Problemen in der Beziehung unmöglich. Wenn sich ihr Partner an sie klammert, distanzieren sie sich oder werden aggressiv, da sie sehr empfindlich auf etwas reagieren, dass sie als Verschlingung empfinden.

Außerdem gibt es noch die Kategorie der desorganisierten Person. Diese Person kann sich weder auf sich selbst noch auf andere konzentrieren, weil die ursprüngliche Situation von Kontaktaufnahme und Reaktion für sie bedrohlich und bizarr war. In der Kindheit hat sie sich gefürchtet, ohne dass es dafür irgendeine Abhilfe gab – ein Stil, der nicht lange aufrechtzuerhalten ist. Das Ergebnis ist, dass die desorganisierte Person leicht fragmentiert wird. Sie mag in stress-geladenen Situationen auseinanderfallen, weil ihr die Belastbarkeit und der Gleichmut fehlen, die sich aus Sicherheit ergeben.

Kinder mit einer sicheren Bindung sind leicht zu sozialisieren und sind unter ihren Gefährten wahrscheinlich beliebt. Sie sind gewöhnlich einfühlsam und in der Lage, sich um andere zu kümmern. Sie zeigen unabhängige Initiative und sind abenteuerlustig. Sie sind nicht abhängig, mögen aber wechselseitige Bindung. Sie neigen nicht dazu, andere zu schikanieren, und lassen es nicht zu, selbst schikaniert zu werden. Schlägertypen erweisen sich zumeist als unsicher-vermeidend, während deren Opfer zumeist zum unsicher-ambivalenten Typus gehören.

Der narzisstische Persönlichkeitsstil entspricht dem unsicher-vermeidenden Stil (übermäßige Ausrichtung auf sich selbst statt auf andere; Fluchtreaktion). Der Borderline-Persönlichkeitsstil ent-spricht der unsicher-ambivalenten Bindung (übermäßige Ausrich-tung auf andere statt auf einen selbst; Kampfreaktion). Wenn wir in einer Krise zusammenbrechen, fallen wir der Lähmung der des-organisierten Bindung anheim (Fragmentierung, Dissoziation, Erstarrungsreaktion).

Die Arbeit der Bindungstheoretiker bestätigt, dass eine Unfähigkeit zu vertrauen mit Defiziten in unserer Erfahrung des Bondings in der frühen Kindheit zu tun hat. Diese Erfahrung wurde in unsere neuronalen Schaltkreise eingebettet, lange bevor wir bewusst wur-den. Deshalb können wir im Grunde nichts für unsere Angst vor dem Vertrauen. Während wir heranwachsen, bemerken wir unsere Defizite und wie sie uns daran hindern, zu einer gesunden Intimität zu finden. Dann können wir die Verantwortung für unsere Heilung übernehmen. Dazu gehört, dass wir die Verletzungen unserer Ursprünge betrauern, ohne unseren Eltern dafür heute etwas vor-zuwerfen. Es geht uns um Wiederherstellung, nicht um Vergeltung.

Die Kenntnis der Bindungstheorie fördert Mitgefühl in uns. Wenn wir erkennen, wie das Vertrauen und die Vertrauenswürdigkeit di-rekt mit dem zu tun haben, was uns in unserer frühen Kindheit widerfahren ist, wird uns klar, dass niemand etwas für seine Vertrauensprobleme kann. Das kann uns gegenüber den menschlichen Verhaltensweisen nachsichtiger machen – anderen gegenüber, aber auch uns selbst gegenüber. Niemand hat um das Blatt gebeten, das er auf die Hand bekommen hat, und deshalb verdient jedermann mitfühlendes Verständnis – während wir weiter dafür verantwortlich bleiben, heute an uns zu arbeiten.

Haben wir ursprünglich sichere Bindung erfahren, so ist das die Basis für Vertrauen. Wenn wir das Gefühl haben, dass uns liebevoll die fünf Aspekte der Liebe entgegengebracht werden, dass Löcher im Vertrauen geflickt werden können und dass Sicherheit und Geborgenheit verlässlich verfügbar sind, dann baut all das unser Vertrauen zu anderen auf. Wir tragen unser Vertrauen nun auch in uns selbst, die wir jetzt Menschen sind, welche fähig sind, vertrauensvolle Liebe zu zeigen und Verstöße gegen die Treue zu heilen. Bei all dem vergessen wir nicht die Gegebenheit, dass uns von Menschen, der Natur, Ereignissen und den jenseitigen Mächten nicht immer Sicherheit und Geborgenheit gewährt werden.

Dem zum Trotz hat uns unser Vertrauen auf Beziehungen dazu befähigt, ein Vertrauen auf das Universum und seine Gegebenheiten aufzubauen, ganz gleich wie hart es uns manchmal trifft. Lässt unsere Angst vor dem Vertrauen erst einmal nach, dann wird unser wagemutiges Vertrauen zu einer Quelle des Gleichmuts angesichts all der Probleme, die Menschen und Ereignisse uns bereiten mögen. Wir vermögen jetzt zu sagen: „Ich kann mit diesem Schicksalsschlag umgehen – er braucht kein Todesurteil für mich zu sein."

Übungen

ATMEN, INNEHALTEN, NEU BEGINNEN

Wir sehen jetzt, dass Vertrauen direkt mit innerer Ruhe zu tun hat. Wenn wir ruhiger werden, haben wir Zugang zu Selbstvertrauen. Wir beruhigen uns, indem wir innehalten und einige tiefe Atemzüge nehmen, bevor wir handeln. Es ist dies kein gewöhnliches Atemholen; wir stellen uns vielmehr vor, dass unser Atem seinen Ursprung in der totalen Offenheit unserer erleuchteten Natur hat. Außerdem stellen wir uns beim Einatmen vor, dass wir uns dafür öffnen, etwas von der Welt zu empfangen; beim Ausatmen stellen wir uns vor, dass die Welt sich öffnet, um etwas von uns zu empfangen. Tiefes Atmen, langsamer werden und innehalten sind Bestandteile eines Rituals, die schon immer mit spirituellem Wachstum verbunden wurden. Diese Technik hilft uns nicht nur, Selbstvertrauen zu gewinnen. Sie ist auch nützlich, wenn wir inmitten einer dramatischen und stressgeladenen Situation mit unserem Partner die Kommunikation wiederherstellen wollen. Durch diese Übung in drei Schritten – atmen, innehalten, ruhig neu beginnen – können wir das Vertrauen zueinander wieder aufbauen. Üben Sie diese Technik täglich, sowohl für sich selbst als auch in Ihren Beziehungen. Dann sind Sie auf Zeiten vorbereitet, zu denen Sie sie wirklich nötig haben.

Gewöhnlich ist es nicht nötig, dass wir uns auf unsere Atmung konzentrieren, weil sie automatisch abläuft. Wenn wir bewusst darauf achten, bringen wir Bewusstheit in etwas Unbewusstes – und das ist ein neues Bewusstsein. Dies ist besonders wertvoll, weil wir dadurch lernen, uns selbst zu beobachten und unsere inneren Kraftquellen zu erneuern. Der Gewinn daraus nimmt exponentiell zu, weil wir neuronale Verknüpfungen herstellen, die unsere Gesamtbewusstheit vergrößern.

Unser kindliches und erwachsenes Vertrauen erkunden

Unsere frühen Bedürfnisse mögen unser ganzes Leben lang gegenwärtig und dringlich bleiben. Es kann sein, dass wir in einer Beziehung von unserem Partner erwarten, dass er das Bedürfnis, in den Arm genommen zu werden, welches wir als Fünfjähriger gehabt haben, befriedigt. Doch wenn es in unserer erwachsenen Beziehung darauf ankommt, was von *uns* verlangt wird, dann sind wir vielleicht hilflos oder haben das Gefühl, überfordert zu sein. Unsere Arbeit besteht dann darin, unser kindliches Bedürfnis, umarmt zu werden, so umzugestalten, dass es in eine erwachsene Beziehung passt: Wir bemerken das Bedürfnis unseres Partners, in den Arm genommen zu werden, und reagieren darauf. Wir wünschen uns immer noch, umarmt zu werden, aber uns ist klar, dass unser Partner uns nicht immer dann, wenn wir es brauchen, im Arm halten kann. Wir finden alternative und gesunde Möglichkeiten, dieses Bedürfnis zu befriedigen.

Betrachten Sie die folgende Tabelle und sehen Sie, wo Sie zurzeit stehen. Finden Sie sich nur in einer Spalte wieder, oder teilweise in beiden?

Mein kindliches Vertrauen verlangt:	*Wenn ich erwachsenes Vertrauen besitze, weiß ich zu schätzen:*
absolute Verlässlichkeit und Vorhersagbarkeit	Verlässlichkeit, wenn sie mir geboten wird
Sicherheit und Geborgenheit in einem sicheren Hafen – z. B. in einer Familie oder Beziehung	Sicherheit und Geborgenheit im sicheren Hafen meiner selbst und, wenn es angemessen ist, auch im anderen
Besänftigung und Trost, besonders in einer schwierigen Situation oder wenn ich sie verlange	wie wichtig Selbstbesänftigung und das Annehmen von Trost, wo er gespendet wird, sind
jemanden, der mich nicht verrät, der mir gegenüber nicht unloyal ist oder der meine Erwartungen nicht enttäuscht	dass Menschen uns manchmal verraten, enttäuschen und verletzen und dass es deshalb wichtig ist, eine Persönlichkeit aufzubauen, die belastbar genug ist, um flexibel mit all diesen Dingen umgehen zu können, und ein spirituelles Bewusstsein zu kultivieren, das reif genug ist, um keine Vergeltung zu üben (während es zugleich „Aua!" sagen kann)

jemanden, der mich niemals verlassen wird	dass es auch eine Form der Liebe ist, andere gehen zu lassen, wenn sie es brauchen, und dass mich das nicht niederschmettern muss – außer vielleicht zeitweilig
jemanden, der mir niemals wehtut	dass es Teil jeder intimen Bindung ist, von anderen verletzt zu werden und durch sie verletzlich zu sein, dass ich es aber nicht tolerieren werde, in einer Beziehung absichtlich oder bösartig verletzt zu werden
jemanden, der für mich einstehen und für mich da sein wird, wann immer ich danach frage	wenn andere für mich einstehen und für mich da sind, wobei ich aber weiß, dass dies immer Geschenke sind, die entweder freiwillig gegeben werden oder als Reaktion auf meine Bitte
jemanden, der mir gibt, was meine Eltern mir vielleicht zu geben versäumt haben	wie wichtig es ist, zu betrauern, was ich in der Vergangenheit vermisst habe, und Partner nicht an die Stelle von Eltern zu setzen
Dies basiert alles auf Angst und ist in der Kindheit eine angemessene Weise, sichere Bindungen herzustellen, beinhaltet im Erwachsenenalter aber das Gefühl, ein Anrecht auf etwas zu haben.	*Dies basiert alles auf Mut und entspringt einem bedingungslosen Ja zu den Menschen, wie sie sind.*

Im Zustand der Verliebtheit befinden wir uns vielleicht alle in der ersten Spalte dieses Diagramms, aber wenn wir innerhalb einer Beziehung heranreifen, gehen wir zu dem erwachsenen Stil in der zweiten Spalte über. Ist dies bei Ihnen geschehen?

Das, was Sie im Verlauf der kommenden Kapitel lernen und üben, wird Ihnen helfen, den Übergang von der kindlichen ersten Spalte zur erwachsenen zweiten Spalte zu vollziehen.

Verwenden Sie die folgende Zusammenfassung der Funktionsweise von Vertrauen im Erwachsenenleben als Ihre persönliche Checkliste:

☐ Ich vertraue mir selbst so weit, dass ich die Vertrauenswürdigkeit von anderen empfange.

☐ Ich vertraue mir selbst so weit, dass ich mit dem Verrat von anderen umgehen kann, ohne rachsüchtig zu sein.

☐ Mein Vertrauen basiert auf meiner eigenen Intuition und darauf, was ich von der anderen Person weiß, nicht auf Versprechungen und Wunschdenken.

☐ Ich verpflichte mich selbst, anderen gegenüber bedingungslos vertrauenswürdig zu sein, ganz gleich, wie sich jemand mir gegenüber verhält.

☐ Mir ist jetzt klar, dass Vertrauenswürdigkeit nicht bedeutet, auf rigide Weise vertrauenswürdig zu sein, sondern nur, auf verlässliche Weise wahrhaftig zu sein.

Wir sind gewissermaßen unsere eigenen Eltern und wir gebären uns selbst durch unsere eigene freie Wahl des Guten.

— DER HEILIGE GREGOR VON NYSSA, *In ecclesiasten homiliae*

2
Unser frühes Gefühl des Vertrauens

Je mehr unsere Eltern auf uns eingestimmt waren und unsere Gefühle bestätigt haben, desto größer wurde unser Vermögen, auf uns selbst und die Welt um uns herum zu vertrauen. Einstimmung ist eine Vereinigung, darum ist sie bestätigend und gibt Sicherheit. Authentische Einstimmung liefert uns eine tragende Umgebung, in der wir uns geborgen fühlen und denjenigen, die uns lieben, vertrauen können. Unser Vertrauen wächst nicht nur dadurch, dass wir in den Arm genommen werden, wenn wir es brauchen, sondern auch dadurch, dass wir losgelassen werden, wenn wir es benötigen. Das Elternteil, das sich wirklich auf uns einstimmt, wird uns im Arm halten, aber nur so lange, wie wir umarmt werden möchten. Später im Leben wird diese Balance das Kennzeichen einer erfolgreichen Intimität sein.

Das Gegenteil von Einstimmung auf uns ist Gleichgültigkeit oder Verlassenwerden. Wenn uns das widerfährt, fällt es uns später schwer, anderen zu vertrauen. Wenn wir das Gefühl bekommen haben, dass wir für das, was wir sind, nicht geliebt werden konnten, sondern nur für das Ausmaß, in dem wir den Erwartungen unserer Eltern entsprochen haben, kann es sein, dass wir kein Selbstvertrauen besitzen. Eine Liebe, die mit Bedingungen verbunden ist, wird von uns nicht als Liebe wahrgenommen, sondern als eine Belohnung für die Erfüllung von Erwartungen. Wir mögen uns fragen, ob wir so, wie wir sind, überhaupt liebenswert sind. Tragen wir diesen nagenden Zweifel in uns, so verdrängt er die Selbstachtung und damit das Selbstvertrauen.

Wenn ein Elternteil uns misshandelt hat, wird es uns später schwerfallen, sowohl anderen als auch uns selbst zu vertrauen. Unser Körper erwartet stets einen Schlag von anderen und nicht eine Umarmung. Vielleicht haben wir die Misshandlung in der Familie dadurch für uns erträglich gemacht, dass wir uns vorgestellt haben, einfach nur für unsere Missetaten bestraft zu werden. Auch wenn dies zu Schuldgefühlen geführt hat, sind die Schuldgefühle doch nicht ebenso erschreckend wie der Glaube, ein Elternteil könne ein schlechter Mensch gewesen sein und dass wir im Grunde Waisenkinder gewesen sind. Der Archetyp des Opfers hält noch ein Gefühl der Verbindung aufrecht, wenn auch der Verbindung mit einem Täter. Der Archetyp des Waisen hingegen lässt uns niemanden mehr.

Eine kooperative, beidseitig befriedigende Beziehung mit unseren früheren Bezugspersonen funktioniert am besten. In einer gesunden Familienerfahrung kommt es zu einer symbiotischen Phase der Entwicklung. Damit ist die gegenseitige Befriedigung des Verlangens sowohl in der Mutter als auch im Säugling nach der Gegenwart des anderen gemeint. Diese symbiotische Beziehung erreicht ihren Höhepunkt, wenn der Säugling etwa fünf Monate alt ist. Unsere erste Erfahrung von Vertrauen machen wir in der Geborgenheit der Mutter-Kind-Bindung. Diese Sicherheit bereitet uns auf die nächste Phase des Wachstums vor, die der Mobilität – auf das Krabbeln und Gehen, das eine beglückende Bewegung hin zur Autonomie ist.

Ist die Mutter innerhalb dieser Symbiose so bedürftig, dass sie keinen sicheren Übergang des Kindes in eine größere Unabhängigkeit zuzulassen vermag, dann kann es sein, dass sie diese Entwicklung ablehnt oder fürchtet. Eine solche Mutter ist nicht fähig, den Aspekt des „Zulassens" zu gewähren. Das Kind einer solchen Mutter kann nicht weiter gehen zu einer Phase, die nicht sicher ist, und verweilt deshalb in der Phase, in der es sich befindet. Das kann sich daran zeigen, dass das Kind in seiner motorischen oder sprachlichen Entwicklung zurückbleibt. Auf diese Weise bewahrt der Säugling die Geborgenheit einer bedingungslosen symbiotischen Einheit. Doch die Geborgenheit dieser Wahl fühlt sich nicht richtig an, weil der Körper-Geist des Kindes darauf eingestellt ist, weiterzugehen.

Symbiose und Autonomie beziehen sich auf Ereignisse innerhalb der Psyche – man sollte sie nicht wörtlich verstehen. Sie sind Metaphern für die Wirklichkeit unseres geheimnisvollen Verlangens nach Wachstum und für dessen Erfüllung. In der Tat sind alle unsere psychologischen und spirituellen Konzepte auf die gleiche Weise Metaphern. Wir können sicher sein, dass wir in Hinsicht auf alle unsere Überzeugungen – seien sie psychologischer oder religiöser Natur – reif geworden sind, wenn wir uns dieser Tatsache bewusst sind.

Tief in unserem primitivsten Unbewussten konkurriert das Verlangen nach totaler symbiotischer Verschmelzung stets mit unserem Trieb hin zur Mobilität. Der Archetyp des Umfangenseins kämpft mit dem Archetyp der Reise. Wenn wir einer Situation ausgeliefert sind, die wir als inneren Widerspruch empfinden, dann fällt es uns schwer, uns selbst zu vertrauen. Kein Wunder, dass wir dann so vorsichtig sind, wenn es darum geht, Vertrauen zu schenken, und dass wir so verzagt reagieren, wenn andere uns im Stich lassen.

Der Ursprung unserer Fähigkeit zu vertrauen hat mit Geborgenheit und Herausforderung zu tun, den beiden Voraussetzungen von Wachstum in der gesamten Natur. Jungvögeln bietet die Brust der Mutter Wärme und Geborgenheit, aber später werden sie herausgefordert, wenn die Mutter sie aus dem Nest drängt.

Unsere Entwicklung verlangt eine Reihe von ähnlichen Erfahrungen der Entwöhnung. Wir erfahren die Geborgenheit an der Mutterbrust, müssen dann aber die Herausforderung akzeptieren, aus einer Flasche und später aus einem Glas zu trinken, was jeweils ein Schritt weg vom Kontakt mit der Mutter und ihrer Wärme ist.

Unser Leben beginnt in der Geborgenheit unseres Heims in der Gegenwart der Mutter, doch dann müssen wir zur Schule gehen und sehen uns herausgefordert, mit anderen zusammenzuarbeiten. Damit begegnen wir auch der Herausforderung, einer unter vielen zu sein und nicht mehr das Ein-und-Alles, dass wir zuhause waren. Jede Bewegung geht in Richtung einer größeren Unabhängigkeit und einer stärkeren Interdependenz. Jede solche Bewegung ruft Gefühle hervor und ist von Belastungen begleitet. Doch wir merken immer wieder, dass wir von Natur aus mit allem ausgestattet sind, was wir brauchen, um uns diesen Herausforderungen zu stellen. So entsteht aus jeder solchen Herausforderung eine neue Geborgenheit.

Momente der Geborgenheit während einer Umarmung in der Kindheit bleiben unser ganzes Leben lang in unserem Körper gespeichert. Sie werden für uns zu Kraftquellen in Zeiten der Einsamkeit oder Verzweiflung; sie erinnern uns daran, dass uns die beste aller menschlichen Erfahrungen nicht vorenthalten wurde. Wenn wir jemandem begegnen, der die Erinnerung an solche Momente auslöst oder sie uns erneut erfahren lässt, fühlen wir wieder die ursprüngliche Liebe und können dann unsere Ressourcen auffrischen. Das mag in einer intimen Beziehung geschehen, aber auch in einer Therapie oder in einer Freundschaft. Begegnen wir echter Vertrauenswürdigkeit in einem Menschen, dann wird uns klar, dass oberflächliche Vertrauenswürdigkeit oder Ersatzvertrauenswürdigkeit nur ein Abklatsch der echten Sache war. Haben wir einmal so etwas Echtes gefunden, dann geben wir uns später nie mehr mit weniger zufrieden.

Hier ist ein persönliches Beispiel für das Gefühl, im Arm gehalten zu werden. Als ich ein kleines Kind war, wurde ich jeden Samstagabend in der Specksteinspüle der Küche meiner Großmutter gebadet. Die Spüle hatte eine abgeschrägte Seite für das Wäschewaschen mit der Hand und es war ziemlich eng darin, aber das heiße Wasser fühlte sich gut an, besonders im Winter. Das Baderitual wurde von meiner Mutter, meiner Großmutter und meiner Großtante vollzogen. Jede von ihnen arbeitete an einem anderen Bereich meines schmächtigen Körpers (wobei meine Genitalien mir überlassen blieben). Dann wurde ich in frisch gewaschene Handtücher gewickelt und alle drei trockneten mich ab, puderten mich mit Babypuder, zogen mir einen sauberen Pyjama an und setzten mich an den Ofen, während sie sich selbst einen Kaffee und mir warme Milch machten. Die Düfte in der Küche vermischten sich mit dem Duft der Orangenschalen und Mandarinenschalen, die auf dem gusseisernen Kerosinofen geröstet wurden, um einen angenehmen Geruch im Haus zu verbreiten. Die Erinnerung an diese Geborgenheit, daran, dermaßen umsorgt und geliebt zu werden, ist ein kostbarer Schatz für mich. Ich kann mich noch an jedes Detail dieser Erfahrung erinnern und kann ein lebhaftes Gefühl dieser Fürsorge und der Geborgenheit darin in mir wachrufen. *Dies sind nun Eigenschaften in mir, die ich körperlich gefühlt habe, die bewahrt wurden und die durch ähnliche Erfahrungen wieder wachgerufen werden.* Das ist es, was ich mit „innere Kraftquellen" meine.

Als Erwachsener habe ich einmal eine Chiropraktikerin aufgesucht, die, wie ich hoch erfreut feststellte, mit einigen Hilfskräften arbeitete. Während ich auf ihrer Massagebank lag, korrigierte sie Fehlstellungen, während eine zweite Frau mich massierte und eine dritte Frau mir Wärmeanwendungen auf verschiedene Körperbereiche gab. Ich fühlte mich wie im Himmel, nicht nur weil sich drei Frauen um mich kümmerten, sondern weil dies die Geborgenheit wieder wachrief, an die sich jede Zelle meines Körpers erinnerte und die ich nun wieder auf ganz lebendige und konkrete Weise erfuhr. Diese Frauen liebten mich nicht so, wie meine Verwandten mich geliebt haben, aber ich *fühlte mich geliebt,* weil ich die Situation mit der ursprünglichen Erfahrung liebevoller Berührung und echter Zuneigung aus meiner Kindheit assoziierte.

Ich trage dieses Gefühl, geliebt zu werden, auch heute noch in mir und es macht es mir leichter, mich dem zu stellen, was mir widerfährt. Ich weiß ohne jeden Zweifel, dass die drei Grazien stets um mich herum sind. Die Menschen selbst sind heute nicht mehr, aber sie leben als innere Kraftquellen in mir. Was einmal materiell und äußerlich war, ist jetzt innerlich geworden. Was einst von anderen kam, kommt nun aus meinem Inneren. Die Liebe, die sie mir entgegenbrachten, hat mich nicht in ihrer Gegenwart zurückgehalten und mich an jene Spüle und jenen Ofen gefesselt, sondern sie gab mir die Kraft, weiterzugehen zu dem, was als Nächstes kam. Ist dies nicht die Essenz unserer menschlichen Reise?

Unsere ersten Schritte

Unser ganzes Leben lang sind wir dann am glücklichsten, wenn wir aus einem offenstehenden Nest jederzeit dort hingehen können, wo wir hingehen wollen – aus einem Nest, das uns davonfliegen lässt und das immer bereit ist, uns wieder aufzunehmen. In diesem Abschnitt werden wir sehen, dass die Art und Weise, wie ein Säugling in seiner Entwicklung fortschreitet, unsere Art und Weise, als Erwachsene Beziehungen herzustellen, widerspiegelt. Als gesunde Kleinkinder (im Alter von eineinhalb bis zwei Jahre) laufen wir unserer Mutter überall nach, um in Verbindung mit ihr zu bleiben, um dann immer wieder für uns selbst auf Erkundung auszugehen. Dieses Verhalten kombiniert das zwiefältige Verlangen nach Unabhängigkeit sowie danach, den Menschen, der uns liebt, nicht zu verlassen – was unser Leben lang eine geschickte Verhaltensweise ist. Anfangs war unsere Mutter wesentlich für die Aufrechterhaltung einer Symbiose mit uns. Dann wurde sie zu dem sicheren Hafen, den wir verlassen und in den wir zurückkehren konnten. Die Stadien des Vertrauens entwickeln sich also folgendermaßen:

1. Ich bin eins mit dir.
2. Ich kann dich für eine Weile verlassen.
3. Ich kann zurückkehren und du bist da.

Im ersten Stadium müssen wir darauf vertrauen, dass die Mutter immer bei uns ist. Um das zweite Stadium zu erreichen, müssen wir darauf vertrauen, dass die Mutter uns gehen lässt und dass sie für uns da sein wird, wenn wir sie brauchen. Wir vertrauen also zuerst darauf, dass die Mutter uns nicht gehen lässt, und dann darauf, dass sie uns gehen lässt. Sie hält uns und dann lässt sie los – das sind die

Phasen, denen wir auch in der erwachsenen Intimität begegnen: In der romantischen Verliebtheit sind wir symbiotisch. Geht die Beziehung dann weiter, vertrauen wir darauf, dass ein jeder seinen eigenen Interessen nachgehen kann – Karriere, Hobbys und so weiter – und der andere für uns da sein wird, wenn wir zurückkehren. Dies ist ein weiteres Beispiel dafür, wie Vertrauen sowohl zur persönlichen Erfüllung als auch zu intimen Beziehungen beiträgt.

Gesunde Kleinkinder erkennen schließlich, dass Mütter noch andere Beschäftigungen haben, als nur ihre eigenen Bedürfnisse zu befriedigen. Dies ist die nächste Herausforderung für Säuglinge: ihr Gefühl, einen Anspruch auf Zuwendung zu haben und stets im Vordergrund stehen zu müssen, loszulassen – was ein weiterer Schritt hin auf erwachsene Beziehungen im Lauf des Lebens ist. Wenn sie sich irgendwann allein in die Welt aufmachen wollen – das heißt, wenn sie sich selbst verwirklichen wollen –, dann müssen Kleinkinder die Erwartung aufgeben, dass man ihnen folgt und sie im Arm hält, wann immer sie es verlangen. Sie bemerken, dass sie ohne ständige Rückendeckung mit ihrem eigenen Leben fortfahren können – wiederum ein Werkzeug für eine gesunde erwachsene Zukunft.

Zu einer tiefgreifenden Veränderung in der Beziehung eines kleinen Kindes zu seiner Mutter kommt es, wenn das Leben es nicht mehr nur bestätigt, weil die Mutter nun nein sagt. Die Tröstung ist der Herausforderung gewichen. Dies geschieht, wenn das Baby unabhängiger wird – wenn es zu krabbeln und dann zu laufen beginnt. Dies ist ein weiteres Beispiel für die erstaunliche Synchronizität, die in die menschliche Entwicklung eingebaut ist. Es stellen sich uns andauernd neue Herausforderungen, unabhängig zu werden, da wir ja sowieso weniger abhängig von anderen werden müssen.

Im Bewusstsein des Kleinkindes gibt es jedoch auch eine Verbindung zwischen der Unabhängigkeit und einem Verlust totaler Zustimmung. Das Nein von der Person, die bisher stets nach unserer Pfeife getanzt hat, führt zu einer tiefgreifenden Vertrauenskrise. Die Herausforderung besteht darin, weiterhin dem Menschen zu vertrauen, der nun nicht mehr sofort bereitsteht, jedes unserer Bedürfnisse zu befriedigen, der nun infrage stellen mag, ob unsere unmittelbaren Wünsche legitim sind. Ein solches Zutrauen wird ebenfalls eine wichtige Fertigkeit in den Beziehungen in unserem späteren Leben sein.

Es kommt für das Baby dann zu einem sanften Übergang, wenn die Bindung an die Mutter sich vertrauenswürdig und ungestört anfühlt. Dann zweifelt das Kleinkind nie an der Liebe hinter dem Nein, was so wichtig für seine Sicherheit ist, und die Grenzen bleiben wohl definiert und durchgängig, was ebenfalls für die Sicherheit wichtig ist. Diese Kombination von Liebe und Respekt vor den Grenzen der Beziehung wird uns helfen, im Verlauf unseres Lebens in der Art und Weise, wie wir auf die Bedürfnisse eines anderen reagieren, eine Balance zwischen Weisheit und Mitgefühl zu finden. Es ist dies, was ich gesunde Zuneigung nenne.

Das Kleinkind stellt sich seine Mutter auch weiter als sicheren Hafen vor, aber etwa mit Erlangen des 15. Monats erkennt es seine Mutter als eigenständige Person an. Nun möchte das Kleinkind seine Welt mit ihr teilen. Es legt ihr Objekte, die es entdeckt hat, voller stolz in den Schoß und erwartet, dass sein Gefühl des Staunens gespiegelt wird. „Schließe dich mir in meiner Freude an" ist ein früherer Zugang zu dem Zutrauen, dass andere uns verstehen und an unserer Welt Anteil haben werden. Dies legt auch das Fundament für die Fähigkeit, intime Geheimnisse mit anderen Erwachsenen zu teilen. Unser Vertrauen zu einem Partner, der uns spiegelt, nimmt zu, während wir uns von jemandem, der uns nicht spiegelt, abgetrennt fühlen.

Als Kleinkinder idealisieren wir unsere Eltern. Allmählich wird unsere Ehrfurcht dann realistischer und wir bewundern sie, während wir gleichzeitig ihre Fehler erkennen. Durch diesen Übergang von der Idealisierung zu einer auf der Realität beruhenden Liebe lernen wir, unsere erwachsenen Partner zu akzeptieren, wie sie sind. Auf diese Weise lernen wir auch, mit Enttäuschungen in unseren Beziehungen umzugehen. Die Enttäuschung muss unsere Bindung nicht beenden, sondern soll sie nur neu organisieren, mit realistischeren Erwartungen. Der Realismus wird dann zu einem Gegengewicht gegen romantische Vorstellungen. Manchmal vertrauen wir einem Menschen, *weil* wir ihn bewundern, was allerdings kein angemessener Grund ist. Wenn wir eine Person auf ein Podest stellen und später ihre tönernen Füße bemerken, dann wird unsere Enttäuschung über den Verlust des Vertrauens hinaus noch durch diese Erkenntnis verdoppelt. Es trifft uns besonders, wenn die Person, der wir vertraut und die wir bewundert haben, uns ausnutzt oder misshandelt. Kam es in unserer Kindheit zu einer solchen Verletzung, dann haben wir damals vielleicht den Schmerz gefühlt, aber das ganze Ausmaß des gefühlten Verlustes macht sich im Allgemeinen erst im Erwachsenenalter bemerkbar. Erst wenn unser Gehirn die volle Wucht eines Verlustes verarbeiten kann, vermag unser Körper den ganzen Schmerz zuzulassen. Die Tränen, die wir schließlich vergießen, zeigen die authentischen Gefühle, die darauf gewartet haben, zum Vorschein zu kommen. Wir werden an diesem Schmerz nicht sterben, wir werden uns selbst nur besser kennenlernen und froh darüber sein, dass das alles endlich an die Oberfläche gekommen ist.

Um den Zusammenhang zwischen frühen Entwicklungsaufgaben und der erwachsenen Intimität zusammenzufassen, brauchen wir uns nur anzusehen, inwieweit die Phasen sich gleichen: Wenn wir uns ineinander verlieben, sind wir symbiotisch verbunden. Wir machen uns dann in die Welt auf, damit jeder die eigene Arbeit erledigen kann, aber wir entfernen uns nicht allzu weit voneinander. Allmählich wird uns klar – besonders dann, wenn ein Kind in unser Leben tritt –, dass wir keinen Anspruch auf ständige Aufmerksamkeit haben, sondern diese Stellung an den Neuankömmling abgeben müssen oder an irgendetwas anderes, das inzwischen für unseren Partner wichtig geworden ist. Unsere Bewunderung wird realistisch und wir lernen zu akzeptieren, dass die Enttäuschung durch andere ein Teil des Lebens ist und sie nicht bedeuten muss, dass wir von anderen keine Liebe mehr empfangen oder sie ihnen geben können. Letztlich wissen wir zu schätzen, wenn unsere Gefühle gespiegelt werden, und wir bieten unserem Partner dasselbe als Gegenleistung.

Väter sind für unsere Entwicklung in der frühen Kindheit ebenfalls wesentlich. Im Allgemeinen ist es so, dass die Mütter uns Geborgenheit und Fürsorge geben, während die Väter uns in die Welt hinaus führen. Die Mütter umfangen uns mit einem Behältnis der Sicherheit. Die Väter zeigen uns den Weg, auf dem wir die uns herausfordernde Reise antreten können. Sie tun dies, indem sie uns hinausführen in die Welt der Kunst, des Sports, der Arbeit und der Natur. Natürlich können die Rollen auch getauscht werden oder beide Eltern können gleichermaßen daran teilhaben. Wichtig ist allein, dass wir sowohl die Erfahrung einer uns umfassenden Geborgenheit als auch die Erfahrung des in die Erforschung der Welt Hinausgetriebenwerdens machen. Die Geborgenheit bereitet uns darauf vor, Zutrauen zu der Nähe in menschlichen Beziehungen zu haben. Werden wir in die Erkundung der Welt hinausgetrieben, so hilft uns das darauf zu vertrauen, dass unsere Freiheit dadurch nicht eingeschränkt wird.

In vielen Familien hören die Kinder, wie ihre Mutter sich darüber beschwert, dass ihr Vater ihre Bedürfnisse nicht befriedigt. Wir können dabei implizit verstehen, dass er sie nicht zu erfüllen *vermag*. Dies kann dazu führen, dass wir ständig in dem Glauben leben, man könne unserem Vater nicht vertrauen. Es kann auch bedeuten, dass Knaben an ihrer Fähigkeit zweifeln, eine Frau zu befriedigen. Mädchen mögen daran zweifeln, dass Männer in der Lage sind, sie zu befriedigen. Wenn uns so etwas geschehen ist, dann besteht unsere Arbeit darin, uns von dem Modell einer Beziehung, das wir in unserer Kindheit erfahren haben, abzulösen und unsere eigene, gesündere Weise, in Beziehung zu sein, zu entwerfen. Das ist keine leicht zu erfüllende Aufgabe, aber wenn wir die Verbindung zwischen der Vergangenheit und der Gegenwart herstellen, so weist das unserer Arbeit die Richtung.

Im Allgemeinen gilt der Archetyp des Gefäßes als weiblich und der Archetyp der Reise als männlich. Der Unterschied wird ganz greifbar deutlich, wenn wir uns ansehen, wie Frauen Babys auf den Arm nehmen und wie Männer das tun. Die Männer gehen umher und zeigen dem Baby Dinge. Die beiden sehen sich gemeinsam die Außenwelt an. Als Erwachsene werden sie in der Kommunikation mit anderen Männern wahrscheinlich zusammensitzen und dabei nach draußen schauen. Frauen halten ein Baby wahrscheinlich eher nur im Arm und schmusen mit ihm, während sie ihm direkt in die Augen sehen. Derselbe Kommunikationsstil von Angesicht zu Angesicht wird im späteren Leben auch die Gespräche zwischen Frauen charakterisieren.

Tatsächlich ist es so, dass unsere Spiegelneuronen bei der Interaktion von Angesicht zu Angesicht am ehesten aktiviert werden. Die Spiegelneuronen im Gehirn machen es möglich, mit einem anderen Menschen in Resonanz zu sein und dessen Verhalten und Gefühle zu imitieren. Wir fühlen mit einem Menschen, wenn wir Tränen in seinen Augen sehen. Wenn wir mit den fünf Aspekten der Liebe aufmerksam präsent sind, empfinden wir mit größerer Wahrscheinlichkeit ein tiefes Mitgefühl. Dadurch wird auch bestätigt, dass wir kein abgetrenntes Ich besitzen, sondern wechselseitig miteinander verbunden sind – denn schließlich können wir nicht leugnen, dass unser Ich sich ändert, je nachdem, mit wem wir gerade zusammen sind.

Außerdem können unsere Spiegelneuronen uns körperlich in Bewegung setzen. Das liegt daran, dass Gefühle nicht ohne ein entsprechendes körperliches Verhalten auftreten: Traurigkeit zum Beispiel führt zu Weinen, Furcht führt zur Flucht oder zum Kampf. Wenn wir also mit jemandem fühlen, so bleibt es nicht bei dem Gefühl, sondern wir legen auch den Arm um diesen Menschen. Wir nähern uns ihm durch irgendeine Aktion an, um unsere Unterstützung auch durch die Berührung zu zeigen.

Unser Vermögen zu vertrauen wird in der Kindheit auf gesunde Weise ausgeprägt, wenn die Geborgenheit, die unsere Eltern uns bieten, sich nicht erdrückend anfühlt, und wenn ihr Uns-Hinausdrängen in die Welt nicht als Zurückweisung erfahren wird. Das führt dann dazu, dass wir später in unserem Leben Nähe zulassen können und zugleich unabhängig bleiben. Es ist nicht ein Entweder-Oder, sondern ein Sowohl-als-auch, was die beiden Säulen der psychischen Gesundheit sind. Bei allen Beispielen in diesem Abschnitt bemerken wir, dass unsere Fähigkeit zu vertrauen zunimmt, wenn wir bei anderen auf Verlässlichkeit stoßen. Es ist das Vertrauen, welches uns den Weg zu jeder Station auf der Reise des Lebens ebnet.

Wir sollten aber auch nicht vergessen, dass wir durch Verlässlichkeit eingelullt werden können. Sicherheit und Geborgenheit innerhalb einer Familie oder Religion können sich, besonders in der Kindheit, so wichtig für unser Überleben anfühlen, dass wir unsere wahren Gefühle oder unser wahres Ich verbergen, um ihre Fortdauer zu garantieren. Ein Kind mag bemerken, dass eine oder alle seiner angeborenen Eigenschaften, wie etwa sein psychologischer Typ (introvertiert oder extrovertiert), sein Geschlecht, seine sexuelle Orientierung nicht willkommen sind. Die eigene Sicherheit und Geborgenheit zu bewahren, wird dann wertvoller als zu zeigen – oder sogar zu wissen – wer man ist. Sicherheit und Geborgenheit können also auch so verführerisch und selbstverleugnend sein; dies ist ein weiterer Grund, warum man sie in sich selbst finden muss, damit es zu einer persönlichen Entwicklung kommen kann.

Letztendlich wagen Kinder, sie selbst zu sein, wenn sie ihren Eltern so weit vertrauen, dass sie sagen können: „Hier erlaubt man mir, ich selbst zu sein. Hier wird es immer akzeptiert, wenn ich fühle, was ich fühle, und wenn ich brauche, was ich brauche. Hier besteht keine Gefahr, wenn ich mich in Übereinstimmung mit meinen eigenen inneren Veranlagungen entwickle. Ich bin wahrhaft frei, meine Welt und meinen Platz in dieser Welt zu erkunden. Hier habe ich das Recht und die Macht, persönliche Entscheidungen zu treffen, welche die Werte und Wünsche widerspiegeln, die mir besonders wichtig sind." Wenn ein Kind so etwas sagen kann, dann verdankt es dies der Fähigkeit seiner Eltern, anzunehmen und zuzulassen. Auf diese Weise fördert eine Fähigkeit unserer Eltern unsere eigenen Fähigkeiten. Die Aktivierung ihrer Fähigkeiten ebnet den Weg zur

Aktivierung unserer eigenen Fähigkeiten. Eine gesunde, autonome Lebensweise erweist sich dann als gefährlich, wenn wir in einer Welt leben, in der wir in Reih und Glied stehen müssen, keinen Staub aufwirbeln dürfen und kuschen müssen, wenn wir erfolgreich sein wollen. Unter solchen Umständen führt es zu einem Gefühl der Isolation, wenn wir unsere eigene Einzigartigkeit entdecken und schätzen. Aber wir können uns trotzdem weigern, künstlich zu werden oder ein Gesicht aufzusetzen, das den anderen gefällt. Wenn wir das wagen, zeigt sich, dass wir solche Menschen (und vielleicht sogar den einen besonderen Menschen) anziehen, mit denen wir uns in dem schwierigen, aber großartigen Unterfangen, „wirklich" zu werden, zusammentun können.

Fort und doch hier

Die Bewegung und Erkundung, die ein Baby in der Abwesenheit seiner Mutter erfährt, trägt es von dem Kummer über diesen Verlust hinaus in die Freude über seine neu gefundenen Kräfte. Für diejenigen, die sich dem Vorangehen auf der erwachsenen Entdeckungsreise verpflichtet haben, ist diese Freude im Alleinsein für immer ein Gegenmittel gegen die Furcht vor dem Verlassenwerden. Bewegung oder sich zum Weitergehen aufzuschwingen, ist das Gegenteil von Einsamkeit.

Unsere Entwicklungsaufgabe als Baby ist, mit der Erkundung fortzufahren, während wir gleichzeitig die Erinnerung an die abwesende Mutter bewahren. Wir finden unsere Geborgenheit in diesem *inneren* Bild. Wir stellen auch fest, dass die Mutter von sich aus dazu motiviert ist, zu uns zurückzukehren, ja, dass sie sich sogar sehr darauf freut. Auf diese Weise erkennen wir, dass die Bindung auch während ihrer Abwesenheit fortdauert. Später in unserem Leben bedeutet dies, dass wir einen geliebten Menschen nicht verlassen und uns einem Ersatz zuwenden, sondern auf seine Rückkehr warten. Geduld baut sowohl in unserer Kindheit als auch später in unserem Leben Zutrauen zu uns selbst und zu anderen auf.

Unser Vertrauen, dass die Beziehung zur Mutter über das hinausgeht, was sich nur durch körperliche Anwesenheit demonstrieren lässt, ist der Ursprung für eine ganz besondere Fähigkeit, die uns unser ganzes Leben hindurch nützlich sein wird: Unser Gefühl der Präsenz muss nicht auf tatsächliche körperliche Anwesenheit bauen. Wir können die Gegenwart von jemandem auch in seiner Abwesenheit fühlen und uns vorstellen; dieses Gefühl transzendiert die hier und jetzt greifbare Realität. Dies wird dann auch für den Glauben an das Göttliche gelten und für das Zutrauen, dass in der Stille dennoch Präsenz vorhanden ist.

Ein Gefühl für die Präsenz in Abwesenheit ist eine Kombination von Gegensätzen, einer Erfahrung des Paradoxen, die unsere kreative Imagination fördert. Während wir wachsen, werden wir immer wieder Gestalten suchen, die das symbolisieren, was uns ursprünglich genährt hat, Abbilder unserer frühen Bezugspersonen. Ein persönlicher Gott könnte uns als ein neuer sicherer Hafen dienen oder als Ersatz für das, was uns Mutter und Vater gegeben haben oder was sie uns haben vermissen lassen.

Haben wir in der Kindheit Unterstützung erhalten, dann werden wir sie im erwachsenen Leben leichter geben können, weil wir uns mit unseren gebenden Bezugspersonen identifizieren. Werden wir von jemandem getröstet, wenn wir verwirrt oder ängstlich sind, dann werden dadurch Sicherheit und Geborgenheit genährt. Damit wir uns als Erwachsene selbst zu trösten vermögen, müssen wir Trost von anderen empfangen haben. Unsere Fähigkeit wird dadurch wachgerufen, dass wir etwas von anderen empfangen. Dies hilft uns, über die Selbsttröstung hinauszugehen und darauf zu vertrauen, dass auch andere uns trösten werden. Unsere Bewegung geht also *vom Vertrauen auf die Vertrauenswürdigkeit von jemand anderem zum Vertrauen auf uns selbst und dann zum Vertrauen auf andere.* Dies mag sich auch zu einem Vertrauen auf eine höhere Macht weiterentwickeln.

Für eine gesunde emotionale Entwicklung brauchen wir aber auch eine gewisse Erfahrung von Frustration. Die Frustration ist dann am besten für unsere Entwicklung, wenn sie eine Herausforderung darstellt, die wir bewältigen können, wobei uns vertrauenswürdige Hilfe geboten wird, wenn wir sie brauchen. Sie behindert das Wachstum, wenn sie einfach nur ein Hindernis bleibt und wir uns dafür schämen, dass wir die Herausforderung nicht bewältigen können. Haben wir zu viel Trost und Schutz erhalten, dann haben wir vielleicht nicht gelernt, in uns selbst nach der Bedürfnisbefriedigung zu suchen. Wir besitzen vielleicht deshalb kein Selbstvertrauen, weil wir niemals die Gelegenheit hatten, erfolgreich mit Frustration umzugehen, denn auf diese Weise lernen wir, dass wir verlässliche Kräfte besitzen – unsere inneren Ressourcen.

Übungen
Trost empfangen und sich Herausforderungen stellen

Diese Gegenüberstellung hilft uns zu sehen, wie Geborgenheit und Herausforderung während unseres gesamten Lebens zusammenarbeiten. Wo würden Sie sich während der einzelnen Jahrzehnte Ihres Lebens einordnen? Wo hoffen Sie in der nächsten Dekade zu sein, oder wo wollen Sie sein?

Betonung von Geborgenheit	*Betonung von Herausforderung*
bringt uns dazu, auf andere zu vertrauen	bringt uns dazu, auf uns selbst zu vertrauen
konzentriert sich darauf, einen sicheren Hafen zu finden	hilft uns, das Risiko einzugehen, zu neuen Horizonten aufzubrechen
ist charakteristisch für den Haushälter-Archetypen	ruft den Reise-Archetypen hervor
konzentriert sich darauf, festen Boden unter die Füße zu bekommen	führt uns dazu, uns auszuweiten
lässt uns Sicherheit schätzen	zwingt uns, Sicherheit aufzugeben

findet Kreativität in der Aufrechterhaltung des sicheren Heimathafens und der Menschen darin	findet Kreativität in Neugier und Erfindungsreichtum
lässt uns eher festhalten	drängt uns, weiterzugehen
bringt uns dazu, uns den Regeln, die in der Umgebung unseres Heims gelten, zu unterwerfen	bringt uns dazu, uns dem Augenblick zu unterwerfen
bringt uns dazu, nahe beisammen zu bleiben	bringt uns dazu, uns auf unsere persönlichen Ziele zu konzentrieren, ob andere dabei sind oder nicht
Die Botschaft an uns lautet: „Geh nicht zu weit weg" oder „Geh nicht weg".	*Wir neigen dazu, nach dem Motto zu leben: „Gehe so weit weg, wie du kannst."*

Vertrauen und Lieben

Was Sie in Ihrer Kindheit daran gehindert hat, Ihren Eltern zu vertrauen, das verlangt heute nach Ihrer Trauerarbeit. Um zu sehen, ob dies auf Sie zutrifft, stellen Sie sich die Fragen, ob Ihre Eltern im Allgemeinen:

· es versäumt haben, Ihnen die Fünf Aspekte der Liebe entgegenzubringen
· sich nicht auf Ihre Gefühle eingestimmt und diese nicht zugelassen haben
· Sie körperlich, emotional oder sexuell misshandelt oder missbraucht haben
· Erwartungen an Sie gestellt haben, die zu hoch oder zu niedrig angesetzt waren
· sich ständig in Ihrer Gegenwart gestritten oder einander misshandelt haben
· Sie als Vermittler zwischen sich gebraucht haben
· süchtig waren

Es gibt eine direkte Verbindung zwischen unbedingter Vertrauenswürdigkeit und bedingungsloser Liebe. Sie werden am selben Maßstab gemessen. Denken Sie jetzt an einen Freund, eine Freundin oder ein Familienmitglied, das Sie zweifellos lieben und von dem Sie wissen, dass es Sie liebt. Dies ist die Person, die zu Ihnen halten wird, ganz gleich, was Sie tun, die für Sie da sein wird, ganz gleich, wie Sie sind, und die Ihnen gegenüber loyal sein wird, ganz gleich, wozu Sie werden. Sie ist unbedingt vertrauenswürdig und bedingungslos liebend.

Denken Sie als Nächstes an jemanden, den Sie nicht ganz so sehr lieben. Sie werden feststellen, dass der Unterschied in Ihren Gefühlen diesen beiden Personen gegenüber darin liegt, wie sehr Sie ihnen *vertrauen.* Sie lieben die Person zutiefst, der Sie ganz und gar vertrauen. Die Person, bei der Sie gewisse Zweifel haben, der Sie also nicht so total vertrauen, lieben Sie nicht mit derselben Intensität. Wenn sich jemand als vertrauenswürdig erweist, schenken Sie ihm am ehesten Ihre tiefe Liebe.

Zeigen Sie denjenigen, die Sie lieben und denen Sie zutiefst vertrauen, Ihre Dankbarkeit; ihre bedingungslose Liebe ist schließlich ein kostbares Geschenk. Nehmen Sie den Menschen, denen Sie nicht so vollständig vertrauen können, dies nicht übel. Versuchen Sie Folgendes: Öffnen Sie sich dem Mitgefühl dafür, dass die Urteile dieser Menschen, die eine Form des Leidens darstellen, es ihnen schwer machen, so total zu lieben, wie ihr tieferes Selbst es gern tun würde.

Eine geschickte Übung besteht darin festzustellen, wo Sie sich verschließen, und dem dann eine Öffnung entgegenzusetzen. Wenn Sie zum Beispiel einem Menschen etwas übel nehmen, versuchen Sie sich dem Mitgefühl für diese Person zu öffnen. Das ist keine Entschuldigung für das Manko dieser Person; es weist Ihnen einfach einen anderen Weg zu liebender Güte. Wenn Ihnen eine solche Gelegenheit und der Erfolg in Ihrem Bemühen wichtiger werden als das Verhalten der anderen Person, dann befinden Sie sich auf einem Pfad der Befreiung, der hell und beglückend vor Ihnen liegt.

Nun können Sie mit der Übung der liebenden Güte fortfahren.
Wenn wir jemanden lieben, dann wünschen wir automatisch, dass
dieser Mensch glücklich und frei von Leiden sei. Dies zeigt, dass
wir schon immer liebende Güte zu praktizieren wussten. Alles, was
wir jetzt noch tun müssen, ist, diese Art von liebender Güte auf uns
selbst, auf andere und auf alle Wesen anzuwenden.

In der traditionellen buddhistischen Übung der liebenden Güte
wünschen wir Glück, Gleichmut und Freiheit von Angst und Leiden –
zuerst für uns selbst, dann für die Menschen, die uns am Herzen
liegen, dann für diejenigen, denen gegenüber wir neutral eingestellt
sind, dann für die Menschen, denen gegenüber wir negative Gefühle
hegen, und schließlich für alle Wesen. Dies macht deutlich, dass
die Übung der liebenden Güte unsere wechselseitige Abhängigkeit
anerkennt. In der hier vorgestellten Übung der liebenden Güte er-
streben wir gute Dinge zuerst für uns selbst, dann für die Menschen,
die wir besonders lieben, dann für diejenigen, denen wir nicht ganz
trauen, und schließlich für alle Wesen überall. Wir hoffen für uns
und für sie auf Folgendes: so liebevoll wie nur möglich zu werden
und glücklich und erfüllt zu sein.

Hier ist der Prozess, Schritt für Schritt. Während man diese Übung
ausführt, ist es am besten, entspannt dazusitzen, aber mit aufgerich-
teter Wirbelsäule und hellwach. Sie können die Augen entweder
schließen oder sie leicht geöffnet halten, wobei Ihr Blick sanft ge-
senkt ist. Sagen Sie sich die folgenden Sätze vor, wobei Sie zwischen
den einzelnen Aussagen jeweils einige Sekunden Pause machen:

1. Phase
Möge ich so liebevoll wie möglich werden.
Möge ich glücklich sein.
Möge ich Erfüllung finden.

2. Phase
Möge [Name einer Person, die sie lieben] so liebevoll wie möglich
werden.

Möge [Name einer Person, die sie lieben] glücklich sein.

Möge [Name einer Person, die sie lieben] Erfüllung finden.

3. *Phase*

Möge [Name einer Person, der sie nicht ganz trauen] so liebevoll wie möglich werden.

Möge [Name einer Person, der sie nicht ganz trauen] glücklich sein.

Möge [Name einer Person, der sie nicht ganz trauen] Erfüllung finden.

Liebende Güte hat auch die Bedeutung, sich selbst zu trauen – darauf zu vertrauen, dass wir alles besitzen, was wir brauchen, um uns selbst ganz und gar und vollständig zu erkennen, ohne uns hoffnungslos zu fühlen und ohne uns für das, was wir sehen, Vorwürfe zu machen.

– Pema Chödron, *Taking the Leap*

3
Wie es in Beziehungen zu Vertrauen kommt

In unserer frühesten Geschichte kauerten wir Menschenwesen zusammen an einem Lagerfeuer und unser Zutrauen zueinander nahm zu. Wir waren nie dazu bestimmt, allein zu sein – nicht ganz allein und nicht dauerhaft. Wir können jede Krise bestehen und unseren Weg durch alle Widrigkeiten gehen, wenn nur jemand bei uns bleibt und uns unterstützt. Es ist nicht so, dass wir jemanden brauchen, der uns retten oder die Dinge für uns in die Hand nehmen wird, nur jemanden, der uns zur Seite steht, der präsent ist und der Anteil nimmt an dem, was wir durchmachen – nicht ständig, aber doch von Zeit zu Zeit. Wir vertrauen demjenigen, der uns diesen Platz in sich einräumt und der an uns Anteil nimmt – das heißt, der uns als Mitmensch beisteht, ohne uns zu verurteilen.

Die Menschen sind, wie alle Säugetiere, darauf angelegt, in einer Gemeinschaft zu leben, miteinander zu kooperieren und einander um des Überlebens willen zu ergänzen. Wo wir selbst unsere Grenzen haben, kann dies durch die Fähigkeiten anderer ausgeglichen werden. Auch in unserem Fühlen brauchen wir die Spiegelung und das Verständnis anderer. Unser Mut erwacht dadurch, dass wir von den Menschen, die wir respektieren, ermutigt werden. Unsere Erfüllung in der Liebe verlangt einen Partner, der uns ebenfalls liebt. Aus diesem Grund sind Verlassenheit und Isolation so schrecklich. Darum ist es für unser Glück und für unser Gefühl, geliebt zu werden, so wesentlich, jemanden zu haben, dem wir es zutrauen, für uns da zu sein – für uns *hier* zu sein.

„Bleib bei mir" ist ein legitimer und verständlicher Wunsch, aber wir müssen uns dessen bewusst sein, dass es ein Wunsch ist. Wird dieser Wunsch von einem anderen Menschen erfüllt, dann werden wir die Nähe genießen. Sind wir mit jemandem zusammen, mit dem wir niemals über das Wunschstadium hinauskommen, dann sind die Voraussetzungen für eine verlässliche Beziehung nicht gegeben. Gereifte Menschen werden sich nicht damit begnügen, mit Wünschen und Hoffnungen zu leben. In dem Comicstrip *Peanuts* hält Lucy mehr als einmal einen Football, sodass Charlie Brown in treten kann, aber dann zieht sie ihn immer wieder weg, gerade bevor er den Ball trifft. Er glaubt weiterhin daran, dass Lucy ihm dieses Mal nicht denselben Streich spielen wird, ohne dass es irgendwelche Anzeichen dafür gäbe, dass sie sich verändert hat. Sein Wunsch ist die Grundlage seines Vertrauens, nicht seiner Erfahrung – und das funktioniert nicht. Immerhin hat er immer noch die Freude zu wissen, dass er ihr dasselbe nicht antun würde, und das bedeutet auch eine Menge.

Ein erwachsener Mensch entwickelt seinen Wunsch zu einer Bitte weiter: „Schließe dich mir in einer Partnerschaft an." Dies ist ein ausdrückliches Angebot, keine geheime Hoffnung und kein geheimer Wunsch. Woher können wir wissen, dass wir auf Vertrauenswürdigkeit treffen werden? Wir können das nur anhand unserer durchgängigen Erfahrung beurteilen. Vertrauenswürdigkeit muss in die Praxis umgesetzt werden, oder sie hat, wie Hamlet sagte, „keinen Wert". Darum dürfen wir Menschen, die sich verpflichtet haben, als Teil ihres persönlichen Programms für die Entwicklung von Integrität vertrauenswürdig zu sein, Vertrauen schenken.

Wenn es unser tiefster Wunsch ist, von einem anderen Menschen gesucht und gefunden zu werden, und es nur so wenige Menschen gibt, die bereit sind, Energie in dieses Projekt zu investieren, dann beginnen wir vielleicht an unserem eigenen Wert oder sogar an der Möglichkeit unseres Überlebens zu zweifeln. Dies hilft uns zu verstehen, warum unsere größte Angst die Angst vor Trennung, Zurückweisung, Verlassenheit und dem Ausgeschlossenwerden ist. Diese Ängste können für uns dermaßen erschreckend sein, dass wir in Beziehungen bleiben, die nicht mehr funktionieren, dass wir uns an das Bisschen klammern, das uns noch entgegengebracht wird, dass wir entgegen allen Beweisen des Gegenteils immer noch hoffen, unsere Bedürfnisse würden eines Tages befriedigt. Wir bleiben wegen der Brosamen, die gelegentlich für uns abfallen, aber wir bleiben auch wegen unserer Angst vor der noch schlimmeren Isolation, die auf eine Trennung folgen mag. Aus diesen Gründen in einer Beziehung zu bleiben ist nicht gesund. Es bedeutet, dass wir feststecken.

Auf gesunde Weise zu bleiben bedeutet, ganz und gar in den Augenblick einzutreten; wenn wir feststecken, dann sind wir erstarrt und immer einen Schritt von unseren Gefühlen und unserer Erfahrung entfernt. Auf gesunde Weise zu bleiben bedeutet auch, dass wir uns in unsere eigene Wirklichkeit eintreten lassen, sodass wir das, was als Nächstes kommt, annehmen können. Festzustecken bedeutet, dass wir uns weigern, in unsere eigene Wirklichkeit einzutreten oder aus ihr heraus weiterzugehen. Wieder einmal ist die Angst schuld daran, dass wir Geiseln bleiben – aber das muss nicht lange so weitergehen.

Jede Übung in diesem Buch hilft uns, diesen Feind in einen Verbündeten umzuwandeln. Im fünften Kapitel werden wir detaillierter unsere menschliche Neigung, im Leiden stecken zu bleiben, erkunden.

Auch wenn ich dich liebe, wirst du springen müssen;
Unser Traum der Sicherheit muss verschwinden.
     – W. H. Auden; *„Leap Before You Look"*

Gegenseitiges Vertrauen

Beim Einzel im Tennis will der eine Spieler gewinnen, und er möchte, dass der andere verliert. Der andere Spieler will ebenfalls diejenige sein, der gewinnt und der den anderen verlieren sieht. Beide Spieler achten besonders auf die Schwächen des Gegners und richten ihr Spiel darauf aus, diese Schwächen zu ihrem eigenen Vorteil auszunutzen. Wenn ein Spieler nicht besonders schnell auf den Beinen ist, wird der andere versuchen, die Bälle so zu platzieren, dass sein Gegner sie erlaufen muss. Hat ein Spieler Schwächen auf der Rückhand, dann wird der andere sicherlich vorzugsweise seine Rückhand anspielen. Das Netz zwischen den Spielern symbolisiert wahrhaftig ihre Getrenntheit.

Wenn diese Tennisspieler jedoch als Partner in einem Doppel spielen, dann bemerken sie ebenfalls die Schwächen des anderen, aber dies zeigt ihnen, wie sie am besten mit dem anderen zusammenspielen und seine Schwächen kompensieren können. Jetzt ist das Ziel, dass beide gewinnen, und nicht, dass nur einer gewinnt. In einer Beziehung sollten beide Partner auf diese Weise als Team zusammenspielen.

Zu Vertrauen kommt es, wenn wir bemerken, dass wir mit einem Partner zusammen sind, der sich dem Zusammenspiel verpflichtet hat, sodass wir beide über die Hindernisse siegen, die unsere Bindung zerstören könnten. Nun symbolisiert das Netz, dass wir zusammengehören. Wir spielen, indem wir aufeinander achten und einander unterstützen. Wenn wir auf diese Weise spielen wollen, müssen wir von unserer Ichbezogenheit ablassen, um authentische Liebe teilen zu können.

Damit eine Beziehung funktionieren kann, müssen wir uns gegenseitig vertrauen. Das bedeutet, dass beide Partner dem anderen *vertrauen* können und dass beide Partner dem anderen gegenüber *vertrauenswürdig* sind. Vertrauen und Vertrauenswürdigkeit sind nicht nur eine Quelle von Sicherheit und Geborgenheit. Sie machen auch eine intime Beziehung möglich, vermehren die Liebe und bereichern die Bindung. In jeder dieser Hinsichten erfüllen Vertrauen und Vertrauenswürdigkeit unser Bedürfnis nach Wachstum.

In der romantischen Phase einer Beziehung vertrauen wir dem anderen ohne Weiteres und bedingungslos. Wir haben das Gefühl, das wir uns der Stabilität der Liebe, die wir empfangen, sicher sein können. Darum trifft es uns auch am härtesten, wenn es während dieses Stadiums der Beziehung zu einem Verrat kommt. Kluge Erwachsene beginnen eine Beziehung nicht mit der romantischen Phase, sondern mit einer Phase der Erkundung. Wir sehen uns den anderen genau an, um herauszufinden ob er oder sie vertrauenswürdig ist, die Fähigkeit besitzt, die Fünf Aspekte der Liebe zu geben und ob er oder sie die Eigenschaften besitzt, die für uns wichtig sind. Erst wenn wir sicher sind zu wissen, dass der andere vertrauenswürdig ist, öffnen wir uns, um Liebe geschehen zu lassen. Das bedeutet, dass es auch kein Kriterium ist, wenn wir glauben, dass „die Chemie zwischen uns stimmt". Nur eine durchgängige Beobachtung des anderen funktioniert – und selbst die kann sich als unrichtig erweisen, aber wir haben zumindest unser Bestes versucht, ein Sherlock Holmes zu sein.

Das romantische Fasziniertsein von einem anderen Menschen – die „Chemie" – ist auf zweierlei Weise aufregend. Unser bedürftiges Ego ist aufgeregt angesichts der Möglichkeit, endlich Erfüllung zu finden. Aber auch unser gesundes Ego ist aufgeregt, weil wir genau die Person gefunden haben, die uns zeigen wird, woran wir noch zu arbeiten haben, wo die unbeendeten Konflikte aus der Kindheit oder aus früheren Beziehungen liegen. Und so finden wir denn eines wunderschönen Tages sowohl unseren Seelengefährten als auch die Arbeit, die unsere Seele zu leisten hat. Das bedürftige Ego mag seinen Partner später anklagen. Das gesunde Ich wird ihm oder ihr danken.

Wenn wir gegen geringe Selbstachtung anzukämpfen haben und ein Partner sich als vertrauenswürdig erweist, dann sagen wir vielleicht: „Ihretwegen fühle ich mich so gut, dass ich mein ständiges Ringen um Selbstachtung einfach vergesse. Ich bin jetzt davon abhängig, dass sie mir hilft, mich in meiner Haut wohlzufühlen. Sie soll es bloß nicht wagen, sich in dieser Hinsicht dienstfrei zu nehmen, weil ich das nicht für mich selbst leisten kann." Das ist keine Grundlage für eine gesunde Beziehung. Wir dürfen nicht verlangen, dass unser Partner uns mehr als 25 Prozent dessen gibt, was wir in Hinsicht auf die Fünf Aspekte der Liebe (Aufmerksamkeit, Akzeptanz, Wertschätzung, Zuneigung und Zulassen) brauchen. Von keinem einzelnen Menschen kann man erwarten, dass er alle unsere emotionalen Bedürfnisse erfüllt – oder auch nur die meisten davon.

Wenn wir erst einmal unabhängig sind, dann suchen wir die Gesellschaft jener, die durchgängig vertrauenswürdig sind. Erwachsenes Vertrauen basiert auf der bewiesenen Vertrauenswürdigkeit des anderen. Darum wächst unser erwachsenes Vertrauen am besten in einer Atmosphäre der Kontinuität und der Stetigkeit. Trotzdem haben wir keine Kontrolle über das, was geschieht. Aus diesem Grund segelt das Vertrauen in einem zerbrechlichen Boot. Wir können nur so lange auf Vertrauenswürdigkeit vertrauen, wie sie an den Tag gelegt wird, und hören auf zu vertrauen, wenn die Vertrauenswürdigkeit endet. Es ist nichtsdestoweniger ganz vernünftig, wenn wir uns erst einmal darauf verlassen, dass andere Verabredungen einhalten und uns nicht betrügen.

Vertrauen greift in einer Beziehung Platz, wenn sich jemand als verlässlich erweist. Es endet, wenn sich herausstellt, dass dieser jemand nicht verlässlich ist. Es beginnt erneut, wenn dieser Mensch sich zum Besseren ändert. Es hört auf, wenn er sich zum Schlechteren ändert. Wenn wir uns danach sehnen, jemandem absolut vertrauen zu können, dann macht uns das nur unglücklich. Wir vergessen die erste Lehre des Buddhismus, nämlich dass alle Dinge letztlich vergänglich sind, wir uns deshalb nicht auf sie verlassen können und sie darum unbefriedigend sind – und dass wir leiden, wenn wir in dem illusorischen Glauben, dass dem nicht so sei, an etwas festhalten. Manchmal geschieht es allerdings auch, dass Menschen sich uns gegenüber als bedingungslos und dauerhaft vertrauenswürdig erwiesen haben. Dann gibt es etwas Dauerhaftes, dessen wir uns erfreuen und wofür wir dankbar sein können. Das Wissen darum müssen wir jedoch trotzdem mit der Weisheit der allgemeinen Vergänglichkeit ausbalancieren.

Es ist uns jedenfalls nicht möglich zu entscheiden, wie lange die Gefühle eines anderen für uns anhalten oder wie stark sie sein werden. Ein Erwachsener hat gelernt, das Haltbarkeitsdatum eines Gefühls und auch die Lebensspanne des Vertrauens zu achten. In einer Beziehung kann Klugheit so aussehen, dass wir uns darauf einstellen oder damit abfinden, wie weit der andere zu gehen vermag, wie viel Nähe er oder sie zulässt und inwieweit er oder sie sich der Beziehung zu uns verpflichtet fühlt. Es ist unser Ziel, einen Raum zu öffnen und innerhalb dieses Raumes zu dem, was ist und was sein kann, ja zu sagen. Dann bewegen wir uns *auf etwas zu,* wenn dies angebracht ist, oder aber wir *gehen weiter,* wenn dies der Situation entspricht.

Erwachsene wissen, dass man Vertrauen nicht auf Erwartungen oder Projektionen bauen kann. Genauso wenig können wir Vertrauenswürdigkeit von anderen erwarten, nur weil wir glauben, ein Recht auf ihre Loyalität zu haben oder diese zu verdienen. Das Ego muss ganz und gar hinter die gnadenlosen Fakten der Geschichte wirklicher Augenblicke der Vertrauenswürdigkeit oder des Verrats zurücktreten. Wenn wir die Dinge auf erwachsene Weise sehen, bringt uns das nicht gegen jene Menschen auf, die uns nicht beistehen. Wir sagen stattdessen ein deutliches „Aua!" zu ihnen, betrauern unseren Verlust und gehen weiter, ohne zu versuchen, uns zu revanchieren. Das ist es, was der Dalai Lama sagte, wenn er uns empfahl, ärgerlich über die Tat zu sein, aber dem Täter nichts anzutun.

Wir erforschen das Verhalten anderer und wir bleiben wachsam gegenüber uns selbst. Da die Entwicklung von Vertrauen Zeit braucht, ist es wichtig, dass wir in neuen Beziehungen unsere Grenzen wahren. Wir tun dies, wenn wir die Offenbarung unseres tieferen Selbst nur in kleinen Schritten geschehen lassen. Wir müssen vorsichtig sein und sollten uns nicht zu sehr zu exponieren und uns zu früh ganz offenbaren.

Im Laufe unseres Lebens begreifen wir immer besser, wie die Welt ist und wie andere Menschen sind. Wir ruhen so weit in uns, dass wir weder leichtgläubig noch zynisch sind. Und wir werden mitfühlend, weil wir erkennen, dass es für jeden Menschen manchmal schwer ist, vertrauenswürdig zu sein. Statt also zu verzweifeln und zurückzuschlagen, halten wir uns weiter an zwei spirituelle Praktiken: liebende Güte und das bedingungslose Ja zu dem, was ist. Die liebende Güte richtet unsere Aufmerksamkeit darauf, unsere eigene Vertrauenswürdigkeit auszubauen und uns für andere Vertrauenswürdigkeit zu wünschen. Die begleitende Übung des bedingungslosen Ja zu dem, was ist, bringt uns dazu, für die Vertrauenswürdigkeit anderer dankbar zu sein, wenn sie uns widerfährt, und offen dafür zu sein, dass wir manchmal auch enttäuscht werden.

Wenn wir diejenigen sind, die sich nicht vertrauenswürdig verhalten, mögen wir dennoch ohne jeden Grund darauf beharren, dass unser Partner uns vertraut, obwohl wir ihn oder sie oft getäuscht haben. Erwarten wir auf diese Weise, respektiert zu werden, so steht dies im Widerspruch zu unserem eigenen Verhalten. Unsere Übung besteht dann darin, uns zu entschuldigen und uns zu einer Änderung zu verpflichten. Dann kommt es zu einem Umschwung: Wir hören auf zu verlangen, dass unser Partner uns vertraut, und zeigen ihm oder ihr vielmehr durch unser neues Verhalten, wie wir uns verändert haben. Geduld ist an die Stelle von Forderung getreten. Die Bereitschaft, uns zu entschuldigen und unser Leben zu ändern, ist an die Stelle des egoistischen Glaubens getreten, dass es nichts gibt, wofür wir uns zu entschuldigen hätten. Wir haben diese sehr gesunde Option: Das Vertrauen auf uns in anderen entstehen zu lassen oder nicht, während wir davon ablassen, sie zu manipulieren und mit voller Integrität handeln, ganz gleich, was das Ergebnis ist. Wir *fühlen* im Allgemeinen, wie richtig diese Vorgehensweise ist. Ein Soziopath, also jemand, der keinerlei Schuldgefühle oder Loyalität kennt, tut solch ein Gefühl als Sentimentalität oder etwas vollkommen Nutzloses verächtlich ab.

Wenn wir im Bereich der Beziehungen Vertrauen schenken, führt dies dazu, dass wir uns anderen Menschen öffnen, uns anderen offenbaren und uns darauf verlassen, dass der andere für uns da ist. Dies bedeutet, ein Risiko einzugehen, weil es bei allen Menschen geschehen kann, dass sie uns enttäuschen oder betrügen. Und doch ist es die Sache wert, dieses Risiko einzugehen, wenn unsere Erfahrung zeigt, dass der andere bisher verlässlich war, und wenn das Vertrauen gegenseitig ist. Wir können auch ohne solche Erkenntnisse und Beweise das Risiko eingehen, zu vertrauen, solange wir bereit sind, die Konsequenzen zu akzeptieren. Die folgenden Worte aus *Hamlet* beschreiben, wie verletzlich es uns macht, wenn wir dieses Risiko eingehen:

> Und gibt sein sterblich und verletzbar Teil dem Glück,
> dem Tode, den Gefahren preis ...

Hingabe in einer engagierten Beziehung

Solange unsere eigene Geistesruhe, Sicherheit und Geborgenheit auf der Treue eines anderen Menschen zu uns beruht, bleiben wir diesem Menschen ausgeliefert. Ein Ja der Hingabe an die Grenzen in unserer Beziehung führt dazu, dass Geistesruhe, Sicherheit und Geborgenheit aus unserem Inneren hervortreten. Eine solche Hingabe beweist uns selbst, dass wir uns wirklich selbst vertrauen können. Wir beginnen unser Vertrauen neu auszurichten – ein Abenteuer, das uns neue Kräfte verleiht.

Uns selbst zu vertrauen bedeutet, dass wir die Kontrolle loslassen und zur Möglichkeit von Unloyalität und Enttäuschung ja sagen. Wenn ich sage „Ich muss die Kontrolle behalten", so bedeutet dies, dass ich die Hoffnung auf Ressourcen aufgegeben habe, die außerhalb meines eigenen Egos liegen. Machen wir aber die liebende Güte zu unserer spirituellen Praxis und lassen anderen die Fünf Aspekte der Liebe zu kommen, so hilft uns das, uns von dem Bedürfnis nach Kontrolle zu befreien.

Wir alle begegnen im Laufe unseres Lebens egoistischen und unloyalen Menschen und leiden dadurch. Doch wenn unser spirituelles Bewusstsein zunimmt, sehen wir auch das Leiden der anderen. Egoismus und Unloyalität sind Formen einer Einengung, die der natürlichen Neigung eines Menschen zur Offenheit entgegenstehen und die damit Stress und Leiden verursachen. Wir können sowohl uns selbst als auch die anderen in unsere Übung der liebenden Güte einbeziehen. Früher oder später wird es uns möglich, die Schattenseite des Menschen zu sehen – nicht als einen Grund für Pessimismus, sondern als Gelegenheit zum Üben von Mitgefühl.

Hingabe an einen anderen Menschen kann sich einstellen, wenn wir ihm vertrauen. Hingabe an die Wirklichkeit geschieht, wenn wir akzeptieren, was dieser Mensch für uns sein will. Dann wird das, was wir zuvor als seine Schwächen und Exzesse angesehen haben, zu etwas sehr Interessantem. Wir sehen diesen Menschen mit Neugier und nicht mit Enttäuschung oder Schrecken. Wir können uns dann entschließen, wie wir von hier aus weitergehen wollen und wie wir uns das, was wir brauchen, einhandeln können.

Ein Partner, der sich der Wirklichkeit dessen, was der andere ist, hingibt, sieht, welche Form die Beziehung annimmt, versucht aber nicht ihre Richtung zu kontrollieren. Die Einstellung auf die Wirklichkeit eines anderen Menschen könnte für einen Mann, der mit einer Frau ausgeht, folgendermaßen aussehen: „Ich habe Freude an ihrer Gesellschaft und sehe, dass sie meine Gesellschaft ebenfalls schätzt. Gleichzeitig hat sie jedoch viele männliche Freunde, mit denen sie ihre Gefühle und Ideen auf einer offenbar ziemlich intimen Ebene teilt. Ich möchte dieses Unterstützungssystem respektieren. Ich vertraue darauf, dass ihre Freundschaften alle so platonisch sind, wie sie behauptet, auch wenn ich manchmal daran zweifle. Ich möchte keine voreiligen Schlüsse ziehen. Ich möchte nicht von ihr verlangen, dass ich der einzige Mann in ihrem Leben bin. Doch ich möchte für sie zu etwas Besonderem werden – dem Menschen, der an erster Stelle steht –, wenn sie dafür offen ist. Ich kann von diesem Wunsch lassen, wenn er nicht mit der Wirklichkeit zu vereinbaren ist, der ich schließlich vor allem meine Loyalität schulde. Ich werde über alle diese Dinge mit ihr sprechen, werde meine Sorgen zum Ausdruck bringen und werde ihr meine Wünsche mitteilen. Ich werde das nicht alles auf einmal tun, sondern werde ein Timing wählen, das dem entspricht, was für uns beide richtig erscheint." Dies ist die gesunde Alternative zu der Aussage: „Ich kann keiner Frau vertrauen, die so viele männliche Freunde hat."

In dem oben angeführten Beispiel geben wir uns dem hin, was die Wirklichkeit der Beziehung ist. Es ist sehr viel schwieriger, sich einer *Person* hinzugeben, sich der Verpflichtung zu einer Beziehung des Vertrauens hinzugeben. Es heißt, dass wir Männer Probleme haben, uns jemandem hinzugeben, weil sich das so anfühlt, als würden wir unsere Freiheit aufgeben – etwas, an dem wir vielleicht als unserem kostbarsten Besitz festhalten. Deshalb haben wir so oft Angst vor Nähe und Verpflichtung, was im Grunde eine Angst davor ist, auf das zu vertrauen, was wir inmitten solcher Erfahrungen fühlen werden. Wir stellen uns vor, dass wir erstickt werden, in eine Falle geraten oder verschlungen werden, wenn es zu Nähe kommt. Wir glauben, dass wir unsere persönliche Identität – etwas, das wir mit dem Getrenntsein assoziieren – nicht mehr aufrechterhalten können. Es kann durchaus sein, dass wir irgendeine Form der Verbindung suchen, aber eine mit nicht zu engen Banden.

Es kann lange dauern, bis ein Partner uns davon überzeugt hat, dass es sicher ist, sie oder ihn rückhaltlos zu lieben. Dieser Mensch wird bereit sein müssen, eine lange Reihe von Erfahrungen mit offenem Ausgang zuzulassen, in denen der Notausgang ständig sichtbar und offen ist, für den Fall, dass wir schnell die Flucht antreten wollen. Vielleicht ist es nicht leicht, jemanden zu finden, der so viel Geduld aufbringt, und es stellt sich die Frage, ob wir jemanden, der bereit ist, sich dermaßen selbst aufzuopfern, ohne etwas dafür zurückzubekommen, überhaupt respektieren würden.

Die Antwort einer Frau auf die männliche Angst vor der Verbindlichkeit könnte folgendermaßen aussehen: „Ich sehe mit Freuden, dass ich nicht mehr das Bedürfnis habe, mich für Männer aufzureiben. Wenn es Ihnen schwerfällt, sich einer Beziehung hinzugeben und sie Hilfe mit diesen Problemen suchen, dann schlage ich ihnen eine professionelle Therapie vor. Männer, die eine Beziehung zu mir haben wollen, die aber glauben, dass sie damit ihre Freiheit aufgeben, sollen diese besser behalten."

Seltsamerweise fällt es uns Männern, die wir Angst davor haben, unsere Freiheit zu verlieren, oft gar nicht schwer, uns einer Sucht hinzugeben. Eine Sucht ist ganz gewiss eine Form des „Aufgebens unserer Freiheit", aber das stört uns nicht. Unsere „Angst vor der Hingabe" löst sich dann in Luft auf, wenn es darum geht, uns einer Sache hinzugeben, von der wir glauben, dass wir sie brauchen – zum Beispiel Alkohol, Drogen, Sex oder Glücksspiel. Das offenbart uns Männern, dass wir uns nicht so sehr vor der Hingabe fürchten wie vielmehr davor, auf das zu vertrauen, was wir werden, wenn es zu voller Intimität mit einem wirklichen Menschen kommt. Dies ist eine Identitätsangst – wir fürchten, nicht mehr getrennt sein zu können. *Wie schaffen wir Männer es also, die Stadien eines Wandels zuzulassen, wie es eine Raupe tut?*

Der Alkoholiker weiß aus Erfahrung, wie er es vermeiden kann, dass man ihm auf die Schliche kommt. Er weiß, dass ein Drink seine Angst lindern wird, wenn er intensive Gefühle erfährt oder die Gefahr besteht, dass er sich genau so erkennt, wie er ist. Er weiß, dass der Gebrauch der Droge diese Leere augenblicklich und wirksam kompensieren wird, und er wird sich der Situation dann gewachsen fühlen oder sogar meinen, über sie zu triumphieren. Die Angst davor, von etwas eingeholt zu werden, das größer ist als er selbst, von etwas, das die Schale seiner Autonomie durchbrechen wird, ist besänftigt.

So kann es sein, dass uns in einer Beziehung die Angst vor der Hingabe zurückhält. Und doch können wir uns in anderen Bereichen aus vollem Herzen hingeben, ganz gleich wie groß die Gefahren sind. Je genauer wir uns selbst untersuchen, desto misstrauischer werden wir uns selbst gegenüber. Die Zwölf-Schritte-Programme empfehlen uns die „sanfte Geduld", die uns hilft, uns von unseren Süchten zu befreien. Aber das verlangt natürlich, dass wir unser Ego aufgeben, dass wir unsere Sucht aufgeben und uns dem Programm hingeben, indem wir das Risiko eingehen, auf eine Macht zu vertrauen, die größer ist als wir selbst.

Eine Sucht ist die Verlagerung unseres Bedürfnisses nach Bestätigung oder Zugehörigkeit auf den Alkohol oder den Sex oder irgendein anderes Objekt der Sucht. Da es in unserer Welt soviel Konkurrenzdenken gibt, sind die Leute nicht immer darauf aus, dazu beizutragen, dass wir uns gut fühlen. Tatsächlich gibt es immer wieder Menschen, die uns ein Bein stellen möchten, damit wir keinen Erfolg haben. Dass es so häufig Skandale gibt, in die Sportler und politische Leitfiguren mit einer Sucht verwickelt sind, zeigt uns, dass auch sehr erfolgreiche Menschen immer noch nach einer Bestätigung suchen, die auch der größte Erfolg in diesen Bereichen offenbar nicht geben kann. Die Person, der Ort oder die Substanz, nach der wir süchtig werden, ist so etwas wie unser alter Teddybär, ein Übergangsobjekt, wenn der uns am Leben haltende Trost unserer Mama nicht mehr zur Verfügung steht. Schon damals haben wir gelernt, einen Ersatz zu suchen, und das tun wir jetzt immer noch – nur dass dies jetzt nicht mehr zu unserem Vorteil ist, auch wenn eine Sucht sich irgendwie kuschelig anfühlen mag.

Im Zentrum der Zwölf-Schritte-Programme steht der Ratschlag, uns hinzugeben, unsere Geschichte zu erzählen, ohne sie zu beschönigen, darauf zu vertrauen, dass das Eingeständnis unserer Machtlosigkeit der Weg zu wahrer Kraft ist, zu der Kraft, unser Leben zu bewältigen. Dies geschieht besonders dann, wenn das Programm uns Bestätigung und Zugehörigkeit anbietet, einen unser Leben stützenden Trost, der immer zugänglich ist. Das ist ein überaus nützlicher und förderlicher Pfad zum Vertrauen auf andere und schließlich auch zu Selbstvertrauen. *Haben wir uns etwa davor die ganze Zeit gefürchtet?*

Wir brauchen nicht erst einer Sucht anheimzufallen, um zu einer solch wachstumsfördernden Erfahrung zu gelangen. Wir können sie in einer gesunden Beziehung mit jemandem finden, der uns liebt und der uns auch Bestätigung, Zugehörigkeit und lebenserhaltende Trost bietet. Darüber hinaus ist es möglich, dass wir dies auch ohne eine intime Beziehung finden – etwa in bedeutsamen Freundschaften und in der Gesellschaft anderer Menschen, die unsere Leidenschaften teilen. All diese Arten von Begegnungen mit anderen helfen uns, erwachsen zu werden, weil der bestätigende Trost, den sie uns bieten, uns lehrt, uns selbst zu trösten. Dann können wir auch dann glücklich sein, wenn wir allein sind. So schließt sich der Kreis des Prozesses, der von der Erfüllung unserer Bedürfnisse durch andere zur Selbsterfüllung führt.

Zu wem können wir gehen?

Die meisten Säugetiere suchen an irgendeinem Ort Zuflucht, wenn sie in Gefahr sind; so flüchtet sich ein Kaninchen zum Beispiel in seine Höhle. Die Primaten jedoch flüchten sich zu *jemandem*. Menschen flüchten sich nicht nur zu einem anderen Menschen, sondern können auch die Hilfe einer transzendenten Person suchen. Allerdings lernen alle Säugetiere schnell, sich auf irgendeine Weise zu verteidigen, während sie sich in der Sicherheit ihrer Gruppe befinden. Dies spiegelt, wie wir gerade gesehen haben, unsere menschliche Entwicklung wider, in der wir Anfangssicherheit und Geborgenheit bei anderen suchen, um Sicherheit und Geborgenheit schließlich in uns selbst zu finden, während wir weiterhin in Beziehung zu unserem Unterstützungssystem bleiben, das in der Welt der Primaten die Horde oder die Gruppe ist.

Ein vertrauenswürdiger Partner, einer, zu dem wir Zuflucht suchen können, ist ein Mensch, der auch in einem Konflikt bei uns bleibt: „Ich weiß, dass du mich liebst und dass du auch während dieser Krise, in der wir uns befinden, bei mir bleiben wirst. Dir wird es vor allem darum gehen, unseren Konflikt durchzuarbeiten, und nicht darum, als Sieger daraus hervorzugehen." Gegenseitiges Vertrauen bedeutet: „Ich kann einen Konflikt mit dir austragen, ohne mich bedroht zu fühlen. Du wirst mich nicht bestrafen und ich werde dich nicht bestrafen. Ich werde immer noch da sein, wenn der Rauch sich verzogen hat, und du wirst auch noch da sein." Durchhaltevermögen ist ein wesentlicher Hinweis auf die Vertrauenswürdigkeit eines Menschen.

In einer gesunden Beziehung besteht dieses Durchhaltevermögen darin, dass man ständig Konflikte anspricht, bearbeitet, auflöst und integriert. Wenn dieses Programm nicht bei beiden Partnern abläuft, haben wir keinen Grund darauf zu vertrauen, dass die Beziehung funktionieren kann. Es gibt keine Verpflichtung, wenn Leugnung und Vermeidung an die Stelle des Ansprechens tritt. Es besteht keine Bindung, wenn die Weigerung, Gefühle zu zeigen oder Probleme auszuloten, die Chance zunichtemacht, unsere Probleme durchzuarbeiten. Wir finden keine Ruhe, wenn ein Konflikt in einer Beziehung nicht aufgelöst wird, sondern weiter schwelt. Dann vermögen wir unsere Erfahrung nicht in unser Leben zu integrieren und sie so zu einer Gelegenheit zum Wachsen zu machen.

In unserer Vergangenheit hat es oft an Einstimmung gemangelt, Verbote haben das volle Zutagetreten verhindert und wir haben Prügel dafür bezogen, dass wir weiter gegangen sind, als erlaubt war. Dies sind die alten Wunden, die zu heilen wir fähig werden, wenn wir unsere gegenwärtigen Konflikte ansprechen. Wir mögen bezweifeln, dass ein solches Unterfangen im Kontext unserer gegenwärtigen Beziehung jemals möglich ist. Wir mögen daran verzweifeln, jemals wirklich gesehen oder gehört zu werden. Wir geben den Versuch auf, Dinge durchzuarbeiten, bevor wir es wirklich versucht haben. Dann verschließen wir den Palast der Möglichkeiten und es ist so, wie John Donne beklagt, dass „ein großer Prinz im Kerker liegt".

Unsere Geschichte *muss* sich jedoch nicht hinderlich auf unsere Unternehmungen auswirken. Wir können das Risiko eingehen, ein wenig mehr von dem zu zeigen, was wir sind. Es kann ja sein, dass wir dieses Mal Einstimmung finden werden. Vielleicht brauchen wir die Einstimmung dieses Mal auch nicht so sehr. Wenn wir auf irgendeine Weise behindert werden, können wir es noch mal versuchen. Ein solches Risiko einzugehen, ist ein Vertrauen, das uns befreit. Die folgende Übung kann uns helfen, diese Freiheit zu finden.

Unsere Art des Vertrauens erkunden

Wenn wir jemanden suchen, dem wir in einer Beziehung vertrauen können, mögen wir bemerken, dass wir durch verschiedene Phasen gehen. Die Stadien erinnern an das, was der britische Psychiater John Bowlby bei seiner Arbeit über vertriebene Kinder und Waisenkinder entdeckt hat. Wir strecken die Hand aus zu jemandem, von dem wir glauben, er sei vertrauenswürdig; wir sind diesem Menschen böse, wenn er sich nicht als vertrauenswürdig erweist; wir verzweifeln daran, diesen Menschen – oder überhaupt irgendeinem Menschen – danach noch vertrauen zu können.

Der Umschwung vom Ausstrecken der Hand zum Ärgerlichwerden ist ein Ausdruck unserer Frustration darüber, dass unsere grundlegenden, angeborenen Bedürfnisse nicht berücksichtigt werden. Wir fühlen uns machtlos und wütend, weil wir glauben, es zu verdient haben, dass andere auf uns reagieren. Der zweite Umschwung von der Wut zur Verzweiflung darüber, anderen überhaupt trauen zu können, ist subtilerer Natur. Es kann sein, dass wir ihn jahrelang nicht bemerken – wir mögen vielmehr glauben weise Zurückhaltung, Unabhängigkeit, Vorsicht oder sogar spirituelle Losgelöstheit an den Tag zu legen. Doch in Wirklichkeit handelt es sich um den Verlust der Hoffnung auf andere Menschen und darum, dass wir dem Kontakt zu anderen nicht mehr vertrauen. Die folgende Tabelle kann uns helfen zu sehen, wie die drei Phasen sich darstellen:

die Hand ausstrecken	wütend werden	verzweifelt sein
Wir strecken die Hand aus, um in Kontakt zu treten.	Wir werden ärgerlich darüber, dass der andere nicht auf uns reagiert oder dass er uns betrogen oder verlassen hat.	Wir geben den Glauben daran auf, dass sich Vertrauen in dieser oder in irgendeiner anderen Beziehung finden lässt.

Wir achten darauf, so gut wie möglich auszusehen und uns besonders gut zu benehmen, um andere zu beeindrucken.	Wir mögen Vergeltung üben.	Wir vermeiden jegliche Intimität.
Wir sind voller Freude und Begeisterung.	Wir sind von Enttäuschung getrieben sowie davon, dass wir nicht erhalten haben, worauf wir ein Recht zu haben glaubten.	Wir stecken in der Haltung eines Miesepeters fest und sind nicht bereit, nochmals ein Risiko einzugehen.

Wenn die Fünf Aspekte auf das Ego treffen

Jeder der 5 Aspekte der Liebe existiert auch in einem gegenteiligen egoistischen Stil, der uns dazu bringen kann, anderen zu misstrauen:

Die intime Weise	*Die Weise des neurotischen Egos*
Aufmerksamkeit	Selbstbezogenheit
Akzeptanz	Beurteilung und Kritik
Wertschätzung	Gleichgültigkeit oder Schuldzuweisung
Zuneigung	Distanziertheit
Zulassen	Kontrollbedürfnis

Die Übung der Fünf Aspekte der Liebe ist ein Pfad aus dem grandiosen Narzissmus heraus in die Möglichkeit von Beziehungen:

Wer einem Partner Aufmerksamkeit schenkt, befreit sich von Selbstbezogenheit.

Den anderen zu akzeptieren, befreit einen Partner von der Beurteilung des anderen.

Wertschätzung ist eine liebevolle Alternative zu Gleichgültigkeit und Ablehnung.

91

Seine Zuneigung zu zeigen, ohne stets zu verlangen, dass sie zum Sex führt, ermöglicht eine große und tiefe Nähe.

Die Kontrolle loszulassen, macht es möglich, die Freiheit des anderen zu achten, was die wahre Bedeutung des Zulassen ist. Klammern wir uns aus Unsicherheit heraus an jemanden, dann hält unser Nervensystem stets Ausschau nach mangelnder Einstimmung, einem Fehlen der Fünf Aspekte der Liebe. Solche Unterbrechungen der glatten Durchgängigkeit von Intimität müssen vermieden werden, wenn eine Beziehung erfolgreich sein soll. Schiebt man dies auf die lange Bank, so wird das Vertrauen dadurch unterminiert. Deshalb ist es so wichtig für den Aufbau von Vertrauen, Probleme in einer Beziehung anzusprechen. Wenn man sich dazu verpflichtet, ständig daran zu arbeiten, ein Versagen wiedergutzumachen, so wird dadurch Vertrauenswürdigkeit verwirklicht.

Die Weise, auf die wir uns unseren persönlichen Schmerz zu vermeiden entschließen, ist immer auch die Weise, auf die wir es vermeiden, uns unseren wechselseitigen Problemen zu stellen. So mag uns zum Beispiel eine Affäre helfen, die Unzufriedenheit, die wir mit unserer Beziehung empfinden, zu vermeiden. Wir können eine Affäre dazu gebrauchen, die anstrengende Arbeit der Heilung der Beziehung durch Ansprechen, Durcharbeiten und Auflösen der wahren Probleme in der ursprünglichen Beziehung zu vermeiden. Eine solche Arbeit verlangt die Bereitschaft, das Anspruchsdenken des Ichs loszulassen und unseren Schmerz zu erklären. Dazu gehört eine Kombination von Demut und Selbstbehauptung. Wir bringen diese nicht so leicht auf, wenn wir es nicht schon längere Zeit geübt haben. An dieser Stelle zeigt sich klar, warum Übungen zum Loslassen des Egos ein so wichtiges Werkzeug im Werkzeugkasten einer erfolgreichen Intimität sind.

Jetzt sind wir bereit zu fragen: Wie können wir wissen, wann es klug ist, einem Partner zu vertrauen? Die Antwort wird in kurzer Form zusammenfassen, was wir in diesem Kapitel bisher gelernt haben. Es ist klug zu vertrauen, wenn wir zumindest die folgenden sechs Faktoren durchgängig in der Beziehung vorfinden:

1. Aufrichtiges Arbeiten daran, das Ego um des Erfolges der Beziehung willen loszulassen.

2. Ein fortgesetztes Geben der Fünf Aspekte der Liebe, was sich als Einstimmung auf unsere Gefühle zeigt.

3. Ein stabiles Gefühl, dass die Beziehung einen sicheren Hafen bietet, aus dem heraus jeder Partner auf Erkundung gehen und in den er wieder zurückkehren kann.

4. Eine Abfolge von eingehaltenen Verabredungen.

5. Gegenseitige Absprache beim Treffen von Entscheidungen.

6. Eine Bereitschaft, Probleme, die man miteinander hat, gemeinsam durch Ansprechen, Durcharbeiten, und Auflösen zu bereinigen. Dazu gehört die Bereitschaft, unseren Schmerz über das, was uns in der Beziehung fehlt, zu formulieren und das anzuerkennen, was in der Beziehung erfüllt ist.

Diese sechs Faktoren dienen auch als Definitionen einer langfristigen Verpflichtung. Vertrauen lässt sich dann als das definieren, was als Reaktion auf den Beweis, dass sich uns jemand verpflichtet hat, in uns geschieht. Ist kein Vertrauen vorhanden, dann sind wir ständig auf der Hut und unser Ego ist dementsprechend als unser Beschützer gewachsen, ein Beschützer, der im Untergrund jedoch immer Angst hat.

Ein misshandeltes Kind wird andere Kinder misshandeln, oft auf dieselbe Weise und aus denselben Gründen, aus denen es selbst misshandelt wurde. Auch dies hat Auswirkungen auf das Vertrauen. Menschen mit einer langen Geschichte von verratenem Vertrauen neigen dazu, nicht vertrauenswürdig zu sein. Sie neigen dazu, andere zu misshandeln oder sie kontrollieren zu wollen.

Jetzt verstehen wir, was geschehen kann, wenn das Ego auf die Fünf Aspekte der Liebe trifft. Das Ego bekommt eine Chance, seine übersteigerte Autorität zusammen mit seinen Ängsten und seinem Stress zurückzustufen – und zwar zugunsten der Liebe, die die Fünf Aspekte repräsentieren und hervorbringen.

Jeder der Fünf Aspekte, die wir einem Partner zukommen lassen oder die er oder sie uns zukommen lässt, führt zu einem Wachstum des Selbstvertrauens. So führt Aufmerksamkeit zu dem Gefühl, dass sich jemand um uns kümmert und uns wertschätzt. Akzeptanz führt zu der Möglichkeit, sich zum Besseren zu verändern. Wertschätzung führt zu dem Gefühl, bestätigt, bewundert und verstanden zu werden. Zuneigung gibt uns ein positives Gefühl zu unserem eigenen Körper. Das Zulassen bestätigt uns in unserem Recht, unsere eigenen Entscheidungen zu treffen. Selbstachtung wird definiert als das Resultat der Fünf Aspekte der Liebe: wertgeschätzt zu werden; nützliche Veränderungen herbeizuführen; bestätigt, bewundert und verstanden zu werden; sich an seinem eigenen Körper zu freuen; und den Raum zu haben, um Entscheidungen zu treffen, die widerspiegeln, wer wir sind.

Übungen zur Überprüfung unserer Beziehung

Die folgende Tabelle hilft uns, den Unterschied zwischen Vertrauen und Vertrauenswürdigkeit zu erkennen, und bereitet uns auf die darauf folgenden Übungen vor.

Vertrauen	*Vertrauenswürdigkeit*
Vertrauen auf die Vertrauenswürdigkeit von jemand anderem haben	*Selbst das Vertrauens anderer verdienen*
bedingt	bedingungslos
sich verlassend	verlässlich
ein Glaube	eine persönliche Eigenschaft
wird durch Erfahrung gewonnen	wird durch Übung erlangt
basiert auf dem Verhalten anderer	basiert auf persönlichen Prinzipien
verlangt ständige Einschätzung der Motive und Handlungen anderer	ist eine bewusste Verpflichtung, die nicht von Reaktionen abhängig ist

kann von anderen gebrochen werden	lässt sich nicht von dem beeinflussen, was andere tun
kann dem falschen Menschen geschenkt werden, weil man selbst einer irrigen Projektion unterliegt oder man von anderen falsche Versprechungen erhält	wird anderen mit Aufrichtigkeit und als Teil der eigenen Integrität entgegengebracht
kann zeitlich begrenzt sein	ist dauerhaft
ist ein Vermögen, das bei einem psychisch gesunden Umfeld in der frühen Kindheit entsteht	ist eine Tugend, die mit dem spirituellen Bewusstsein beginnt und wächst
sucht bei anderen Sicherheit und Geborgenheit	hat Sicherheit und Geborgenheit in einem selbst gefunden

WIE MAN ERKENNT, DASS MAN JEMANDEM TRAUEN KANN

Benutzen Sie diese ausführliche Checkliste, um Ihre Beziehung hinsichtlich der Haltung Ihrer Partnerin/Ihres Partners zu Ihnen und von Ihnen zu Ihrem Partner/Ihrer Partnerin zu überprüfen. Zeigen Sie diese Liste und Ihre Reaktion darauf Ihrem Partner. Bitten Sie ihn oder sie dieselbe Liste in Hinsicht auf Sie zu verwenden. Werden Sie oder Ihre Partnerin/Ihr Partner nicht wirklich von dieser Liste positiver Eigenschaften beschrieben, dann diskutieren Sie, was Sie unternehmen können, um die Dinge zum Besseren zu verändern.

MEINE PARTNERIN/MEIN PARTNER ...

☐ zeigt Integrität und lebt in *allem,* was sie/er tut in Übereinstimmung mit dem Prinzip der Fairness und Ehrlichkeit. (Nach der Definition des *Webster's Dictionary* gibt es einen Zusammenhang von Integrität und Vertrauen: „Vertrauen ist ein sicheres Sich-Verlassen auf die Integrität eines anderen.")

☐ handelt vielleicht aufgrund von Eigeninteresse, aber niemals auf meine Kosten oder auf Kosten anderer.

95

☐ wird sich nicht rächen, mich durch Schweigen strafen, auf Gewalt zurückgreifen oder Groll mir gegenüber hegen.

☐ bringt mir auf vorhersehbare Weise die Fünf Aspekte der Liebe entgegen.

☐ unterstützt mich, wenn ich sie/ihn brauche.

☐ hält Verabredungen ein.

☐ bleibt mir treu.

☐ lügt nicht und hat kein geheimes Leben.

☐ ist aufrichtig an mir interessiert.

☐ ist für mich da und steht mir bei.

☐ ist das, was sie oder er zu sein scheint; möchte so erscheinen, wie sie oder er ist, auch wenn das ihr/ihm gelegentlich nicht schmeichelt.

☐ respektiert meine Grenzen, zieht sich zum Beispiel zurück, wenn ich nein sage. Versucht die Dinge zu regeln, indem sie/er Probleme anspricht, durcharbeitet und auflöst, wenn sie auftauchen. Dies bedeutet, dass ihre/seine Präsenz in meinem Leben verlässlich geworden ist. Angesichts von Schwierigkeiten und Konflikten, sagt sie/er nicht „Nichts wie weg", sondern „Ich bleibe trotzdem bei dir".

☐ will nicht sofort eine Lösung finden, wenn ich ihr oder ihm von einem Problem in meinem Leben erzähle, sondern versucht vielmehr, ihre oder seine Gefühle hinsichtlich des Problems zu vertiefen, und erkundigt sich behutsam, was ich in diesem Augenblick wirklich brauche,

☐ kann zuhören, ohne zu urteilen (ohne eine fixe moralische Überzeugung). Es kommt nicht vor, dass ich mir sage oder denke: „Sie/Er hört mich nicht." Ich bemerke, dass meine Partnerin/mein Partner aufmerksam auf meine Worte hört und auch auf meine Gefühle und meine Körpersprache achtet. Bei der Fähigkeit, jemanden zu hören, geht es tatsächlich um Vertrauen, nicht nur um Kommunikation. Gibt es ein Kommunikationsproblem, so lauert dahinter immer ein Vertrauensproblem.

☐ gibt mich oder irgendeinen anderen Menschen nie verloren. Meine Partnerin/mein Partner glaubt an das Gute in jedem Menschen und an sein ihm innewohnendes Potential zur Erleuchtung und sie/er glaubt, dass Probleme zwischen ihr/ihm und anderen zu bewältigen sind. Wenn andere diese Option jedoch leugnen und verlangen, dass meine Partnerin/ mein Partner sie in Ruhe lässt, dann versteht sie/er die Botschaft und zieht sich zurück.

☐ ist eher interessiert daran, ihre/seine Fehler offen einzugestehen und sich, wenn notwendig, zu entschuldigen, als daran, ihr/sein Ego zu verteidigen. Eine Partnerin, die nicht zugegeben kann, im Unrecht zu sein, sondern die vielmehr lautstark darauf beharrt, dass ihr unfreundliches Verhalten gerechtfertigt war, ist kein guter Kandidat für Intimität. Man stelle sich die gleiche Art von Ego bei einem Arzt oder einem Staatspräsidenten vor. (Ich erinnere mich an ein Interview mit Henry Kissinger, in dem er gesagt hat, Richard Nixon habe den Vietnamkrieg nicht frühzeitig während seiner Amtszeit beendet, weil „er nicht wollte, dass man sich an ihn als an einen Präsidenten erinnern würde, der einen Krieg verloren hat". Stellen Sie sich vor, einen Sohn in der U.S. Armee zu haben, während im Weißen Haus diese Einstellung herrscht.)

Wir können auch unser Sexleben überprüfen:

☐ Wie sehr bin ich daran interessiert, Sex mir dir zu haben?

☐ Wie sehr freut es mich, dich zu sehen, mit dir zusammen zu sein oder an dich zu denken?

☐ Inwiefern trägt unsere Sexualität zu unserer Intimität bei?

☐ Können wir miteinander intim sein, ohne jedes Mal Sex zu haben?

Wir lassen unseren Partner/unsere Partnerin von diesen Fragen und unseren Antworten darauf wissen und bitten sie/ihn um ihre Antworten.

Durch das Gewähren der Fünf Aspekte zeigen wir, dass wir uns wirklich für unseren Partner *interessieren*, statt uns nur an ihn oder sie zu klammern, weil wir so bedürftig sind. Gesunde Menschen haben erkannt, dass diese Art des Interesses eine aufrichtigere Form der Verbindung ist als sexuelle Erregung oder Anhaften. Ein aufrichtiges Interesse an anderen macht die Fünf Aspekte zu einem Teil jeder sexuellen und intimen Erfahrung. Geschieht das in Ihrer Beziehung?

Eine Überprüfung kann nur dann erfolgreich sein, wenn beide Partner in ihrem Umgang damit gänzlich erwachsen sind. Auf eine stimmige Überprüfung müssen Empfehlungen für die Verbesserung folgen, nicht Schuldzuweisung oder Vergeltung. Viele Menschen wagen es nicht, diese Art von Aufrichtigkeit, Wehrlosigkeit und Ehrlichkeit zuzulassen. Doch mit psychologischer Arbeit und der Verpflichtung zu einer spirituellen Praxis ist uns das möglich. *Reagiert meine Partnerin/mein Partner mit Ehrlichkeit und Offenheit statt mit Defensivität?*

Ein kompetenter Prüfer bleibt immer etwas misstrauisch, bis er vom Gegenteil überzeugt wurde. Hier ist ein Beispiel dafür, wie eine psychologische Überprüfung stattfinden kann. Wir befragen uns selbst über die Art von Vertrauenswürdigkeit, die wir verlangen. So hört sich zum Beispiel die folgende Aussage akzeptabel an: „Ich wünsche mir von ihm eine tiefere Verpflichtung." Wenn wir unseren Wunsch jedoch überprüfen, dann finden wir vielleicht drei fragwürdige Implikationen. Zuerst einmal scheint er den folgenden kindischen Wunsch zu enthalten: „Ich möchte sicher sein können, dass er mich niemals enttäuschen wird." Dies kann einfach keine erwachsene Erwartung sein, da sie den Gegebenheiten der Existenz widerspricht. Solange wir totale Sicherheit suchen, respektieren wir das Leben nicht, wie es ist. Solange wir versuchen, eine Beziehung zustande zu bringen, die uns vollen Schutz gegen jede Form von Enttäuschung gewährt, haben wir immer noch Angst davor, ein Erwachsener zu sein.

Zweitens impliziert die Aussage auf subtile Weise einen Versuch der Kontrolle des Verhaltens des anderen. Der schroffe Individualist braucht es, jederzeit die Kontrolle zu haben, und deshalb fällt es ihm schwer, zu vertrauen. Er glaubt, sicher zu sein, solange er die Kontrolle hat, aber das führt nur dazu, dass er sich darüber, wie er die Kontrolle behalten soll, nicht sicher ist. Der Versuch, die Kontrolle zu bewahren ist eine andere Form des Festhaltens an etwas, das zu einer Schlinge wird.

Drittens ist die ursprüngliche Aussage spirituell fragwürdig, da sie versucht, ein menschliches Wesen zu einer höheren Macht zu machen, zu einer verlässlichen transzendenten Quelle, die über das Ego hinausgeht.

WIE KOMMUNIKATION VERTRAUENSWÜRDIG WIRD

Eine vertrauenswürdige Person ist bestimmt, aber nicht aggressiv. Die Bestimmtheit ist von Selbstachtung und dem Respekt für andere motiviert. Aggression ist durch das Verlangen nach Befriedigung des Egos motiviert. Wir können uns selbst fragen, welchen Stil wir an den Tag legen und ob wir von der Aggression zur Bestimmtheit weitergehen wollen, wenn das notwendig ist. Die meisten von uns scheuen sich, bestimmt zu sein, und bleiben lieber passiv. Wenn wir uns dazu entschieden haben, auf aufrichtige Weise bestimmt zu sein, befreit uns das von der Furcht, wir selbst zu sein. Das macht uns offen zur Bildung intimer Beziehungen. Eine gesunde Bestimmtheit zu üben, befähigt zu wirklicher Liebe. Trauen wir uns das?

Betrachten Sie das folgende Diagramm, um einzuschätzen, ob Ihr Stil eher bestimmt oder aggressiv ist.

Bestimmtheit	Aggressivität
Basiert auf der Bereitschaft, anderen unsere Bedürfnisse und Gefühle zu zeigen.	Basiert auf der Befürchtung, nicht die Kontrolle zu haben.
Wir besitzen echte Stärke und fühlen uns nicht bedroht, wenn andere ebenfalls Stärke besitzen: Wir streben nach Stärke mit anderen und für andere.	Wir versuchen ständig, die Kontrolle zu gewinnen, und verweilen in einem Überlegenheitsgefühl: Wir erstreben Macht über andere.

Unsere Betrübnis führt uns zum Ansprechen, Durcharbeiten und Auflösen.	Unsere Betrübnis führt automatisch zu Aggression, damit wir die Kontrolle wiedergewinnen können.
Wir bringen unsere Absichten und Bedürfnisse klar zum Ausdruck.	Wir zwingen unsere Absichten anderen direkt oder indirekt auf.
Wir bitten um das, was wir wollen, und zwar immer auf höfliche Weise.	Wir verlangen das, was wir wollen, und/oder sagen dem anderen, was er/sie zu tun hat.
Wir akzeptieren Nein als eine Antwort und nehmen uns zurück.	Wir drängen solange weiter, bis der andere klein beigibt.
Wir verwenden „Ich"-Aussagen.	Wir verwenden „Du"-Aussagen
Wir respektieren die Grenzen des anderen.	Wir respektieren die Grenzen des anderen nicht.
Wir sagen ehrlich ja, nein oder vielleicht und geben unsere Vorlieben und Grenzen zu erkennen	Wir sagen das, was uns strategisch am günstigsten erscheint, um andere zu manipulieren.
Wir bitten andere, ihre Bedürfnisse klar auszusprechen und sind bereit, ihnen zuzuhören, auch wenn uns das, was sie sagen, nicht gefällt.	Wir sind so sehr mit unseren eigenen Wünschen beschäftigt, dass wir anderen nicht zuhören und uns ihre Ideen und Bedürfnisse nicht interessieren.
Wir zeigen unsere Gefühle respektvoll, um andere wissen zu lassen, wie es um uns bestellt ist.	Wir zeigen unsere Gefühle auf dramatische Weise, um andere einzuschüchtern, zu bedrohen, anzugreifen oder zu drangsalieren.
Wir erweisen anderen jederzeit Respekt und behandeln sie als Gleichgestellte.	Wir machen andere schlecht und behandeln sie als Objekte.
Wir verhalten uns so, wie wir es von anderen erwarten.	Wir behandeln andere auf eine Art und Weise, die wir in ihrem Verhalten uns gegenüber nicht tolerieren würden.
Wir verlangen, dass andere die Verantwortung für ihr Verhalten übernehmen.	Wir machen anderen Vorwürfe für ihr Verhalten.

Wir *möchten* vorwärtskommen, suchen aber nach Möglichkeiten, andere ebenfalls zu fördern.	Wir *müssen* gewinnen, selbst wenn das bedeutet, andere zu verletzen oder zu erniedrigen.
Wir versuchen, die Dinge so zu regeln, dass wir alle etwas davon haben.	Wir sind nur darauf fokussiert, unseren Willen zu bekommen.
Uns ist klar, dass das, was geschieht, nicht unbedingt dem entspricht, was wir uns wünschen, aber wir sind dafür engagiert, kreative Alternativen auszuhandeln, die den Bedürfnissen aller besser entsprechen.	Wir beharren, ungeachtet der Bedürfnisse anderer, zwanghaft darauf, dass alles ganz genau so gemacht wird, wie wir es uns vorstellen.
Wir sind in Wort und Tat gewaltlos.	Wir sind ausfallend, sarkastisch oder beleidigend.
Wir stehen für unsere begründeten Rechte ein.	Wir beharren darauf, besondere Privilegien zu erhalten.
Wir lassen andere wissen, welche Wirkung ihr Verhalten auf uns hat; wir sagen „Aua!" oder „So nicht!", wenn dieses Verhalten negativ ist, und sagen „Danke!", wenn es positiv ist.	Wir reagieren auf die Wirkung des Verhaltens anderer auf uns mit Kritik oder Verachtung, wenn es negativ ist, und nicht unbedingt mit Wertschätzung, wenn es positiv ist.
Wir bitten um Wiedergutmachung aber üben keine Vergeltung, wenn diese nicht geleistet wird.	Wir versuchen es den Menschen heimzuzahlen, die es wagen, unsere Erwartungen zu enttäuschen.
Wir handeln in unserem eigenen besten Interesse, aber ohne Übergriffe auf die Rechte anderer: Wir glauben, dass Rechte Verpflichtungen mit sich bringen, und sind bereit, entsprechend zu handeln.	Wie handeln in unserem eigenen besten Interesse, ganz gleich, wer darunter zu leiden hat: Wir glauben, ein Recht auf Dinge zu haben, ohne die damit einhergehende Verpflichtungen zu übernehmen.
Wir leben und handeln nach einem kooperativen Modell.	Wir leben und handeln nach einem Modell der Herrschaft über andere.
Dies sind Formen bewusster kreativer Kommunikation, die Beziehungen vertiefen.	*Dies sind von Gewohnheiten angetriebene Bekundungen, die eine gesunde Kommunikation sabotieren.*

Dieses Diagramm zeigt die beiden extremen Enden eines Spektrums des Verhaltens. Zwischen diesen beiden Extremen können wir uns weitere Spalten vorstellen, zu denen Passivität und andere Arten der Kommunikation gehören, die zu zahlreich sind, als dass wir sie hier auflisten könnten.

Wenn Sie sich hauptsächlich auf der aggressiven Seite dieses Diagramms wiedererkennen, wählen Sie pro Woche ein oder zwei Punkte der Liste und machen Sie bewusste Anstrengungen, stattdessen den bestimmten Stil anzunehmen.

4
Warum uns Vertrauen entgeht

In dem Film *Trügerische Leidenschaft* aus dem Jahre 1946 hat die von Bette Davis gespielte Christine Radcliffe eine Beziehung zu einem Mann, der ihr ein Leben im Überfluss finanziert. Sie beendet diese Beziehung, um den Mann zu heiraten, den sie wirklich liebt und der gerade aus Europa zurückgekehrt ist, wo sie ihn vor einigen Jahren getroffen hat. Sie sagt ihrem Ehemann jedoch nicht, dass sie zuvor eine Beziehung zu jemand anderem gehabt hat. Der Ehemann wird bald misstrauisch, besonders nachdem er den früheren Liebhaber kennengelernt hat. Aber Christine behauptet beharrlich, er sei immer nur ein Freund für sie gewesen und sei es noch immer. Dem Ehemann wird klar, dass er den Aussagen seiner Frau nicht ganz und gar vertrauen kann. Schließlich droht ihr früherer Liebhaber, sie zu verraten, und Christine ermordet ihn, um ihr Geheimnis zu wahren. In der letzten Szene des Films tut sie etwas sehr Überraschendes. Sie gesteht ihrem Ehemann den Mord und gibt zu, dass der Mann, den sie getötet hat, tatsächlich ihr Liebhaber war. Bevor sie dann zum Polizeirevier geht, um sich zu stellen, offenbart sie ihrem Ehemann, dass sie sich ihm plötzlich „näher" fühle als je zuvor. Zu dieser neu gefundenen Nähe kam es, weil sie ihm endlich die Wahrheit gesagt hatte und damit schließlich vertrauenswürdig geworden war. Auf dem Gesicht von Christine sieht man dabei einen Ausdruck von

Freude, Zufriedenheit und Erleichterung (wie ihn nur Bette Davis spielen konnte).

Als ich diesen Film unlängst sah, fragte ich mich: „Ob wir uns wohl deshalb gegenseitig belügen und uns verstecken, *weil wir diese tiefere Ebene der Nähe fürchten?"* Das Lügen wäre dann eine Weise, mit unserer Furcht vor Intimität umzugehen. Nicht die Wahrheit zu sagen, hilft uns, dem, was sich so bedrohlich anfühlt, aus dem Weg zu gehen. Vielleicht stellen wir uns vor – wie Christine in dem Film –, dass wir unsere Geheimnisse haben, weil wir unsere Privatsphäre erhalten und schützen oder Beschämung vermeiden möchten. Das könnte jedoch eine bloße Rationalisierung sein. Unser wirkliches Ziel könnte es sein, echte Nähe von Angesicht zu Angesicht und von Herz zu Herz abzuwehren. Wie seltsam, dass wir eben das vermeiden wollen, was uns wirklich glücklich und frei machen und uns wahrhaft befriedigen würde – also genau die Geschenke, die Beziehungen uns eigentlich bieten sollten.

Durch unsere Geheimnisse verhindern wir tragischerweise gerade das volle Aufblühen des Vertrauens eines anderen Menschen auf uns und unserer eigenen Vertrauenswürdigkeit. In dem Film vermochte die Ehefrau nicht vertrauenswürdig zu sein, bis der Moment der Trennung gekommen war. Ist der eine oder andere von uns vielleicht doch in der Lage, eine Beziehung des Vertrauens zuzulassen, wenn er oder sie weiß, dass wir am nächsten Tag und an allen Tagen danach noch zusammen sein werden?

Die Geschichte des Films zeigt auch, dass Angst und Misstrauen miteinander verbunden sind. Die von Bette Davis gespielte Person sagt im Grunde zu ihrem Ehemann: „Ich habe Angst, mich dir zu offenbaren, weil du das gegen mich verwenden oder mich deshalb verlassen könntest." Dies ist Misstrauen, nicht Angst. Sie vertraut nicht wirklich darauf, dass die Liebe ihres Ehemanns bedingungslos ist. Dies ist ein weiteres Beispiel dafür, dass wir Angst empfinden mögen, wenn wir in Wirklichkeit ein Vertrauensproblem haben.

Die Angst vor dem Vertrauen kann aber auch auf einer intelligenten Einschätzung des Mangels an Vertrauenswürdigkeit von jemand anderem beruhen, wie das bei dem Ehemann in dem Film der Fall war. Unser Zögern, bestimmten Menschen und Umständen zu trauen, kann eine zutreffende Intuition sein. Der nächste Schritt wäre dann, das, was wir intuitiv spüren, zu überprüfen, um zu sehen, ob es der Realität entspricht. Wir können eine solche Intuition natürlich auch in Momenten der Leidenschaft ignorieren oder weil wir süchtig sind.

Vertrauen kann schlafende Hunde wecken

Vertrauen kann unbewusste Ängste hervorrufen, die auf eine Vergangenheit zurückgehen, in der wir jemandem vertraut haben, dann aber enttäuscht wurden. Diese Enttäuschung und dieser Verrat haben uns dazu konditioniert, unser Vertrauen mit einer Verletzung durch andere zu assoziieren. *Bewusstes Vertrauen in der Gegenwart weckt unbewusste Assoziationen aus der Vergangenheit und diese Vergangenheit fühlt sich heute real an.* Es ist sehr wichtig, um diese psychologische Erkenntnis zu wissen, besonders wenn wir zum ersten Mal jemanden lieben. Wir fragen uns, woher diese Angst kommt. Es könnte einfach ein Fall von Reiz und Reaktion sein. Das Vertrauen ist der Reiz, der die Erinnerung daran auslöst, dass Vertrauen in der Vergangenheit zu Schmerz geführt hat. Eine neue Erfahrung löst ein altes Muster aus. Vergangene Erfahrungen verletzten Vertrauens hinterlassen posttraumatische Narben. Was uns in der Gegenwart hemmt, ist nicht unsere Erfahrung des Vertrauens selbst, sondern unsere Erstarrungsreaktion darauf. Die Zeit steht still und die Vergangenheit drängt sich in die Gegenwart hinein und beherrscht sie.

Die Traumatherapie zeigt, dass uns unser Körper helfen kann, mit einer Stressreaktion, die auf einer Misshandlung in unserer Kindheit beruht, umzugehen. Man tut dies nicht, indem man die Tatsachen herunterspielt, sondern indem man seine Beziehung zu diesen Tatsachen neu gestaltet. Wir können unsere Geschichte nicht umschreiben, aber wir können unser Gehirn neu vernetzen. Dies geschieht, wenn unsere Erinnerungen intakt bleiben, aber nicht mehr emotional so aufgeladen sind, dass sie eine ständige Behinderung unserer Fähigkeit zu vertrauen darstellen. Eine solche Behinderung zeigt sich in erwachsenen Beziehungen als Ängste vor Nähe oder Verpflichtung und besonders als Angst vor dem Vertrauen. Eine Therapie, die darauf abzielt, das Trauma durchzuarbeiten, kann unsere Geschichte so integrieren, dass wir nicht länger von diesen Ängsten getrieben werden. Außerdem kann die Geschichte unserer Misshandlung, wenn wir sie im Rahmen der Fünf Aspekte der Liebe betrachten, von einer uns lähmenden Angst zu einer bloßen Tatsache herabgestuft werden – das, was Emily Dickinson den „Beinahefrieden" nennt. Wir halten uns dann selbst nicht länger für ein Opfer, sondern sehen uns als „Sieger mit einer Schussverletzung" – was angesichts unserer Geschichte kein schlechter Titel ist.

Wir sind so verletzlich, dass selbst eine ganz gewöhnliche Zurückweisung und Enttäuschung in unserer frühen Jugend traumatisch werden und unser lebendiges Selbstvertrauen erstarren lassen kann. Wenn wir keine emotionalen Ressourcen haben, ist der einzige Weg, mit unserem Schmerz umzugehen, ihn im Unbewussten zu verstauen. Wir beginnen Angst oder sogar Misstrauen zu fühlen, die auf tatsächlichen vergangenen Erfahrungen beruhen, die aber keine Grundlage in der Gegenwart haben mögen. Wir glauben, unser Zweifel sei eine intuitive Wahrnehmung von Gefahr, aber er ist tatsächlich nur die Vergangenheit, die sich erneut in der Gegenwart manifestiert. Wir haben den Ordner mit der Aufschrift „Vertrauen auf andere" geöffnet, und er lag in der Schublade der Schmerzen. Dieser Ordner bleibt so lange geöffnet, bis wir einmal über längere Zeit Vertrauenswürdigkeit von jemand anderem erfahren haben.

Dies ist besonders brisant, da jede neue Beziehung – ganz gleich wie vielversprechend sie ist – uns mit Derivaten aus der Vergangenheit und Erinnerungen an diese konfrontiert. Unsere unbewusste Motivation ist es stets, die Vergangenheit zu komplettieren und sie dadurch zu heilen, dass wir diese eine vertrauenswürdige Person finden. Unser bewusster Geist sucht nach einer Fortsetzung (einer

Weiterentwicklung unserer Geschichte), aber unser Unbewusstes findet eine Neuauflage, eine Neuerzählung der alten Geschichte mit neuen Charakteren, die wir engagiert haben, um ein Problem zu lösen – nicht das Problem des anderen, sondern unser eigenes. Dies ist eine Übertragung aus der Vergangenheit auf die Gegenwart. Wenn wir erkannt haben, dass die Familienbeziehungen unserer Kindheit gestört waren, und eine gesunde Weise gefunden haben, uns davon zu lösen, ist es weniger wahrscheinlich, dass sie uns in der Gegenwart beeinflussen. Je stärker wir jedoch in das emotionale Leben unserer Familie verstrickt waren, desto hinderlicher ist die Auswirkung der Vergangenheit auf uns. So könnte es zum Beispiel sein, dass die Eltern von Cornelia in ihrer Kindheit in dramatische Auseinandersetzungen und Süchte verstrickt waren. Sie glaubte, sich um ihre Eltern kümmern zu müssen, und diese verließen sich in unangemessener Weise darauf, dass sie dies auch tat. So hat Cornelia vielleicht Frustration oder Schuld gefühlt, weil es ihr nicht gelang, ihre Eltern in Ordnung zu bringen.

Aufgrund ihrer Konditionierung in der Kindheit gibt es im Geist von Cornelia nun eine Verbindung zwischen dem Dasein für andere und dem Enttäuschtwerden von anderen, sodass sie jetzt eine Bindung fürchtet. Auch wenn sie die alte Bindung an ihre Eltern inzwischen aufgelöst hat und nicht mehr zulässt, dass deren Geschichte sie manipuliert, ist die Vergangenheit doch noch so stark in den Geist von Cornelia eingeprägt, dass sie ihre Fähigkeit, anderen Erwachsenen zu vertrauen, beeinträchtigt. Obwohl ihr Verstand ihr sagt, sie habe einen guten Partner, hat sie doch noch Zweifel. Dies mag sich für sie wie ein begründetes Misstrauen hinsichtlich der Vertrauenswürdigkeit ihres Partners anfühlen, aber es ist im Grunde ihre eigene Angst vor der Bindung an jemanden. Ist es nicht paradox, dass Cornelias Vertrauenswürdigkeit gegenüber ihren Eltern sie jetzt unfähig macht, Vertrauenswürdigkeit zu empfangen.

Da Cornelias Vater und Mutter außerdem einander ständig untreu waren, zweifelt Cornelia daran, dass eine Beziehung überhaupt funktionieren kann. All das ist in ihr immer noch als ein nagendes

Unwohlsein vorhanden. Die Erinnerung, die in jeder Zelle ihres Körpers gespeichert ist, lässt Warnsignale blinken. Nur wenn sie ihre Vergangenheit betrauert und sie loslässt, kann Cornelia für eine erfolgreiche erwachsene Beziehung bereit werden.

Dies ist ein Beispiel dafür, dass ein Problem in einer Beziehung oft tatsächlich ein persönliches Problem ist, welches persönliche Arbeit verlangt. Diese Arbeit wird Cornelia helfen, die alten Assoziationen von enttäuschter Loyalität zu durchbrechen. Dann kann es zu einer neuen Bindung kommen und Cornelia kann sich – vielleicht zum ersten Mal – geborgen fühlen. *Übertragung* ist ein psychologischer Terminus für diese Auslösung von Problemen aus der Kindheit in einer erwachsenen Beziehung. Wir übertragen unser Gefühl gegenüber einer Person aus der Vergangenheit auf jemanden in der Gegenwart. So kann es sein, dass unser Partner im Zorn seine Stimme gegen uns erhebt, und dies ruft augenblicklich die machtlose Angst hervor, die wir in der Kindheit gefühlt haben, wenn unser Vater uns angeschrieen hat und er tätlich wurde. Dies ist nicht unbedingt ein Beziehungsproblem, sondern unser eigenes Problem, denn das Erheben der Stimme ist ein normaler Ausdruck von Zorn.

Wenn wir an unserer Übertragung arbeiten, kann es sein, dass wir drei Phasen beobachten: Zuerst fühlen wir uns überwältigt und der Stress oder die emotionale Ladung ist lang anhaltend. Wenn wir den Schmerz aus der Vergangenheit ansprechen und durcharbeiten, treten wir in die zweite Phase ein: Es tritt dieselbe intensive Reaktion auf, aber sie hält nicht lange an. Wenn es dann in der dritten Phase zu einer deutlich geringeren Intensität kommt und keine dauerhafte Wirkung auftritt, wissen wir, dass wir dabei sind, die Dinge aufzulösen. Da das ursprüngliche Kindheitserlebnis seinen Stachel verloren hat, gewinnen wir jetzt fast augenblicklich unser Gleichgewicht zurück. Wir sind selbstsicherer geworden, weil wir in unseren Beziehungen belastbar geworden sind.

Es kann sein, dass wir aufgrund einer Übertragung auf jemanden vertrauen. Dies geschieht, wenn jemand die Sicherheit und Geborgenheit hervorruft, die wir in der Vergangenheit gefühlt haben.

Wenn dieses altgewohnte und immer noch gebrauchte Gefühl familiärer Geborgenheit auftaucht, können wir das als ein Zeichen dafür interpretieren, dass wir die für uns richtige Person gefunden haben. Das mag sich so anfühlen, als stimmte die Chemie zwischen uns. Die buddhistische Lehre erinnert uns daran, dass ein auf dem warmen Gefühl von Sicherheit und Geborgenheit basierendes Anhaften uns in eine Illusion verstricken kann. In intimen Beziehungen kommt es zu machtvolleren Übertragungen als in Freundschaften. Darum funktionieren Freundschaften oft so viel besser als intime Beziehungen. Sie aktivieren unsere kindlichen Probleme nicht auf dieselbe Weise, wie das eine intime Beziehung tut. Deshalb bleiben sie oft relativ unkompliziert und meist frei von Stress, solange nicht mehr als Freundschaft im Spiel ist – nämlich Übertragung. Zugleich mögen wir feststellen, dass die Freunde, mit denen wir am liebsten zusammen sind, diejenigen sind, die eine Atmosphäre warmer Sicherheit und Geborgenheit erzeugen, deren Wohlgefühl wir schätzen.

Weil wir es umgehen, uns den Problemen aus unserer frühen Kindheit zu stellen, gehen wir nur kurzfristige Beziehungen ein, möglichst mit Partnern, die uns nicht für unser Verhalten zur Rechenschaft ziehen. Vielleicht suchen wir in einer Beziehung nur Sex und ein wenig Gesellschaft. Sobald sich die Herausforderung stellt, uns den Konfliktbereichen aus unserer Vergangenheit zu stellen, geben wir die Beziehung auf. Aber irgendwann erkennen wir, dass wir nicht weglaufen müssen. Eine Beziehung hat gerade deshalb besonderen Wert für uns, weil sie uns einen einzigartigen Zugang zu den Konflikten aus unserer Kindheit bietet.

Hier ist ein Beispiel dafür, wie die Vergangenheit unsere Gegenwart komplizieren machen kann: Wenn wir einen neuen Menschen treffen, fühlen wir uns vielleicht nervös und unsicher. „Wird sie mich mögen? Werde ich dem, was sie sucht, entsprechen können?" Doch unsere Unsicherheit hat vielleicht nicht nur mit solch bewussten und offensichtlichen Selbstzweifeln zu tun. Auf der unbewussten Ebene haben wir Angst, dass diese Begegnung oder Beziehung zu einer

Wiederholung des Verrats und der Enttäuschungen werden könnte, die uns in der Vergangenheit verletzt haben – sowohl während unserer Kindheit als auch erst kürzlich in einer anderen Beziehung. Unser Selbstschutzmechanismus ist überempfindlich, weil die Wunden aus der Vergangenheit uns nun doppelt vorsichtig machen. Der größte Teil unserer Angst könnte darauf zurückzuführen sein. *Es ist äußerst wichtig, dass wir die Vertrauensprobleme aufdecken, die unserer Angst in Beziehungen zugrunde liegen.* Wenn wir uns auf unsere Ängste fokussieren, betonen wir vor allem die äußere Bedrohung durch eine Person, einen Ort oder ein Ding – sei es eine reale oder eingebildete Bedrohung. So mag zum Beispiel jemand, der Angst vor Intimität hat, geradeheraus sagen: „Ich fühle mich mit deiner Art von Nähe nicht wohl. Mir kommt das vor wie ein Anklammern, und das macht mir Angst. Lass uns auf eine Weise des Zusammenseins hinarbeiten, mit der wir beide leben können." Das Bewusstsein der Angst hat so zu der Möglichkeit geführt, sie auf der zwischenmenschlichen Ebene anzusprechen, durchzuarbeiten und aufzulösen.

Wenn wir bemerken, dass wir unseren eigenen Reaktionen nicht trauen können, wird uns klar, dass wir *uns selbst* immer noch nicht vertrauen. Nun liegt die Betonung auf dem inneren Problem; wir übernehmen die Verantwortung für das, was in unserem Inneren geschieht. Was wir dann zu sagen haben, könnte sich folgendermaßen anhören: „Ich traue mir selbst nicht zu, mit der Nähe zu Frauen umgehen zu können, weil ich das Gefühl habe, dass ich entweder meine eigenen Gefühle nicht ertragen kann, wenn sie mir näher kommen, oder dass ich bei ihrer Annäherung meine Grenzen nicht bewahren kann." Nun ist klar, dass das Problem in uns selbst liegt, und wir müssen eher auf der persönlichen Ebene arbeiten als an der Beziehung. Im ersteren Fall fürchten wir den anderen; im letzteren Fall zweifeln wir an unserem Vermögen, mit anderen umzugehen.

Eine ganz spezifisch ausgerichtete Angst – das heißt eine Angst gegenüber einer bestimmten Person, die uns nicht vertrauenswürdig erscheint – kann ganz realistisch und zutreffend sein, eine Form von Unterscheidungsvermögen. Doch die Angst davor, überhaupt jemandem zu vertrauen, ist weder notwendig noch realistisch. Ganz gleich, wie wenig vertrauenswürdig ein anderer Mensch uns gegenüber gewesen ist, es gibt dennoch vertrauenswürdige Menschen in der Welt. Unser Misstrauen ist ein Vorurteil, kein faktisches Wissen. Eine allgemeine Angst vor dem Vertrauen kann auch ein Hinweis darauf sein, dass unsere ursprüngliche Vertrauensgrundlage nicht richtig installiert oder so schlecht ausgerichtet wurde, sodass jede Möglichkeit des Vertrauens verhindert wurde. Solch eine Angst vor dem Vertrauen weist wiederum auf eine Arbeit hin, die wir an uns selbst leisten müssen. Wir können unsere Vergangenheit überprüfen, um zu sehen, wie und wo es zu Vertrauen gekommen beziehungsweise nicht gekommen ist. Wenn wir unsere Vergangenheit betrauern, muss sie nicht mehr bestimmen, wie wir uns heute in Beziehungen fühlen oder wie wir heute handeln. Wir dürfen stets hoffen, dass wir lernen können, wieder zu vertrauen.

Bei der Furcht vor Intimität ist meist die Furcht im Spiel, das Risiko des Vertrauens einzugehen. Unsere Angst vor einer Bindung kann sich so auswirken, dass wir dann, wenn sich Intimität einstellt, unausweichlich aus der Beziehung flüchten. Dann handeln wir in dem Vertrauen, das unsere Angst klüger ist als unsere Liebe. Wir können diesen Teufelskreis durchbrechen, indem wir unsere Ängste zur Sprache bringen, sobald wir sie fühlen. Dann verbinden sie uns und unseren Partner, wie Partner in einem Doppel im Tennis verbunden sind, und befinden sich nicht mehr nur in unserem eigenen Kopf.

Wenn wir uns gegenseitig um unsere Ängste wissen lassen, können wir diese sehr gezielt einschätzen. Sobald es dazu kommt, dass wir sie endlich laut aussprechen, erhalten wir neue Informationen über uns selbst. Hören wir daraufhin die Antwort unseres Partners, bekommen wir Informationen über sie oder ihn. Die Ehrlichkeit führt zu der geteilten Fähigkeit unsere Beziehung zu heilen, sodass die Liebe aufblühen kann.

Wir werden in der Tat automatisch mutiger, wenn es jemanden gibt, den wir lieben können. Als in dem Film *Der Zauberer von Oz* die Zeit gekommen ist, Dorothy aus dem Schloss der Bösen Hexe zu befreien, möchte der Feige Löwe sich wegen seiner Angst drücken. Er ist erst bereit mitzumachen, als zwei Dinge klar werden: Er sieht, dass seine Freunde ihm bei dem Abenteuer beistehen werden, *und* er liebt Dorothy. Auch wenn wir Angst haben, vertrauen wir doch auf uns selbst, wenn wir das Gefühl haben, von den Menschen, die uns lieben, begleitet zu werden. Wir vertrauen auch dann auf uns selbst, wenn wir uns daran erinnern, dass wir jemanden lieben, dem es helfen wird, wenn wir uns nicht von unseren Ängsten aufhalten lassen. Uns einfach nur an jemanden zu erinnern, den wir lieben, kann so unser Selbstvertrauen stärken, wie das bei dem Feigen Löwen der Fall war. Ein solches Vertrauen ist gleichbedeutend damit, die Angst loszulassen. Geliebt zu werden und liebevoll zu sein erzeugt eine Empfindung unseres eigenen Wertes, die sich anfühlt wie Selbstvertrauen und Wohlbefinden – unsere inneren Kraftquellen.

Shakespeares Romeo ist ein Beispiel dafür, wie Liebe Freiheit von Furcht beschert. Als er über die hohe Steinmauer klettert, um in den Garten von Julia zu gelangen, warnt sie ihn vor der Gefahr, dass ihre Angehörigen ihn als einen Eindringling ansehen könnten. Romeo sagt daraufhin, der Tod bedeute ihm nichts mehr, weil er auf ihre Liebe vertrauen könne. Die Angst wurde durch die Liebe ausgelöscht, die wertvoller geworden war als das Leben selbst:

> Mit der Liebe leichten Flügeln überflog ich diese Mauern, einen zu schwachen Wall gegen den mächtigsten Gott; was die Liebe tun kann, dazu hat sie auch den Mut; und deswegen können deine Verwandten mich nicht abschrecken ...
> Wenn nur du mich liebst, so mögen sie mich immer finden; besser, dass ihr Hass mein Leben ende, als dass der Mangel deiner Liebe meinen Tod verlängre.

Übung

UNS VON DER ANGST BEFREIEN, AUF UNSERE EIGENE STÄRKE ZU VERTRAUEN

Überlegen Sie, ob Sie sich jemals das Folgende gesagt haben:

Vielleicht wird man mich nicht lieben, wenn ich meine eigene Kraft zeige, deshalb entscheide ich mich dafür, sie nicht in Anspruch zu nehmen.

Das ist dasselbe, wie sich dafür zu entscheiden, sich selbst nicht zu lieben. Wir geben uns damit selbst auf, was unsere Stärke und unsere Selbstachtung noch weiter verringert.

Wir können damit beginnen, uns von allen möglichen Ängsten freizumachen, indem wir direkt mit unserer Angst vor unserer eigenen Stärke umgehen. Wir können statt der obigen Aussage zu uns selbst sagen;

Ich akzeptiere und schätze meine eigene Stärke.

Ich bin derjenige, der die Stärke besitzt; die Angst hat keine Macht über mich. Die Angst hat nur die Macht, die ich ihr zugestehe.

Ich liebe diesen weiten Raum, der sich öffnet, wenn ich frei bin vom Suchen nach festem Boden unter den Füßen und frei von der Angst, keinen zu finden.

Wenn man uns in der Kindheit nicht erlaubt hat, unsere eigene Stärke zu zeigen, das heißt, wenn uns der uns zustehende Aspekt des Zulassens verweigert wurde, dann kann es zu zwei langfristigen Auswirkungen kommen. Als Erstes mag es sein, dass wir schon früh den Weg der Kontrolle als Alternative gewählt haben. Kontrolle ist die Stärke des armen Mannes. Wir versuchen, irgendein Gefühl von Macht zu erlangen, indem wir unsere Umgebung oder andere Menschen kontrollieren. Kontrolle entsteht aus Getriebenheit und vergrößert unsere Angst; wahre Stärke entsteht aus Selbstvertrauen

113

und vergrößert unsere Selbstachtung. Zweitens kann es sein, dass wir ständig Probleme mit Autoritäten haben, sei es mit dem Vorgesetzten am Arbeitsplatz oder mit der Steuerbehörde. Das mag unsere Art sein, uns an unserem autoritären Vater zu rächen. Unglücklicherweise arbeitet solch machtlose Wut gegen uns, und schließlich besitzen wir weniger Stärke denn je zuvor und gehorchen im Endergebnis *noch immer* unserem Vater, der uns gesagt hat, wir seien machtlos! Es kann Ihnen helfen, sich von der Angst vor Ihrer eigenen Stärke zu befreien, wenn Sie Folgendes unternehmen:

- Geben Sie zu, dass Sie Angst vor Ihrer eigenen Stärke haben, bekräftigen Sie Ihr Recht auf Ihre eigene Stärke.
- Lassen Sie ab von dem Versuch, zu kontrollieren, was andere tun und was Ihnen widerfährt. Solange Sie das Kontrollieren nicht aufgeben können, steht die Angst als bewaffneter Posten immer auf Wache, um sicherzustellen, dass Sie nichts unternehmen oder dass Sie nicht weitergehen.
- Tun Sie das, was durch Ihre eigenen Entscheidungen motiviert ist, aber kommen Sie dabei berechtigten und notwendigen Verpflichtungen nach.
- Tun Sie jeden Tag etwas, das Ihre eigenen tiefsten Bedürfnisse, Werte und Wünsche widerspiegelt und in die Tat umsetzt.
- Zeigen Sie Ihre Gefühle, wenn sie auftreten.
- Stehen Sie für Ihre Interessen ein.
- Bitten Sie um das, was Sie sich wünschen.
- Übernehmen Sie die Verantwortung für Ihr Verhalten.
- Lassen Sie in keiner Weise irgendeine Art von Misshandlung oder Missbrauch zu.
- Formulieren Sie deutlich, was Ihre Grenzen sind, und erhalten Sie diese aufrecht, besonders was die Menge an Energie angeht, die Sie in einer Situation aufzufangen vermögen oder mit der Sie umgehen können.
- Hören Sie auf, Ihr Verhalten so zu entwerfen, dass andere Sie mögen.

- Tun Sie das, was Sie glücklich macht, und nicht nur das, was anderen zugutekommt.
- Seien Sie ein Forscher, statt immer nur die altbewährten Dinge zu tun. Seien Sie offen für das Unbekannte, in dem Sie in Ihren üblichen Tagesablauf etwas einbringen, das neu und kreativ ist – besonders wenn es etwas ist, das sonst nicht Ihrer Art entspricht. Die Berufung des Helden führt ihn immer in das Unbekannte. Nur in diesem „Palast der dunklen Nacht" – um Romeo nochmals zu zitieren – ist die Erfüllung einer heroischen Bestimmung möglich.
- Geben Sie Ihrer Intuition und Ihren Instinkten freien Lauf, statt immer nur rational zu sein und die Kontrolle zu behalten. Dies bedeutet, dass Sie spontan, unbedacht und natürlich handeln – etwa in einer Sie fordernden Sportart oder beim Experimentieren mit Sinnlichkeit und Sex –, ohne jedoch verantwortungslos zu sein.

Was die Befreiung unserer instinktiven Natur angeht, hat Carl Rogers in *Der neue Mensch* etwas Erstaunliches gesagt: „Wenn ich mich entspannen und meinem transzendenten Kern nahe sein kann, dann verhalte ich mich vielleicht auf seltsame und impulsive Weise, die ich rational nicht zu begründen vermag, ... aber dieses seltsame Verhalten erweist sich auf merkwürdige Weise als richtig." Hier sehen wir den Zusammenhang zwischen einer größeren spirituellen Bewusstheit und der Befreiung unserer animalischen Natur. Der „transzendente Kern" ist nicht etwa das Gegenteil unseres Körpers und seiner Enthemmung; er ist das, was den Körper anruft und vervollständigt. Unsere irdische, animalische Natur ist ebenso wie der Rest unseres Körper-Geistes zur Spiritualität berufen.

Die Natur ist ein wundervoller Verbündeter bei der Freisetzung unserer Instinkte. Dies geschieht, wenn wir uns an der Schönheit der Natur freuen oder wenn wir eine Sportart in der Natur ausüben – zum Beispiel beim Wildwasser-Rafting oder beim Bergsteigen. All dies führt dazu, dass unser Selbstvertrauen in der Natur wächst.

Auf die Natur zu vertrauen bedeutet – ebenso wie das Vertrauen auf eine höhere Macht – nicht, dass wir darauf vertrauen, frei von Gefahr, Verletzung oder Tod zu sein. Wir vertrauen vielmehr auf die Möglichkeit, einen unsere Person bereichernden Kontakt herzustellen: Wenn wir die Natur respektieren und uns umsichtig auf ihre Gefahren vorbereiten, dann werden wir in der natürlichen Welt eine Energie vorfinden, die zu einer belebenden Energie in uns selbst werden kann. Gerald Manley Hopkins nannte diese Energie „die teure Frische, die tief in den Dingen wohnt". Diese ewig frische Lebendigkeit in der Natur erweist sich als etwas, das mit unserer eigenen Natur und der Natur einer höheren Macht identisch ist, und damit wird unsere Erfahrung der Einheit bestätigt.

Jede winzige Tannennadel dehnte sich und schwoll an von Anteilnahme und wurde mein Freund. Mir wurde die Präsenz von etwas, das mir verwandt ist, so deutlich bewusst, dass ich meinte, kein Ort könne mir jemals wieder fremd sein.

– Henry David Thoreau, *Walden*

Wenn uns unsere Geschichte im Wege steht

Die meisten von uns bemerken, dass es zwei Arten des Leidens gibt. Zuerst einmal ist da das Leiden, das wir im Leben nicht vermeiden können: Wir alle machen zum Beispiel Bekanntschaft mit Krankheit und Verlust. Aber wir fügen dem natürlichen, unvermeidbaren Leiden des Lebens manchmal noch eine Art „selbstgemachten" Schmerz hinzu. So mögen wir zum Beispiel bei der Beendigung einer Beziehung zu uns selbst sagen: „Kein Mensch wird mehr mit mir zusammen sein wollen." Geschichten wie diese sind Fiktionen; sie sind ein Aberglaube, den wir erzeugen, um die Realität mit Aufklebern zu versehen, die uns von unseren schlimmsten Ängsten aufgedrückt wurden. Sie machen sich in unserem Körper bemerkbar und lassen uns gestresst und verkrampft werden, was dazu führt, dass unser Körper und unsere Gesundheit schließlich für unsere Neurose bezahlen.

Erfahren wir unsere wahren Gefühle jedoch ganz rein, dann sind wir achtsam und befreien uns von „selbstgemachtem" Leiden. Dann kann unser Körper uns helfen, uns von der erfundenen und selbstzerstörerischen Geschichte zu befreien, statt von ihr beschädigt zu werden.

Wir lassen uns sehr leicht von solchen Geschichten verführen. Die Tatsache, dass sie uns vertraut vorkommen, gibt uns das Gefühl der Sicherheit und Geborgenheit. Doch wenn wir gesünder werden, wird uns die Achtsamkeit vertrauter als unsere Muster und Geschichten – ein weiterer Grund dafür, sie täglich zu üben.

„Sie möchte nicht mehr mit mir zusammen sein." Wir können dies als eine Tatsache akzeptieren, ohne eine Geschichte hinzuzufügen wie: „Ich bin einfach nichts wert; niemand möchte wirklich längere Zeit bei mir bleiben und so ist es seit meiner Kindheit schon immer gewesen." Eine solche Geschichte sagt in Wirklichkeit: „Weil sie mich verletzt hat, werde ich mich dadurch, dass ich mich innerlich abwehrte, noch mehr verletzen. Damit werde ich zuerst zum Opfer eines anderen, dann aber auch noch zu meinem eigenen Verfolger."

Vergleichen Sie diesen selbstherabsetzenden Stil mit der nackten Bestätigung der Realität:

Dies ist ihre Entscheidung.
Mir gefällt diese Entscheidung nicht.
Aber ich muss Sie akzeptieren, und niemand hat Schuld.
Meine Arbeit besteht darin, meine Traurigkeit, meinen Zorn und all die anderen Gefühle, die durch dieses Ereignis ausgelöst werden, zu fühlen.

Wenn wir auf diese Weise vorgehen, beginnen wir mit den Tatsachen und gehen weiter zum Gefühl.

Haben wir uns erst einmal von den selbstherabsetzenden Geschichten verabschiedet, dann können wir anhand der Kombination von Gefühl und gesundem Menschenverstand mit allem umgehen. Paradoxerweise nimmt unser Selbstvertrauen durch solch eine rückhaltlose Annahme der Realität der anderen zu. Wir lernen, mehr auf uns selbst zu vertrauen, weil wir nicht mehr die Notwendigkeit empfinden, darauf zu vertrauen, dass andere unsere Bedürfnisse genau so erfüllen, wie wir es von ihnen erwarten.

Ihnen ist vielleicht auch aufgefallen, dass die obenstehende Liste von nackten Tatsachen spricht und nichts von dem Unterhaltungswert der dramatischen Geschichten hat, die wir erfinden. Könnte es sein, dass unsere Geschichten eine verquere Weise sind, uns selbst zu unterhalten? Die Herausforderung für einen Erwachsenen besteht darin, Unterhaltung im Kino zu suchen und nicht in Ereignissen, die uns dazu aufrufen, an uns selbst zu *arbeiten*.

Eine alternative Weise mit der Tatsache umzugehen, dass andere uns vielleicht nicht die Erfüllung bringen, die wir von Ihnen erwarten, ist eine selbstgefällige Gleichgültigkeit: „Sollen sie doch zur Hölle gehen." Dies ist eine Form von Verzweiflung, die versucht, unser verwundetes Ego zu retten. Es ist kein geschicktes Mittel zur Herstellung einer gesunden Beziehung. Eine solche Verzweiflung steht im Gegensatz zu spirituell reifem Gleichmut: „Manche Menschen werden mich sehr mögen und manche werden mich nicht mögen – *und ich wünsche Ihnen allen nur das Beste.*" Dies bedeutet, in unserem Leben mit liebender Güte weiterzumachen, statt in einer Geschichte über unser Leben festzustecken. Wir können wirklich auf unsere Fähigkeit vertrauen, mit der Tatsache umzugehen, dass manche Menschen nicht genau so mit uns zusammen sein mögen, wie wir es von ihnen erhoffen, ohne noch eine Geschichte über diese Menschen oder über uns hinzuzufügen. Selbstvertrauen ist die Freiheit von dem Verlangen nach einer Geschichte. *Dann wird uns unsere Selbstverpflichtung zur Gesundheit und einem Handeln mit Integrität wertvoller als die Tatsache, ob jedermann oder irgendjemand uns mag.*

Übung

DAS DREHBUCH AUSLÖSCHEN

Achtsamkeit ist eine für die Meditation und das tägliche Leben zentrale Übung und sie bedeutet, dass wir immer wieder in das Hier und Jetzt zurückkehren, zu der reinen und nicht von mentalem Geschwätz angereicherten Erfahrung. Aufmerksamkeit auf unsere Atmung hilft uns, uns auf diese Weise zu sammeln. Achtsamkeit ist eine spirituelle Praxis, die uns zur authentischen Gegenwart befreit, indem sie uns erkennen lässt, wie unser Geist uns durch Angst, Begehren, Urteile, Anhaften, Vergleiche, Vorurteile und den Wunsch, das zu kontrollieren, was um uns herum geschieht, ablenkt.

Wir sitzen still und kehren immer wieder zu unserer Atmung zurück, die uns daran erinnert, im Hier und Jetzt präsent zu sein. Wir erfahren Ereignisse wie etwa Gedanken dann ganz rein, wenn wir uns nicht auf sie fixieren, sie zurückweisen oder ihnen etwas hinzufügen. Die Hinzufügungen – wie etwa Angst, Schuldzuweisung, Scham, Ausflüchte, Urteile und Versuche, etwas zu reparieren und zu kontrollieren – sind das Blendwerk, das uns von der Wirklichkeit ablenkt.

Hier ist eine Methode, mit den Hinzufügungen zu arbeiten – mit den uns ablenkenden und uns unterhaltenden Geistesverfassungen, die unsere Gedanken, Gefühle und Erfahrungen überlagern. Wir beginnen mit einem einfachen Beispiel:

Tatsache: Mir wird klar, dass ich eines Tages sterben werde

- Ich mache mir Sorgen, wann das wohl passieren wird. (Angst ist Hinzufügung Nummer eins.)
- Ich mache mir Vorwürfe darüber, dass ich mir Sorgen mache. Ich sollte doch über all dem stehen. (Vorwürfe sind Hinzufügung Nummer zwei.)
- Ich versuche, den Gedanken an den Tod ganz und gar zu vermeiden. (Vermeidung ist Hinzufügung Nummer drei.)

119

· Ich bemerke, dass es mir nicht möglich ist zu vermeiden, mir darüber Sorgen zu machen, dass ich den Gedanken also nicht entfliehen kann, und ich beurteile mich deshalb als unzureichend. (Urteilen ist Hinzufügung Nummer vier) Dieses strenge Urteil wird von unserem inneren „Scharfrichter" ausgesprochen, der unnachgiebig ist. Wenn wir das Urteil fällen, dass wir im Unrecht sind, haben wir auch das Gefühl, dass uns Bestrafung droht, und deshalb folgt die Angst der Selbstverurteilung auf dem Fuße, und dies verstärkt wiederum die Hinzufügung der Angst.)

· Ich suche nach irgendeinem Weg, die Tatsache zu umgehen. Ich mache zum Beispiel Pläne, mich stärker körperlich zu betätigen, und ich nehme Vitamintabletten, um mein Leben zu verlängern. (Reparieren/Kontrollieren ist Hinzufügung Nummer fünf.)

Die fünf Hinzufügungen stellen mein selbstgemachtes Leiden dar. Sie sind der vergebliche Versuch, den durchaus angemessenen Schmerz über die reine Tatsache, dass ich eines Tages sterben werde, zu vermeiden. Dieser Schmerz ist ein Kummer, etwas, das wir nicht fühlen wollen, und so puffern wir ihn durch Hinzufügungen ab, von denen jede wiederum eine Geschichte darstellt. Jetzt sehen wir, warum ein Ja zu den Gegebenheiten des Lebens so gesund ist. Wir bleiben bei unserer eigenen Wirklichkeit. Wir stellen uns unseren Gefühlen und arbeiten sie unmittelbar durch. Die spirituelle Praxis der Achtsamkeit hilft uns, das zu tun. Unsere Übung der Achtsamkeit ist kein Weg, Gefühle zu vermeiden, sondern hilft uns nur, sie ohne die üblichen Ausschmückungen des Egos zu erfahren.

Mit Achtsamkeit sieht dieselbe Situation folgendermaßen aus:

Tatsache: Mir wird klar, dass ich sterben werde

· Indem ich meine Aufmerksamkeit auf meine Atmung lenke, stillhalte und mich meinen Gefühlen öffne, lasse ich alle Geschichten fallen. Zu diesen Geschichten gehört vielleicht Traurigkeit, ein Gefühl des Protestes und ein Wunsch, zu entfliehen. Aber ich versuche nicht, vor all dem wegzulaufen, sondern ich bleibe dabei. Auf diese Weise bemerke ich, wie mein Körper sich fühlt, und ich bleibe bei meinen Emotionen.

· Meine Gefühle sind rein und nicht vom Ego erzeugt. Ich bringe mir selbst die Fünf Aspekte der Liebe entgegen: Aufmerksamkeit, Akzeptanz, Zuneigung, Wertschätzung und Zulassen.

· Indem ich eine Weile bei meinen Gefühlen bleibe, finde ich heraus, dass ich den Tod als das gemeinsame Schicksal aller Menschen akzeptiere.

· Ich kann mir nun des Todes bewusst sein, ohne von irgendeiner meiner gewohnten Hinzufügungen besessen zu sein, die leicht zu einer Obsession und einer Phobie werden.

Mithilfe von Achtsamkeit verwandelt sich mein Kummer über den Tod in Akzeptanz, und das führt zu Gleichmut, einer Quelle stiller Freude. *Dann bin ich nicht mehr jemand, der steckengeblieben ist. Ich bin jemand, der begonnen hat, sich zu befreien.* Auf diese Weise kommt es zu Wandel und größerem Selbstvertrauen.

Wir stehen nicht länger unter dem Einfluss von Hinzufügungen, Geistesverfassungen des Egos, Geschichten und Aberglauben. Unsere Empfindung des Ichs wird durchlässig, weil es nicht mehr so defensiv ist. Wir haben die Vergänglichkeit in Körper und Geist akzeptiert, ein großer Schritt dazu, den Tod und alles andere als Tatsache zu begreifen. Achtsamkeit schenkt uns eine Vision der Vergänglichkeit, da wir sorgfältig die ständige Bewegung der Gedanken beobachten, in all ihren Einzelheiten. Achtsamkeit ist deshalb das Gegenteil von Obsession.

Wenn wir achtsam sind, identifizieren wir uns auch nicht mehr mit unserer Geschichte von Angst und Begehren sowie mit all dem anderen Ballast, der die Reise des Lebens so kompliziert macht. Dann gehen wir mit dem um, was geschieht, statt uns ihm entgegenzustellen. Wir mögen dann drei wunderbare Resultate erkennen:

1. Indem wir für das, was ist, ohne Klagen oder Schuldzuweisung präsent bleiben, sagen wir Ja und werden wir zu einem Ja zum Hier und Jetzt der Wirklichkeit. Dies führt uns dazu, auf die Wirklichkeit zu vertrauen.

2.· Indem wir bei dem bleiben, was ist, ohne Geschichten hinzuzufügen, ist unser gegenwärtiger Augenblick reines Gewahrsein, dass nicht mehr von Geistesverfassungen beeinträchtigt ist. Geistesverfassungen belasten das, was wir erfahren. Wenn die Geistesverfassungen verschwinden, können wir auf uns selbst vertrauen, weil wir nicht länger von unserem neurotischen Ego gefesselt sind. Wir haben nun einen neuen Standort in unserer eigenen Stärke gefunden. Ralph Waldo Emerson hat das sehr gut zum Ausdruck gebracht: „Wenn die Halbgötter gehen, kommen die Götter."

3.· Indem wir die Eigenschaften der Erleuchtung in uns selbst erwecken, werden wir zu einem Kanal für die universale und bedingungslose Liebe, die Weisheit aller Zeitalter und eine lebendige Heilkraft. Dies führt uns dazu, auf unsere eigene Ganzheit zu vertrauen, die jetzt in uns vorhanden ist, wie sie schon immer in uns vorhanden war.

Schreiben Sie nach dem Vorbild des oben gegebenen Beispiels etwas in Ihr Tagebuch. Benennen Sie am Anfang einer neuen Seite eine Tatsache in Ihrem eigenen Leben, mit der Sie zu kämpfen hatten.

Fragen Sie sich, was hier bisher ihre spezifischen Hinzufügungen waren (Angst, Schuldzuweisung, Flucht, Urteilen).

Schauen Sie nach jeder Hinzufügung wieder auf den Anfang der Seite und die Tatsache selbst und öffnen Sie sich achtsam für die reine Erfahrung dieser Tatsache.

Stellen Sie fest, wie das Gefühl oder das Problem sich ohne Ihre zusätzlichen Geschichten anfühlt.

Bemerken Sie, wie viel freier Sie sich fühlen, wenn Sie dies tun.

Übungen wie diese können uns helfen, freundlich mit uns selbst und mit unseren Gefühlen umzugehen, und dies schenkt uns eine Stärke, die weit mehr ist als jede Belohnung, die wir von unserem Ego erhalten. Je mehr wir das Risiko eingehen, auf uns selbst und andere zu vertrauen, desto mehr öffnen sich andere für uns und werden uns gegenüber vertrauenswürdig.

5
Verlorenes Vertrauen, wiedergewonnenes Vertrauen

Dante siedelte Judas und Brutus im niedrigsten Kreis der Hölle an, um zu zeigen, dass Verrat die schlimmste aller Sünden ist. Wir werden am tiefsten verletzt, wenn diejenigen Menschen, denen wir vertrauen, sich gegen uns wenden. Um den Verlust von Vertrauen zu überwinden, braucht es mehr als Kummer, denn er ist erschreckend, isolierend und verwirrend. Unsere Herausforderung besteht darin, unsere gesamte Sicht unserer selbst, von anderen und der Menschheit wiederherzustellen. Wir müssen uns in der uns vertrauten Welt neu stabilisieren, was keine leichte Aufgabe ist. Ein Zusammenbruch des Vertrauens verlangt auch eine persönliche Arbeit an uns selbst. Uns stellt sich die Herausforderung, nochmals auf ähnliche Verletzungen in der Vergangenheit zurückzukommen und sie zusammen mit der Verletzung, zu der es gerade erst gekommen ist, zu betrauern.

Auf welche Weise werden wir verraten? Unser Vertrauen wird unterminiert, wenn uns jemand untreu ist, uns täuscht, uns betrügt, uns anlügt, wenn sich jemand gegen uns wendet, wenn jemand einseitig handelt, sich uns gegenüber bösartig verhält, unfaire Gerüchte über uns verbreitet, eine wichtige Entscheidung trifft, ohne vorher mit uns darüber zu sprechen, wenn jemand unsere Verletzlichkeit ausnutzt, unser Vertrauen bricht, nicht für uns einsteht, vor unseren Gefühlen davonläuft, in einer Krise nicht für uns da ist, uns nicht besuchen kommt, wenn wir in Not sind, und wenn sich jemand weigert, einen Konflikt zwischen uns anzusprechen, durchzuarbeiten und aufzulösen.

Einer der Gründe dafür, dass es ein solches Risiko ist, unseren Mitmenschen zu vertrauen, besteht darin, dass wir nur allzu gut wissen: Es gibt keine Grenzen für die menschliche Aggressivität. Wenn einige andere Tiere kämpfen, ziehen sie sich zurück, sobald ihr Gegner als Zeichen der Unterwerfung seine Kehle zeigt. Das ist ein Instinkt, der zur Erhaltung der Spezies dient. Doch bei uns Menschen kann es sein, dass wir weiterhin angreifen. Man muss uns lehren innezuhalten oder uns muss von jemand anderem Einhalt geboten werden. Darum trägt eine Zuname der persönlichen Integrität zu unserem kollektiven Überleben bei. Jedenfalls ist es uns jederzeit möglich, an unseren eigenen aggressiven Instinkten zu arbeiten und uns zu verpflichten, in allem, was wir unternehmen, mit gewaltloser Liebe zu handeln. Eine solche Verpflichtung vergrößert unser Vertrauen auf das erleuchtete Potenzial in uns selbst und in anderen.

In einer Freundschaft und in einer Beziehung wächst das Vertrauen, wenn wir die Sicherheit vorfinden, unsere authentischen Gefühle zum Ausdruck zu bringen. Das Vertrauen wird gebrochen, wenn man unsere Gefühle nicht akzeptiert oder uns dafür bestraft. Können wir einem Freund oder Partner solche Gefühle wie Zorn, Traurigkeit oder Angst anvertrauen? Es gibt zwei Möglichkeiten: Manche Menschen haben kein Problem damit, wenn wir ihnen unsere Gefühle über andere mitteilen. Dazu gehört zum Beispiel der Freund, der uns aufmerksam zuhört, wenn wir beschreiben und zum Ausdruck bringen, was wir von unserer Partnerin halten. Doch derselbe Freund ist vielleicht nicht offen dafür, von den Gefühlen zu hören, die ihn selbst angehen. Dann reagiert er vielleicht gereizt oder defensiv, statt unsere Gefühle willkommen zu heißen. Geben wir ihm Feedback zu dieser Reaktion, dann wird er noch defensiver und weigert sich, den Zusammenbruch der Kommunikation anzusprechen. Wir versuchen es später nochmals, haben aber auch jetzt kein Glück.

Wenn so etwas geschieht, weisen wir unseren Freund nicht zurück, sondern erkennen einfach nur, dass er Schwierigkeiten hat, Feedback zu akzeptieren. Die Herausforderung für uns besteht darin, unsere unrealistischen Vorstellungen über seine Offenheit aufzugeben und zu sehen, wer er in Wirklichkeit ist. Unser Maß an Vertrauen wurde verringert und neu bemessen. Deshalb müssen wir vielleicht zu Smalltalk übergehen und weniger Zeit mit ihm verbringen. Dies ist eine aus Achtsamkeit und liebender Güte geborene Reaktion. Wir bleiben achtsam bei der Wirklichkeit dessen, was jemand ist, ohne ihn zu beurteilen oder ihm Vorwürfe zu machen. Mit liebender Güte weisen wir ihn nicht zurück und üben keine Vergeltung, sondern halten diesen Menschen weiterhin im Kreis unserer Liebe.

Vertrauen muss nicht so enden, wie ein Bär stirbt, der unmöglich wiederzubeleben ist. Es kann so enden, wie ein Bär Winterschlaf hält, den man wiederbeleben kann, wenn die rechten Umstände gegeben sind und genügend Zeit vergangen ist. Das Vertrauen wird dann langsam wieder hergestellt, wenn die Person, die sich als nicht vertrauenswürdig erwiesen hat, sich entschuldigt und anbietet, die Sache wiedergutzumachen. Darauf muss eine lange Zeit durchgängiger Vertrauenswürdigkeit folgen, ehe wir wieder mit Zuversicht Vertrauen schenken können. Die Wiederherstellung von Vertrauen geschieht nur allmählich, wie es bei allem Kummer und aller Neuorientierung der Fall ist.

Es gibt Menschen, die sich und anderen durch eine Sucht, durch zwanghaftes Verhalten oder durch Verbrechen Leid zugefügt haben. Wenn es bei ihnen zu einer Besserung kommt oder sie „bekehrt" werden, dann erwarten sie vielleicht von anderen, dass diese ihnen augenblicklich vertrauen. Dies ist eine mehr als unvernünftige Forderung, es ist eine Illusion, zu der es oft nach solchen Umkehrerfahrungen kommt: „Jetzt, wo ich ein neuer Mensch geworden bin, habe ich keinen Schatten, keine negative Seite mehr. Vorher war ich total unzuverlässig, aber jetzt kann man mir total vertrauen." Besserung, Transformation, Wandel und Bekehrung müssen alle mit einer durchgehenden Anerkennung der Schattenseite einhergehen, die auch weiter in uns vorhanden ist, ganz gleich, wie viel besser wir aussehen, uns fühlen und handeln. Bei einer authentischen Transformation bleiben wir uns dessen bewusst, dass die unbewussten Kräfte der Aggression in uns allen vorhanden sind. Es verlangt tägliche Disziplin, um mit den negativen Impulsen zu arbeiten, die dadurch, dass man „neu geboren" wurde, nicht ausgelöscht sind.

Die Bestrafung durch Schweigen

In einer Beziehung wächst das Vertrauen durch wechselseitigen Austausch. Deshalb beeinträchtigt ein plötzliches einseitiges Schweigen oder ein abruptes Verschwinden unsere Fähigkeit zu vertrauen. Dies steht nämlich in direktem Widerspruch zum Ansprechen, Durcharbeiten und Auflösen. Trifft jemand willkürliche Entscheidungen, so signalisiert das einen Mangel an Vertrauen auf seinen Partner.

Wenn wir von jemandem unerwartet zurückgewiesen werden, so bleiben wir mit vielen Fragen zurück, darunter der Frage, was *wir* denn wohl falsch gemacht haben. Bedenken Sie eine zweite Art von Erfahrung. Ein Partner sagt uns gerade heraus, dass die Dinge nicht funktionieren und warum er das meint. Dieser Partner bietet uns an, die Sache ins Reine zu bringen oder bei uns zu bleiben, während wir unser Gefühl über den Vertrauensbruch durcharbeiten.

Im ersteren Fall leiden wir, da wir auf der Vertrauensebene verwundet wurden, auf der Herzebene, die unser empfindlichster Teil ist. Der Kummer wird verstärkt durch Verrat, der uns vielleicht an vergangene Verletzungen erinnert, und es wird eine Weile dauern, bis wir das durchgearbeitet haben. Im letzteren Fall ist unser Partner bereit, das Problem anzusprechen, und zeigt so Integrität. Er respektiert unsere Gefühle und ist willens, mit ihnen umzugehen. Er springt nicht von unserem Zug ab, sondern bleibt bis zum nächsten Bahnhof bei uns an Bord.

In einer Beziehung kann niemand unfehlbare Beständigkeit versprechen, da sich unsere Gefühle verändern. Doch ein Erwachsener

mit Integrität kann sagen: „Du kannst dich zwar nicht darauf verlassen, dass ich niemals gehen werde, aber du kannst dich darauf
verlassen, dass ich nicht einfach weglaufe." In dieser Hinsicht kann
jedermann vertrauenswürdig sein.

Ein Beispiel für den Stil der Einseitigkeit, zu dem das Ego sich
gern berechtigt sieht, ist die Bestrafung durch Schweigen, ein ag-
gressiver und nachtragender Stil in einer Beziehung, der eine Form
des Schmollens darstellt. In der frühen Phase einer Beziehung kann
eine solche Distanzierung aus Angst (das ist der Vorname des Egos)
entstehen. So hat zum Beispiel Bernd Angst vor der Nähe, zu der es
in seiner neuen Beziehung kommt, und deshalb stellt er plötzlich
den Kontakt zu Melanie ein. Diese wundert sich, was los ist. Sie
ruft Bernd an und schreibt ihm E-Mails, doch ohne eine Antwort
zu erhalten. Melanie fragt sich, was sie falsch gemacht hat. Dann
wird sie wütend und wäre am liebsten sarkastisch. In dieser Phase
ist es klug, wenn sie keinen Kontakt mit Bernd aufnimmt. Einerseits
weiß sie nicht mit Sicherheit, was geschehen ist. Bernd könnte ja
in einem Krankenhaus im Koma liegen. (Das ist allerdings unwahr-
scheinlich, da uns schlechte Nachrichten besonders leicht erreichen.)
Melanie könnte andererseits etwas Unangebrachtes sagen, das sie
später bereuen wird, weil es nicht im Einklang mit ihrer Übung von
liebender Güte war.

Deshalb wartet Melanie besser, bis sie sich wieder beruhigt hat,
und schickt dann eine letzte E-Mail an Bernd, in der es heißt: „Ich
habe nichts mehr von dir gehört und hoffe, dass alles in Ordnung
ist." Sie sagt nicht: „Ich hoffe, dass mit *uns* alles in Ordnung ist",
denn dies setzt ein „uns" voraus, das es vielleicht gar nicht mehr gibt.

Melanie leidet − und *Bernd weiß* das. Dass er sie mit Schweigen
straft, zeigt, dass ihm ihr Schmerz nicht so wichtig ist wie sein eigener
Selbstschutz. Das ist für Melanie eine wichtige Information über
Bernd, besonders im frühen Stadium einer Beziehung. Es zeigt, dass
er noch Arbeit an seinem Ego zu leisten hat, bevor er eine gesunde
intime Bindung zu jemandem eingehen kann. Melanie erinnert sich
daran, dass sie sich noch in der Erkundungsphase der Beziehung

befindet. So ist sie in gewisser Weise auch froh darüber, dass sie mehr über jemanden herausfindet, den sie für einen möglichen Partner gehalten hat.

Auf jeden Fall ist einseitiges Schweigen ein klarer Hinweis darauf, dass man Bernd nicht vertrauen sollte. Man kann nur hoffen, dass Melanie ihre Selbstachtung wahrt und nicht weiter nachforscht und Bernd anfleht, sondern dass sie die Würfel einfach fallen lässt. Wenn und falls Bernd dann wieder auftaucht und die Beziehung wieder aufleben lassen will, muss Melanie erst einmal eine umfassende Erklärung verlangen und sich mit der Tatsache auseinandersetzen, dass er um ihren Schmerz wusste und trotzdem nicht einziges Mal angerufen hat, um ihr Leiden zu lindern. Schließlich müssen die beiden zu einer Übereinkunft kommen, dass Bernd Melanie künftig nicht mehr mit Schweigen strafen wird. In einer Beziehung wächst das Vertrauen, wenn wir direkt zu einem Partner sagen können: „Ich werde dich niemals mit Schweigen strafen oder Vergeltung üben", und wenn wir uns dazu verpflichten können, dies auch durchzuhalten.

Melanie könnte es allerdings vorziehen, sich einfach von Bernd zu verabschieden. Es ist nicht nötig, dass sie mehr mit ihm riskiert. Frei von der Leber reden zu können, ohne sich um das Endergebnis zu kümmern, und ihre eigenen Grenzen zu festigen, wird das Selbstvertrauen von Melanie vergrößern. Dies bedeutet ihr vielleicht mehr, als einen Mann zu finden.

Hier ist ein weiteres Beispiel für einseitiges Schweigen, diesmal in der Zeit, in der zwei Menschen gerade erst begonnen haben, miteinander auszugehen. Wir haben einige wunderbare Abende mit einer neuen Bekanntschaft verbracht. Sie verspricht, sich bald wieder bei uns zu melden – aber dann hören wir niemals wieder etwas von ihr. Wir spekulieren, dass diese mögliche Partnerin es sich anders überlegt oder kalte Füße bekommen hat. Diese mental erzeugten Erklärungen schaden uns nicht. Wenn wir jedoch noch Geschichten hinzufügen und uns selbst sagen, dass sie einen besseren Partner gefunden hat, weil ihr klar geworden ist, dass wir ihr nichts zu bieten hatten, oder weil sie uns durchschaut hat, dann beschädigen wir damit unsere Selbstachtung. In Wirklichkeit sagt uns die Tatsache, dass die andere Person nichts mehr von sich hören lässt, nur, dass sie jemand ist, der nichts mehr von sich hören lässt. Sie möchte die Beziehung nicht fortsetzen, was ihr gutes Recht ist, und sie hat sich entschieden, uns das nicht wissen zu lassen – das ist zwar nicht sehr höflich, aber so ist es nun einmal.

Unsere Reaktion auf das Schweigen kann eine der drei Formen annehmen, die wir schon früher erkundet haben: die Hand ausstrecken, Zorn, Verzweiflung. Vielleicht strecken wir weiterhin die Hand zu der anderen Person aus, ganz gleich, was geschehen ist. Dies verletzt die Grenzen der schweigenden Person, die durch ihr Verhalten deutlich gemacht hat, dass sie keinen weiteren Kontakt wünscht. Es kann außerdem ein Zeichen dafür sein, dass wir bereit sind, uns durch die Zurückweisung des anderen wieder und wieder verletzen zu lassen.

Wir können aber auch so lange wütend bleiben, bis der Zorn in Bitterkeit umschlägt, die zu einer Depression führen kann. Sind wir erst einmal deprimiert, dann nimmt zudem unsere Fähigkeit zu vertrauen ab, weil es zu den Auswirkungen von Depression gehört, dass uns nichts mehr *verlässlich* erscheint. Auch das macht uns zum Ziel unseres selbstgemachten Leidens. Eine solche Haltung stände außerdem im Gegensatz zu einem Ja zu der Gegebenheit, dass mit dieser Person keine Beziehung möglich ist. Es ist nun an uns, zum Trauern weiterzugehen und keine Vorwürfe zu machen. Dies verlangt, dass wir unsere Verletzlichkeit annehmen, genau die Eigenschaft, die uns erst diesen ganzen Schlamassel beschert hat.

Man sollte die Bestrafung durch Schweigen von einem Time-out unterscheiden. Unser Schweigen hat dann nichts Aggressives. Es ist einfach die normale Zeit, die wir brauchen, um eine Erfahrung oder eine Idee zu verstehen und sich in sie einzufühlen. In einem solchen Fall mögen wir zu einem Partner sagen: „Ich brauche etwas Zeit, um allein zu sein." Wir nehmen die Kommunikation dann wieder auf, sobald wir eine klare Vorstellung davon gewonnen haben, was wir wirklich fühlen und brauchen. Das Schweigen soll dann zu einer Klärung führen und ist keine Bestrafung. Und schließlich hat uns der buddhistische Schriftsteller Stephen T. Butterfield noch auf eine positive Dimension des Verrats hingewiesen, die wir nicht übersehen sollten: „Da wir in keiner Beziehung totale Sicherheit und Geborgenheit finden können ... müssen wir auf unsere eigene Fähigkeit vertrauen, *jeden* Ausgang, einschließlich eines Verrats, als ein Mittel zum Erwachen zu nutzen." So kann denn die spirituell bewusste Person einen Vertrauensbruch als eine Lehre über die Gegebenheit des Lebens betrachten, dass uns jeder Mensch ohne irgendeine Erklärung verlassen kann – eine weitere Erinnerung an die Vergänglichkeit.

Wir sollten darauf achten, aus eigener Erfahrung nur die Schlussfolgerung zu ziehen, die auch darin enthalten ist, und sollten es dabei belassen, damit wir nicht sind wie die Katze, die sich auf eine heiße Ofenplatte gesetzt hat. Sie wird sich niemals wieder auf eine heiße Ofenplatte setzen, und das ist gut so. Sie wird sich aber auch nie wieder auf eine kalte Ofenplatte setzen.

– MARK TWAIN,
Pudd'nhead Wilson's New Calendar, Following the Equator, 1897

Lügen, die wir erzählen, hören oder nicht hören

In einer Episode der Fernseh-Seifenkomödie *All in the Family* ist Archie Bunker von seiner Frau Edith enttäuscht, weil sie nicht gelogen hat, um der Familie etwas Geld einzubringen. Archie schimpft mit Edith und sagt: „Eine Familie sollte doch schließlich zusammenhalten."

In ihrer für sie charakteristischen naiven und doch tiefgründigen Art antwortet Edith: „Aber Archie, ich meine auch, dass eine Familie zusammenhalten muss. Aber wenn ich nicht die Wahrheit gesagt hätte, wie hättest du mir dann jemals wieder vertrauen können? Und wie hätten wir dann weiter zusammenhalten können?"

„Archie" und „Edith" repräsentieren vielleicht zwei Seiten von uns selbst. Tief in unserem Inneren glauben wir, dass es falsch ist zu lügen und dass dies das Band des menschlichen Vertrauens zerreißen würde. Gleichzeitig aber lassen es unsere Wünsche, unsere Angst oder unsere Gier durchaus richtig erscheinen, es mit der Wahrheit nicht allzu genau zu nehmen.

Wir lügen aus unterschiedlichen Gründen:

Um zu bekommen, was wir wollen.
Um ein Geheimnis zu bewahren.
Um die Wahrheit zu verbergen.
Um unseren Körper, unseren Besitz oder unser
   Terrain zu schützen.
Um uns Beschämung zu ersparen.
Um unser Image zu wahren.
Um weitere Nachforschung zu vermeiden.
Um unser Verhalten zu rechtfertigen.
Um Verantwortung aus dem Weg zu gehen.
Um einen Konflikt (oder die Lösung eines Konflikts)
   zu vermeiden.
Um den Status quo zu wahren.
Um unser Ego aufzublähen.
Um unsere Gefühle zu verbergen.
Um jemanden zu manipulieren.
Um jemanden zum Narren zu halten.
Um uns an jemandem zu rächen, der uns belogen hat.

Beachten Sie, dass all diese Gründe auf Angst basieren. Wenn wir Angst haben, suchen wir vielleicht Zuflucht zur Lüge, statt geradeheraus zu sein. Anders als Gandhi vertrauen wir nicht so sehr auf die Macht der Wahrheit wie auf unsere eigene Version dessen, was funktionieren könnte.

Haben wir einmal gesehen, welche Verbindung zwischen dem Lügen und der Angst besteht, dann beginnen wir zu verstehen, warum Vertrauen und Wahrheit Hand in Hand gehen. Vertrauen verlangt eine durchgängige Verpflichtung zur Wahrhaftigkeit in der Kommunikation. Doch auch das Lügen kann eine Form der Kommunikation sein. In der *Kommunion*, einer echten Gemeinschaft, ist das anders. In einer derart vertrauensvollen Bindung fühlen wir uns sicher, die Wahrheit über uns selbst zeigen zu können. Aus diesem Grund kann es nur in einer Beziehung authentischer Intimität zu Vertrauen und Wahrheit kommen.

Erzählt man Lügen über sich selbst oder über das eigene Verhalten, so unterminiert dies das Vertrauen. Wahrhaftig zu sein stabilisiert das Vertrauen. Wie wir gesehen haben bedeutet Vertrauen, dass wir den Menschen, dem wir vertrauen, nicht fürchten. Wenn wir glauben, wir müssten lügen, um uns sicher und geborgen fühlen zu können, befinden wir uns nicht auf dem Spielfeld des Vertrauens.

Eine ehrliche Selbstdarstellung ist tatsächlich biologisch in uns eingebaut. Die Muskeln unseres Gesichts sind darauf eingestellt, jede Stimmung und jedes Gefühl, das wir haben, detailliert widerzuspiegeln. Dies geschieht, ohne dass wir es bewusst wollen. Wenn wir also die Wahrheit verbergen, setzen wir uns über eine natürliche Tendenz hinweg. Unser Körper möchte die Wahrheit sagen, unsere Angst möchte sie verbergen.

Wir können Ehrlichkeit von Selbstoffenbarung unterscheiden. Eine vertrauenswürdige Person ist stets ehrlich, aber offenbart sich nicht notwendigerweise jedermann. Ihr Sinn für Grenzen lässt sie einige Informationen über sich selbst als privat zurückhalten. Manchmal wird so etwas sogar notwendig sein – etwa wenn man eine Schweigepflicht waren muss. Als kluge Erwachsene sind wir in unserem Tun bedingungslos ehrlich, aber offenbaren uns nur bedingt. Wir sind bedingungslos ehrlich in unserer Rede, entscheiden uns aber, bestimmte Dinge nur unter bestimmten Bedingungen zu offenbaren.

So muss zum Beispiel in der Praxis von liebender Güte unsere ehrliche Meinung über andere durch Mitgefühl abgemildert werden.

Wir teilen nur so viel von der Wahrheit mit, wie wir glauben, dass der andere bewältigen kann, und wir tun das so freundlich wie möglich. Hier haben wir es mit widersprüchlichen Imperativen zu tun. Eine Regel ist, dass wir ehrlich sein sollen, die andere verlangt von uns, freundlich zu sein. Dies ist kein Kampf zwischen Gut und Böse sondern zwischen Gut und Gut. Wenn wir liebende Güte praktizieren, wissen wir immer den richtigen Pfad zu wählen.

Manche Menschen erzählen ihren Partnern Lügen über ihre Vergangenheit, über das, was sie getan haben und mit wem sie zusammen waren, wie zum Beispiel in dem Film *Trügerische Leidenschaft*. Manche Partner sagen die Unwahrheit über ihre gegenwärtigen Gefühle. Sie sagen uns vielleicht nicht, was positiv an uns ist und wie viel wir für sie bedeuten. Und sie verbergen vielleicht, was negativ ist, etwa dass für sie das Prickeln aus der Beziehung verschwunden ist, dass sie sich für einen anderen Menschen interessieren und dass sie uns morgen verlassen werden. Manche Partner lügen in Hinsicht auf die Zukunft. Sie versprechen, uns die Sterne vom Himmel zu holen, aber haben nicht die Absicht, sie uns auch auszuhändigen. Sie schwören uns ewige Treue, doch behalten sich insgeheim das Recht vor, diesen Schwur zu brechen, wenn jemand daher kommt, der ihnen besser gefällt. Ihre Treue ist abhängig von ihren Optionen.

Dieses geheime Hinhalten zeigt, dass hier das „Ich" vor dem „Wir" kommt. Die Menschen, die uns hinhalten, ohne uns zu sagen, was in ihnen vorgeht, glauben vielleicht, dies sei ganz legitim. Sie mögen glauben, es sei zur Verteidigung ihrer Freiheit notwendig, es sei also etwas, worauf sie ein Anrecht hätten. Die Vertrauenswürdigkeit gegenüber ihrem Partner steht damit hinter ihren eigenen Bedürfnissen zurück und hat keinen großen Wert für sie. Eine wirklich vertrauenswürdige Person ist reif genug geworden, nicht so wankelmütig zu sein. Sie hält nicht mehr an der Möglichkeit fest, unmittelbare Befriedigung von jemandem zu bekommen, der ihren Weg kreuzt und der ein „günstigeres Angebot" zu sein scheint. Sie ist bereit, ihren eigenen Lustgewinn dem enormen Wert einer dauerhaften Verpflichtung unterzuordnen. Das nennt man wahre Treue.

Ob jemand ein Lügner ist, ist schwer zu erkennen – bis der Person ein Ausrutscher passiert und sie uns einen Hinweis gibt. Es gibt jedoch Menschen, denen wir ohne Weiteres vertrauen – und das zu recht. Genauso gibt es Menschen, denen wir niemals so recht trauen, auch wenn wir keinen spezifischen Grund dafür haben – es ist einfach ein intuitives Gefühl. Ein solcher Zweifel ist in einer gesunden erwachsenen Beziehung nicht für lange Zeit annehmbar. Der Partner, der Zweifel hat, wird das Problem ansprechen wollen, bis sein Misstrauen ausgeräumt ist. Es ist wichtig, dass wir unsere Zweifel untersuchen und sie aussprechen. Im Allgemeinen zeigt sich an der Reaktion, besonders wenn sie heftig und defensiv ist, dass wir einen wunden Punkt getroffen haben. Im Übrigen ist das Vermögen, einem anderen eine Lüge ins Gesicht zu sagen und dabei ehrlich auszusehen, keine Begabung, sondern ein gravierendes und tragisches Defizit in Hinsicht auf alle menschlichen Beziehungen. Wenn sich jemand nicht schämt zu lügen (und dies ist eine gesunde Scham), dann ist das ein deutliches Zeichen dafür, dass er oder sie nicht vertrauenswürdig ist.

Ein Mensch lügt selten nur einmal. Leute, die uns anlügen, tun das gewöhnlich in verschiedenen Bereichen. Manche Menschen lügen automatisch, um zu verhindern, dass andere sehen, was wirklich abläuft. Süchtige lügen zum Beispiel häufig, um ihre Sucht zu verbergen. Wie wir gesehen haben, ist Ehrlichkeit immer der beste Indikator für Vertrauenswürdigkeit. Sehen wir, nach welchen Standards ein Mensch durchweg mit anderen Menschen umgeht, dann können wir darauf vertrauen, dass wir es mit jemandem zu tun haben, der die Wahrheit sagt. Lügt, betrügt und stiehlt die Person im Umgang mit anderen Menschen, dann ist es sehr wahrscheinlich, dass sie das auch bei uns tut. Gehören Integrität, Ehrlichkeit und liebende Güte zu ihren Prinzipien, dann können wir darauf vertrauen, dass sie sich auch uns gegenüber so verhält.

Wir Menschen wissen uns sehr gut vor anderen zu verbergen. Ein Junge geht seit dem Kindergarten bis zum 12. Schuljahr jeden Morgen mit seinem besten Freund zur Schule. Er wurde heute Morgen oder vergangenen Abend von seiner Mutter geschlagen und er erinnert sich sehr gut daran, doch er wird nichts davon sagen. Er spricht nicht einmal mit seinem eigenen Bruder, der ebenfalls geschlagen wurde, darüber. Er könnte die Geschichte seiner Schmerzen erzählen und um Trost bitten. Doch die meisten von uns Jungs wurden so konditioniert, dass wir einen männlichen Freund nicht um die Fünf Aspekte der Liebe bitten können. Wir befürchten, er könne denken, dass wir schwach sind oder dass wir ihn anmachen wollen. Wir lernen schon früh, mehr auf unsere Angst zu vertrauen als auf unser Recht, um Unterstützung zu bitten.

Wir mussten die Gewalt, die man uns angetan hat, auch deshalb verbergen, weil wir nicht als Opfer angesehen werden wollten – ein Image, das nicht zum Bild eines „Mannes" in unserer Gesellschaft passt. Stattdessen haben wir gute Miene zum bösen Spiel gemacht und haben den Schmerz und die Gewalt, die andere uns angetan haben, verborgen. Das ist auf traurige Weise paradox, weil wir nämlich genau deshalb Opfer bleiben.

Der Junge in diesem Beispiel belügt seinen Freund nicht wirklich, es ist nur so, dass er sich selbst nicht zeigt. Er schützt das Image seiner Mutter und die beschämende Tatsache, dass er zum Opfer wurde. In diesem Sinne belügt er sich selbst. Zudem hat ihn auch die Gesellschaft noch belogen, indem sie ihm erzählt hat, dass Männer keine Opfer, sondern nur Helden sein dürfen – sie dürften keine Bedürfnisse haben, nur Lösungen. Um das in unserem erwachsenen Leben ändern zu können, müssen wir jemandem, dem wir vertrauen, von unseren Wunden erzählen, müssen wir um Unterstützung bitten und unsere Kindheitserfahrung betrauern.

Lügen wir in einer erwachsenen Beziehung gewohnheitsmäßig, um unsere eigennützigen Zwecke zu verfolgen, dann müssen wir keine Trauerarbeit leisten, sondern müssen uns durch eine Verpflichtung zur Wahrhaftigkeit direkt verändern. Mit den Mitteln der Psychologie oder Psychotherapie allein gelingt uns das nicht. Hierzu brauchen wir vielleicht ein spirituelles Programm. Haben wir unser spirituelles Bewusstsein erst einmal entwickelt, dann verpflichten wir uns, so zu erscheinen, wie wir sind, statt immer nur gut auszusehen. Wir verpflichten uns, unsere berechtigten Gefühle zum Ausdruck zu bringen, sobald sie entstehen, und zu unseren Bedürfnissen zu stehen, auch wenn das dazu führt, dass wir verletzlich erscheinen. Wenn wir nach solchen Prinzipien leben, dann können wir auf unsere eigene Wahrhaftigkeit vertrauen, statt in der Voreinstellung des „Lügens zum Schutz" festzustecken. Die Lügen können erst dann der ehrlichen Selbstdarstellung Platz machen, wenn es nichts mehr gibt, das beschützt werden müsste. Wir erinnern uns an die Worte von Janis Joplin, die einmal sang: *„Freedom's just another word for nothing left to lose."* („Freiheit ist nur ein anderes Wort für ‚nichts mehr zu verlieren'.")

Wir belügen uns selbst manchmal auf ganz subtile Weise. Wir leugnen vielleicht, dass wir Hilfe brauchen oder was unsere wirklichen Bedürfnisse sind, in welchen Süchten wir feststecken und wie sehr wir die Menschen, die wir zu lieben behaupten, wirklich lieben und ob wir sie überhaupt lieben. Auch diese Lügen haben ihren Ursprung in Angst. Wir haben Angst vor der Herausforderung, die jeder dieser Lügen zugrunde liegt. Wir hören auf, uns selbst zu belügen, wenn wir uns selbst sowie jemandem, dem wir vertrauen, eingestehen, wer wir wirklich sind – mit all unseren Fehlern. Lügen gedeihen in einer Atmosphäre der Isolation. Deshalb fällt es leichter, aufrichtig zu sein, wenn wir vertrauenswürdige Unterstützung haben.

Belügen wir andere, so betrügen wir uns selbst. Das zu bekommen, was wir haben möchten, ist uns wichtiger geworden, als unsere Integrität zu wahren. Da wir wissen, dass wir Lügner sind, sinkt unsere Meinung von uns selbst. Das verursacht eine gefährliche Erosion unserer Selbstachtung. Wir betrügen uns selbst und verlieren den Respekt vor uns selbst.

Es ist, nebenbei bemerkt, höchst interessant, dass Lügen in den Ursprungsgeschichten der meisten Religionen eine Rolle spielen und sie hier zu nützlichen Lehren geworden sind. In der Überlieferung des Judentums belügt Jakob, um sich das Erbe seines Bruders anzueignen, seinen Vater, indem er sich als Esau ausgibt. Im Christentum lügt Petrus dreimal, indem er behauptet, Jesus nicht zu kennen. Der Vater Buddhas belog seinen Sohn in Hinsicht auf die Welt, indem er ihn vor dem Wissen bewahrte, dass es in der Welt solche Realitäten wie Krankheit, Alter und Tod gibt. Nach einer Interpretation der Geschichte von Krishna belügt dieser die Hirtenmädchen, indem er jeder von ihnen sagt, sie sei die Einzige für ihn, und so insgeheim nacheinander mit jeder von ihnen Geschlechtsverkehr hat. Jede dieser vier Lügen basiert auf Angst und dem Wunsch, sich zu schützen. Jakob fürchtet um sein Erbe und möchte seine eigenen Nachkommen schützen. Petrus hat Angst davor, verhaftet zu werden, und lügt, um sein Leben zu schützen. Der Vater Buddhas befürchtet, sein Sohn könne durch die Gegebenheiten des Lebens betrübt werden, und darum versucht er, ihn vor diesen zu schützen. Krishna lügt, weil er fürchtet, nicht mit all den Frauen schlafen zu können, und um sein Image der Treue zu jeder von ihnen zu schützen.

In jedem dieser Fälle ist die Lüge ein Kunstgriff, um uns eine Lehre zu erteilen und uns für eine transzendente Wahrheit zu öffnen. Jacobs Lüge zeigt, dass eine ethische Handlung zu einer mystischen Reise führen kann. Die Lüge von Petrus zeigt die Macht der Angst und die Kraft der Reue. Der Buddha entdeckt die Realität des Leidens, und das führt zu seiner Erleuchtung und dazu, dass er uns lehren kann, Freiheit zu finden. Krishna ist der Trickster, dessen Lüge uns zeigt, wie närrisch es ist zu glauben, ein besonderes Recht auf bestimmte Erfahrungen zu haben.

Nun besteht unsere Herausforderung darin, all dies von der Wahrheit, so wie sie ist, zu lernen. Gandhi ist unser Vorbild, denn er glaubte an die Macht der Wahrheit und war bereit, sein Leben dafür aufs Spiel zu setzen. Er konnte dies tun, weil sein Protest nicht mit Aggressivität aufgeladen war. Gandhi vermochte inbrünstig zu glauben und doch auf das Handeln konzentriert zu bleiben, auf seine spirituelle Praxis, die alle Geistesverfassungen beiseite räumte – jeden Wunsch, zurückzuschlagen, und jede Angst, umzukehren. Wir besitzen das gleiche reine Potenzial zum Vertrauen auf die Wahrheit.

137

Der Weg zu diesem Vertrauen besteht darin, die Wahrheit zu sagen, und dies ist auch ein Weg zum Selbstvertrauen.

Ein Doppelleben

Manche Menschen scheinen für eine dauerhafte monogame Beziehung geschaffen zu sein und bleiben gern bei ihrem Heim und Herd. Sie mögen es, einen großen Teil ihrer Zeit in der Gesellschaft ihres Partners und ihrer Familie zu verbringen, das gemeinsame Heim zu teilen und für den Haushalt zu sorgen. Andere haben zwar gern eine Beziehung, scheinen aber nicht dafür geschaffen zu sein, an einem Ort zu bleiben. Sie ziehen es vor, an verschiedenen Orten ein Eisen im Feuer zu haben. Sie haben vielleicht anderswo einen anderen Partner, sind von Wanderlust getrieben oder sind von anderen Dingen fasziniert, die sie für längere Zeit an andere Orte führen. Vielleicht suchen Sie nicht den einen besonderen Menschen, aber sie wünschen sich trotzdem eine Person, zu der sie immer wieder heimkehren können.

Jeder dieser beiden Lebensstile kann funktionieren, wenn das für beide Partner akzeptabel ist. Dies bedeutet, dass beide Personen bereit sein müssen, ehrlich über ihre Absichten zu sprechen, und dass keiner von beiden daneben noch ein geheimes Leben hat. Die eine Person mag sagen: „Ich möchte zur Ruhe kommen, dich heiraten, mit dir leben und dir treu sein." Die andere könnte sagen: „Ich möchte die Freiheit besitzen, zu kommen und zu gehen, nicht verheiratet zu sein und eine offene Beziehung zu haben, aber ich möchte dir verbunden bleiben und möchte, dass du mein Heimathafen bist." Wozu auch immer erwachsene Menschen sich mit offenem Visier entscheiden, kann funktionieren, solange sie ehrlich sind und bereit dazu, die zusätzliche Arbeit zu leisten, die es braucht, um eine solche Beziehung in Gang zu halten.

Die Probleme beginnen, wenn jemand behauptet, sesshaft werden zu wollen, wenn er oder sie aber insgeheim plant, auf Wanderschaft zu gehen, was eine weitere Form eines einseitigen Stiles ist. Dies ist Geheimhaltung als eine Form des Lügens, eine Verletzung des Vertrauens. Der zuhause gebliebene Partner hat vielleicht niemals Zweifel an der anderen Person und sein Vertrauen ist in diesem Fall ein Fehler. Oder er oder sie lebt in ständigem Zweifel und weiß nie genau, was der andere vorhat, und sucht ständig nach Hinweisen darauf. Vertrauen ist in beiden Fällen nicht angebracht und es kommt auch zu keiner intimen Beziehung.

Es gehört zu den zentralen Charakteristika einer vertrauenswürdigen Verpflichtung, Verabredungen einzuhalten. Ein Partner, der ein Doppelleben führt, vermag das nicht zu bieten. Mit dem „geheimen Leben" ist hier eine Parallelexistenz gemeint, in der jemand eine andere Beziehung pflegt, sich einer Sucht oder einer anderen Art des Verhaltens hingibt, um die nur er selbst weiß. Dies kann so aussehen, dass er oder sie eine Affäre oder einen oder mehrere Partner oder Familien in anderen Städten hat. Es könnte auch eine Sexsucht sein, wie etwa die Sucht nach Pornographie oder dem Besuch von Nachtklubs oder Prostituierten. Es könnte aber auch ein alternativer Lebensstil sein wie etwa eine sexuelle Orientierung, die nicht mit dem übereinstimmt, was jemand als seine Orientierung ausgibt. Die Sucht kann dem Glücksspiel, dem Alkohol oder anderen Drogen gelten.

In der Entscheidung für ein Doppelleben kommt es zu einer paradoxen Situation. Gewöhnlich will derjenige, der ein geheimes Leben führt, die Aufmerksamkeit seines Partners oder seiner Familie von sich selbst ablenken. Doch gerade durch diesen Lebensstil zieht er die Aufmerksamkeit an. Dies ist ein Beispiel für die Inszenierung der menschlichen Komödie: Wir tun etwas, das uns dem prüfenden Blick der anderen entziehen soll, und ziehen diesen Blick dadurch gerade umso mehr auf uns.

Menschen, die ein Doppelleben führen, sehen das gewöhnlich nicht als einen Vertrauensbruch mit dem anderen Partner an. Sie leben in dem Glauben oder mit der Rationalisierung, sie hätten bestimmte Bedürfnisse, die ihr Partner nicht ganz verstehen kann, weshalb man auch nicht von ihm erwarten kann, sie zu erfüllen. Sie bilden sich ein, sie könnten ihre eigene private Befriedigung dieser Bedürfnisse finden, ohne damit ihrer Hauptbeziehung zu schaden. Sie möchten vielleicht keine Unruhe in ihr stabiles häusliches Leben bringen, indem sie die Wahrheit ans Tageslicht kommen lassen. Vielleicht schämen sie sich auch oder haben Angst davor, dass ihre Bedürfnisse bekannt werden. Es könnte auch sein, dass sie glauben, sie würden „nur experimentieren", und dass dies ihr Verhalten rechtfertige.

Ein Doppelleben ist ein Stil der Heimlichkeit. Wir führen unseren Partner bewusst in die Irre. Es ist nicht unser Motiv, unseren inneren Kern zu schützen, wie das bei einem legitimen Geheimnis der Fall ist, sondern wir versuchen, etwas vorzutäuschen, das nicht unserem Verhalten entspricht. Deshalb ist ein geheimes Leben, das einen Partner täuschen soll, nicht integer. Wir geben vor, eine Bindung aufrechtzuerhalten, tun dies in Wahrheit aber nicht.

Manche Menschen finden es toll, wenn sie mit ihrer Täuschung Erfolg haben, weil es zeigt, dass sie andere an der Nase herumführen können. Bezieht man jedoch ein Gefühl der Macht und Befriedigung daraus, dass einem andere nicht auf die Schliche kommen und man ihnen ein X für ein U vormachen kann, so ist das ein Zeichen der Unreife. Ein reifer Erwachsener wird sich nicht daran freuen oder Macht darin suchen, andere zu täuschen oder zu betrügen, sondern er wird sich offen zeigen und seine Identität bestätigen, statt sie zu maskieren.

Der Partner, der betrogen wird, mag tatsächlich im Dunkeln tappen. Er mag allerdings auch spüren, dass da etwas im Gange ist, und kann sich dafür entscheiden, nicht näher nachzufragen. Er hat vielleicht Angst davor, mehr zu erfahren, oder er hat vielleicht einfach kein Interesse daran, solange die Beziehung zum Partner wenigstens einigermaßen befriedigend ist oder es darin zumindest keinen Missbrauch gibt.

Einige Partner führen ein Doppelleben, das sie jedoch nicht geheim halten. Sie erzählen ihrem Partner offen von ihrer Entscheidung, sich noch außerehelichen Aktivitäten zu widmen. Der andere Partner kann dann entscheiden, wie er oder sie darauf reagieren will. Eine

Person mag so etwas als Bruch der Abmachungen verstehen, eine andere findet sich vielleicht mit einer solchen Situation ab, ohne um die näheren Details wissen zu wollen. Der andere Partner könnte beginnen, auf ähnliche Weise zu handeln und ebenfalls ein Doppelleben zu führen. Es besteht auch die Möglichkeit, dass ein Gespräch in aller Offenheit über die Absicht, ein Doppelleben zu führen, so befriedigend und erhellend ist, dass danach gar nicht mehr der Wunsch besteht, diese Absicht auszuagieren. Es ist die Sache jedes einzelnen Paares, seinen Lebensstil zu planen, aber bei allen Schritten auf dem Weg ist Ehrlichkeit notwendig, wenn irgendein Vertrauen möglich sein soll.

Ein verborgenes Leben in aller Heimlichkeit enthält gewiss seine eigene Form von Erregung, einen Adrenalinschub, der ein wesentlicher Zug der Lust ist, die man daran empfindet. So schrieb etwa der griechische Dichter Pindar: „Das Heimlichtun machte das Handeln lustvoller." Die Heimlichkeiten eines Doppellebens führen zu einem Kitzel, der sich in einer gewöhnlichen Beziehung nicht findet. Engagierte Erwachsene werden sich von dieser Verlockung nicht einfangen lassen, auch wenn sie nicht leugnen, dass der Sirengesang anziehend ist.

Übung

Obsessionen loslassen

Vielleicht fühlen wir selbst uns am heimischen Herd sehr wohl, sind jedoch in jemanden verliebt, der lieber den Peter Pan spielt. Die Idee, den anderen dazu zu bringen, zuhause zu bleiben, kann dann zu einer Obsession werden, sodass wir uns ständig fragen, wo der andere gerade ist, und unglücklich darüber sind, dass er nicht so zu uns steht, wie wir es uns wünschen. Derselbe Stil kann auch bezeichnend sein für eine Beziehung, in der eine Person sich mehr wünscht, als die anderen zu geben bereit ist.

Wenn wir besessen sind von unserem Peter Pan, dann geben wir ihm Macht über uns: Unser Glück liegt in seiner Hand. Eine Münze hat zwei Seiten, und bei dem menschlichen Kleingeld ist das nicht anders. Eine Seite der Medaille ist, dass Peter Pan uns wichtig ist; die andere Seite ist die Macht, die wir ihm in die Hand geben. Die eine Seite entzieht sich unserer Kontrolle, die andere nicht. Wir können wenig dazu tun, unsere Gefühle für jemanden auszulöschen oder auch nur abzuschwächen. Aber wir können aufhören, dem anderen Macht über uns zu gewähren.

Wenn Sie von einem Partner oder einem potenziellen Partner besessen sind, dann sollten Sie versuchen, diese Person in Ihrer Psyche zu entmachten – und *handeln* Sie wirklich so, statt nur so zu tun. Handeln Sie so, *als ob* der oder die andere nicht mehr das Ein-und-Alles Ihres Lebens ist, und gehen Sie dabei nach dem Modell der folgenden Übung vor:

Angst: Fragen Sie sich, wovor Sie Angst haben, und machen Sie sich dann klar, dass Sie dort, wo die Angst ist, stattdessen auch mit liebender Güte handeln können, ganz gleich, was die andere Person tut. Verpflichten Sie sich erneut zu einer regelmäßigen Praxis der liebenden Güte. (Bei dieser Übung erwähnen Sie Ihren Partner nicht mit Namen, sondern schließen ihn in eine allgemeinere Formulierung ein, zum Beispiel: „Mögen meine Freunde glücklich sein.")

Anhaften: Sagen Sie zu sich selbst: „In jeder Hinsicht, in der ich auf ungesunde Weise an dieser Person hänge, lasse ich los. Ich gebe alle meine Strategien auf, ihn zu dem zu machen, was ich mir wünsche."

Kontrolle: „Wo immer ich versuche, sein Verhalten dahingehend zu kontrollieren, dass er mich stärker begehrt, lasse ich ihn der Mensch sein, der er ist, und verlange nicht mehr von ihm. Ich kümmere mich jetzt stärker darum, wie ich ein guter Freund für mich selbst und für andere sein kann. Ich verwende eine gesunde Kontrolle, um meine Grenzen zu wahren."

Ansprüche: Sie haben ein Recht auf Glück, aber Sie haben keinen Anspruch darauf, es von irgendjemandem *zu verlangen.* Fragen Sie sich selbst immer wieder: „Wie kann ich diese Beziehung aufrechterhalten, ohne zu erwarten, dass sie mir etwas bringt?"

Wenn wir betrügen

Unsere Fähigkeit, jemandem treu zu sein, beginnt sich in der Adoleszenz zu zeigen, wenn wir loyal zu Freunden oder einem Partner stehen. Manchen von uns mangelt es an dieser Fähigkeit. Ihre Treue ist abhängig von den Gelegenheiten, die sich bieten. So kann es zum Beispiel sein, dass eine Person in einer Beziehung vor allem deshalb treu bleibt, weil sich ihr bisher keine attraktivere Alternative geboten hat.

Wenn wir uns in einer Beziehung befinden und eine neue Person unsere Knie weich werden lässt, dann kann es sein, dass wir aufgrund dieser Person so erregt sind. Es mag aber auch sein, dass die Erregung aus uns selbst kommt, dass sie nur eine mentale Projektion darstellt, in der wir uns vorstellen, wie wundervoll es sein würde und wie perfekt unser Leben sein könnte, wenn diese Person in unser Leben träte. Eine solche Projektion stinkt nach der Leugnung jener Gegebenheit des Lebens, dass nichts für lange Zeit so bleibt, wie es ist. Der Begriff Projektion bezieht sich hier auf unser Wunschdenken darüber, was etwas bedeutet, wie jemand wirklich ist, was jemand uns zu geben hat und wie lange er oder sie es zu geben vermag.

Diese Art von Projektion ist aus zwei Gründen sehr machtvoll. Physisch gesehen wird sie von Adrenalin genährt, dem Lebenselixier der Sucht. Psychologisch gesehen lebt sie von einem instinktiven Bedürfnis. Es kann zum Beispiel sein, dass wir so akzeptiert werden möchten, wie wir sind, und dass unsere Ehefrau uns unablässig kritisiert. Dann treffen wir jemanden, der uns bedingungslos akzeptiert und der uns mit all unseren Schwächen liebt. Wir projizieren den Archetyp der vollkommenen Geliebten auf diese Person, halten sie für den einen Menschen, der für uns bestimmt ist und der unser Seelengefährte ist. Da unsere Bedürfnisse tatsächlich von dieser Person erfüllt werden, hat einiges von dieser Projektion eine Grundlage in der Realität. Ein anderer Teil der Projektion beruht jedoch auf dem Wunsch, dass unser Bedürfnis nach Akzeptanz hier endlich vollkommen befriedigt wird, nach einer so langen Zeit des frustrierten Wartens.

Wenn Adrenalin und Projektion zusammenkommen, sind wir leichte Beute für das Drama der Untreue. Die Mächte der Erregung und der Begierde werden so überwältigend, dass ein Ehepartner, ganz gleich, wie makellos er oder sie ist, es nicht mit dieser neuen Ausrichtung in unserem Leben aufnehmen kann. Ein uns vertrauter Partner mag alles richtig machen, doch er kann dieses besondere Kribbeln nicht auslösen, dass die erregende neue Beziehung bietet. Das liegt an Folgendem: Die Personen, die eine Affäre hat ...

- fühlt sich begehrt, wertgeschätzt und begehrenswert und ist aus diesen Gründen außerordentlich befriedigt, ganz gleich, wie gewöhnlich die ganze Erfahrung objektiv gesehen sein mag.
- kann ihre eigenen Entscheidungen treffen und ihr freizügiges Ich ausleben, statt die Verpflichtungen eines Elternteils, eines Geschäftspartners im Haushalt oder eines Hausverwalters übernehmen zu müssen.
- muss nichts beweisen, entspricht stets den Erwartungen, muss kein bestimmtes Aussehen haben oder sich auf bestimmte Weise verhalten, wird nicht nach Alter oder Körpergestalt beurteilt.
- ist zuhause entspannter, weil sie geduldiger mit ihrem Partner umzugehen vermag. Während sie ein Doppelspiel spielt und den anderen täuscht, „ist es jetzt leichter, äußerlich nett zu sein, während ich innerlich immer noch ärgerlich auf dich bin oder dir gleichgültig gegenüberstehe".
- hat bemerkt, dass die Zeit während einer Begegnung mit dem/ der Geliebten stillsteht, sodass ein Hauch von Transzendenz in der Luft liegt.

144

· ist von der besonderen Intensität fasziniert, die von der Heimlichkeit der sexuellen Lust genährt wird.

· hat die Erlaubnis, hemmungslos zu sein und neue Formen der Lust auszuprobieren, einschließlich Partydrogen, die der Partner zuhause vielleicht nicht akzeptabel findet.

· erfährt bei der wiederholten Planung von Verabredungen durch die Angst vor einer möglichen Entdeckung einen Adrenalinschub.

· fühlt die Erregung der engen Bindung an jemanden, der lange vernachlässigte Bedürfnisse erfüllt.

Was diesen letzten Punkt angeht, können wir feststellen, dass die eigentliche Motivation für die meisten abhängig machenden Bindungen eine *Verschmelzungserfahrung* ist. Unsere Suche nach Verschmelzung geht zurück auf die symbiotische Phase in unserer Kindheit, in der die Einheit mit unserer Mutter totale Sicherheit und Geborgenheit für uns bedeutete. Es kann sein, dass wir uns unser ganzes Leben lang nach einem Eintauchen in den Ozean der mystischen Einheit sehnen. Dies ist unser innerer Drang hin zur Transzendenz. Unsere Angst, den Kontakt zu dieser Macht zu verlieren, wo wir sie einmal gefunden haben, kann uns besitzergreifend machen. Das wird in der romantischen Liebe sehr deutlich, in der wir uns so sehr wünschen, unseren Partner zu besitzen. Auch in jeder Sucht zeigt sich Wunsch nach Transzendenz in Kombination mit einer besitzergreifenden Einstellung.

Ist es nicht paradox, dass wir die dauernde Transzendenz in Süchten suchen, die eine solche Transzendenz nur vorübergehend zu bieten vermögen? Wir suchen das Tiefgründige in seichten Gewässern. Aus diesem Grund ist die Genesung von jeder Sucht letztlich ein spirituelles Programm, das eine Bindung an eine „höhere Macht" verlangt – die gesunde Alternative zu der Verschmelzung, die wir durch den Gebrauch von Alkohol oder anderen Drogen erfahren. Jetzt haben wir das gefunden, was wirklich tief ist und nicht seicht, was beständig ist und nicht vorübergehend, was uns reif und nicht kindisch macht.

Was die oben erwähnte „Angst vor Entdeckung" angeht, hat sich gezeigt, dass das Spannende an Affären die Ungewissheit ist: „Wo und wann können wir uns das nächste Mal unentdeckt treffen?" – „Wird man uns auf die Schliche kommen?" – „Werden wir jemals dauerhaft zusammen sein?" Eine gesunde Person sucht in Büchern und Filmen nach Spannung, nicht in ihren Beziehungen. In einer erwachsenen Intimität finden wir die Fünf Aspekte der Liebe in einer Atmosphäre der Sicherheit und Geborgenheit, die wir uns gegenseitig bieten und die auf stille Weise verlässlich ist.

Unsere Herausforderung als Erwachsene besteht darin, stets unserem Glück nachzugehen und ebenso unseren Wünschen, Gefühlen und unserem Verhalten zu folgen und diese zu erkunden. Bei all dem müssen wir jedoch den Vertrag, den wir mit unserem Partner geschlossen haben, anerkennen und respektieren. So gewinnen wir auch eine Menge an Informationen. Wenn wir unsere Untreue und deren Bedeutung erkunden, dann verstehen wir unsere neuen Liebeswünsche als eine drastische Illustrierung dessen, was uns in unserer Beziehung fehlt. Wir können uns dafür entscheiden, mit Integrität zu handeln und mit unserem Partner direkt zu erörtern, was uns fehlt. Dann entscheiden wir gemeinsam oder allein, ob unsere Primärbeziehung noch eine Zukunft hat, und unternehmen dann die entsprechenden Schritte. Wenn wir uns entschließen, etwas im Rahmen unserer primären Beziehung durchzuarbeiten, beenden wir die Affäre. Erst wenn unsere ursprüngliche Beziehung beendet ist, geben wir uns der anderen Person hin. Dies gilt natürlich nicht für „offene Beziehungen", in denen sich die Partner von vornherein darauf geeinigt haben, einen nichtmonogamen Lebensstil zu pflegen.

Wenn wir den Übergang von dem Verlangen nach dem theatralischen Adrenalinschub hin zu dem Bedürfnis nach Ehrlichkeit geschafft und uns entschieden haben, die ursprüngliche Beziehung wiederherzustellen oder uns in Freundschaft zu trennen, sind wir sicherlich klüger geworden. Unser Körper wird bestätigen, dass dies eine gesunde Entscheidung ist, weil sich ein solcher Übergang durch und durch gut anfühlt – so wie sich der Übergang von einem Frühstück mit schwarzem Kaffee, einem Doughnut und einer Zigarette zu einem Frühstück mit gesundem Müsli gut anfühlt. Eine solche Entscheidung bringt uns kein besonders prickelndes Gefühl der Befriedigung, aber es ist sowieso nicht mehr das, was wir suchen. Jetzt suchen wir die stillvergnügte Energie, keine stressgeladene Energie. Wenn dies der Fall ist, wissen wir, dass der Don-Juan-Archetyp endlich dem Archetyp des engagierten Partners Platz gemacht hat. Wenn jetzt eine andere Frau am Horizont erscheint, die besser aussieht als unsere Partnerin oder die uns mehr zu bieten scheint, als wir zuhause bekommen, dann nehmen wir das als bloße Information und nicht als eine Motivation für das Fremdgehen.

Selbstbetrug und Rationalisierung können es einem nicht vertrauenswürdigen Individuum möglich machen, sein untreues Verhalten fortzusetzen. So jemand mag zwar Reue zeigen, aber erst nachdem sein nichtvertrauenswürdiges Handeln aufgedeckt wurde. Die Person beteuert dann vielleicht, den Menschen, den sie verletzt hat, sehr zu schätzen, aber dies könnte nur von der Angst motiviert sein, Heim, Familie und Lebensstil zu verlieren. Zerknirschung ist ein Bedauern der eigenen Missetaten. Reue ist ein Bedauern, das mit dem ehrlichen Wunsch einhergeht, die Sache wiedergutzumachen und das eigene Leben zu ändern. Ein Mensch, der nicht vertrauenswürdig ist, fühlt vielleicht Zerknirschung, aber keine Reue.

Ein unehrlicher Partner hat sich vielleicht niemals verpflichtet gefühlt, vertrauenswürdig zu sein. Dies ist eine soziopathische Haltung, für die ein Mangel an Vertrauenswürdigkeit oder sogar kriminelles Verhalten zulässig ist und nicht als unmoralisch oder unfair betrachtet wird. Der Übeltäter hat das Gefühl, über den Regeln des Fairplay zu stehen, würde es aber niemals zulassen, selbst genauso behandelt zu werden.

Ein Soziopath ist eine Person, die keinerlei Schuld empfindet und keinerlei Sinn für Loyalität besitzt. Sie unterscheidet sich vom Psychopathen, der darüber hinaus noch gewalttätig und für die Gesellschaft gefährlich ist. Allerdings kann es jedem von uns passieren, dass wir mit Stress umgehen, indem wir unsere Gefühle betäuben und dadurch die Einfühlung in den Schmerz anderer verlieren. Wir alle haben das Potenzial, uns auf soziopathische Weise zu verhalten. Das herrschaftliche Ego kann uns glauben machen, wir bräuchten nicht dieselben Regeln zu befolgen wie andere. Wir glauben, dass unser Mangel an Vertrauenswürdigkeit nicht gegen uns spricht, weil wir meinen, intelligenter oder weiter entwickelt zu sein als andere. Wir glauben, in Beziehungen oder im Leben im Allgemeinen das Recht auf besondere Privilegien zu haben. Wir halten unsere Bedürfnisse für überaus komplex und einzigartig, sodass nur wir selbst entscheiden können, wie sie zu befriedigen sind. In dieser Geisteshaltung täuschen wir andere über unsere Bedürfnisse und Pläne, um zu verhindern, dass sie sich einmischen oder sie stören.

Wenn wir betrogen werden

Der Zusammenbruch des Vertrauens in einer Beziehung ist ein sehr viel schmerzlicherer Moment als das Auseinanderbrechen der Beziehung. Wenn man betrogen wird, so schlägt das eine tiefe Wunde, die nur sehr langsam heilt. Wir fühlen uns allein – das bedeutet, wir haben das Gefühl, niemanden zu haben, dem wir vertrauen können. Dies macht unseren Schmerz so durchdringend. Unser Partner kann uns dann zwar helfen, aber er kann uns nicht darüber hinwegbringen, ganz gleich wie reuig er sein mag. Nur mit der Zeit und mit Arbeit an uns selbst kommen wir darüber hinweg. Die Arbeit besteht darin, den Verlust einer unkomplizierten Verbindung mit unserem Partner sowie den Verlust unserer eigenen Unschuld zu betrauern.

Als derjenige, der betrogen wurde, stehen wir nun vor einer radikal erwachsenen Entscheidung. Wir können uns auf ausgetretene Pfade begeben, indem wir unseren ach so bedauernswürdigen Zustand beklagen, in Selbstmitleid und Verzweiflung versinken oder die Wunden unseres Egos lecken, indem wir Schuldzuweisungen und Hass pflegen und Rachepläne schmieden. (In all diesen Fällen wird unsere körperliche und geistige Gesundheit sehr wahrscheinlich in Mitleidenschaft gezogen.) Es steht uns allerdings auch frei, einen Pfad des Mutes und des Mitgefühls zu wählen: Wir können unseren Kummer fühlen und können zulassen, dass unsere Gefühle der Trauer, des Zorns und der Angst uns dazu bringen, unsere Vergangenheit zu erforschen, um herauszufinden, ob wir zuvor schon auf ähnliche Weise betrogen wurden. Wenn wir ohne ein Bedürfnis nach Schuldzuweisung und Vergeltung bei unseren Gefühlen bleiben, dann heilen wir uns selbst und handeln mit Integrität. Dann mag sich ein Pfad vor uns öffnen, auf dem wir einige der unbewältigten Probleme aus früheren Beziehungen zu Ende bringen können, um danach – mit oder ohne unsere Partner – mit unserem Leben weiterzumachen.

In diesem Prozess der Heilung stellen wir freudig fest, dass wir uns mit weniger Illusionen sehr viel leichter fühlen. Diese Freude ist sehr viel mehr wert als die Aufrechterhaltung des bloßen Anscheins von Sicherheit und Geborgenheit. Schließlich bestand der Zweck unseres Lebens schon immer darin, uns aus der engen Sicherheit des Egos heraus zu einer erleuchteten Offenheit weiterzuentwickeln. Und diese Erfahrung hilft uns, dorthin zu gelangen – bei allem Heulen und Zähneklappern, das durchaus verständlich ist.

Die Erfahrung des Verlassenwerdens ist auch deshalb so schwer zu ertragen, weil sie nicht nur einen Verlust oder Verrat darstellt. Wenn uns jemand verlässt, dann bemerken wir, dass sich drei Archetypen in unserem Leben einnisten: das Waisenkind, der befreite Sklave und der Held. Wir fühlen uns im Stich gelassen, was den Archetyp des Waisenkindes ins Spiel bringt. Wir werden vom Zusammensein mit jemandem befreit, der uns nicht wirklich schätzt, was uns mit dem Archetypus des befreiten Sklaven verbindet. Und schließlich ist der Schmerz, den wir empfinden, eine Initiation – er macht uns stark genug, uns jedem Drachen zu stellen, der unseren Weg kreuzen mag. Dann befinden wir uns im Archetypus des Helden.

Eine solche Erfahrung ist verwirrend, weil diese drei archetypischen Energien gleichzeitig auftreten. Doch wenn wir uns ihrer

149

bewusst werden und mit jeder von ihnen arbeiten, um ihre Vorteile und Segnungen zu genießen, dann sind sie enorm hilfreich für unser Wachstum. Das Waisenkind bietet uns die Gelegenheit, auf eigenen Füßen zu stehen und so zu überleben. Der befreite Sklave schafft Raum in uns, sodass wir mit unserem eigenen Leben weitermachen und neue Entscheidungen treffen können, die unseren Bedürfnissen und Wünschen eher entsprechen. Der Archetyp des Helden steht für unsere innere Kraft, mit der wir das, was geschehen, ist, dazu nutzen können, uns jeder Herausforderung zu stellen. Wenn wir uns mit diesen drei Energien tief in uns selbst anfreunden, vergrößert das zudem unsere Lebenskraft. Es ist genau dies, was wir brauchen, um mit unserem Leben weiterzumachen.

In jedem Ende, das uns aufgezwungen wird, liegt auch eine spirituelle Gelegenheit. Jeder Verrat in einer Beziehung stellt unseren Glauben an Dauerhaftigkeit und unsere Ansprüche auf Treue infrage. Von einem Partner verlassen zu werden, der eine neue Liebe gefunden hat, ist sicherlich eine überaus schmerzliche Weise, diese Wahrheiten zu erkennen. Aber vom Standpunkt des spirituellen Erwachens gesehen, ist eine solche Untreue uns gegenüber ein Weckruf, der uns hilft, unser Ego niederzureißen. Wenn wir realisieren, dass Versprechungen, die uns gemacht wurden, nicht unbedingt eingehalten werden – einfach deshalb, weil wir Menschen sind, wie wir sind –, dann finden wir einen Pfad zur Demut. Wird uns einmal deutlich, dass unser vermeintlich sicheres Heim bloß ein Kartenhaus war, so schenkt uns das eine Gelegenheit, uns um der Wahrheit willen von Illusionen zu befreien. Wenn wir an Fantasievorstellungen hängen und uns jemand auf den Boden der Tatsachen zurückholt, so mag sich das anfühlen, als sei uns etwas weggenommen worden. Dies trägt dann zu unserer Traurigkeit und unserem Zorn bei, was uns hilft, noch effektiver zu trauern.

Wenn wir realisieren, dass unsere eigenen Wünsche für den Menschen, der uns verlassen hat, nicht zählen, so erhalten wir das Geschenk der Freiheit von unseren kindischen Nischen der Zuflucht vor den Gegebenheiten des erwachsenen Lebens. Dieser

Vernichtungsschlag gegen unser Gefühl, etwas Besonderes zu sein, dieses Gefühl, nicht wertgeschätzt zu werden, dieser Schlag ins Gesicht – das alles ist kein Spaß und nicht das, was wir uns wünschen würden. Aber so etwas gibt uns *zweifellos* Gelegenheit einzuüben, wie man die Ansprüche und Illusionen des Egos loslässt. Verrat tut weh, aber er muss uns nicht schaden, so wie uns auch der gute Chirurg mit seinem Skalpell nicht schaden muss. Stellen Sie sich vor, Sie würden dem Niederreißen Ihres Egos solche Priorität einräumen, dass Sie die Gelegenheit dazu geradezu willkommen heißen!

Wenn Sie sich einem Verrat ausgesetzt sehen, denken Sie an die folgenden Zeilen des persischen Dichters Rumi, die uns dazu auffordern, das Ego loszulassen, statt immer neue Strategien zu entwerfen:

> Tüftle nicht weiterhin an Strategien für neue Züge auf
> dem Schachbrett.
> Höre viel mehr auf den Moment,
> da dir „schachmatt" geboten wird.

Warum wir uns mit dem Schmerz abfinden

Ist es zu einem Zusammenbruch des Vertrauens gekommen, dann mögen wir uns fragen, warum die betrogenen oder misshandelten Partner ihre Verletzung und ihr Unglück oft so lange hinnehmen, statt Schritte zu unternehmen, um die Situation zu ändern. Es ist wirklich ein Rätsel, warum wir Menschen manchmal auf so selbstzerstörerische Weise handeln und in einer solchen Situation verweilen:

Wir unterminieren vielleicht unsere Chancen, Erfüllung oder Befriedigung zu finden.

Wir lassen uns möglicherweise leicht in Situationen verwickeln, in denen wir leiden werden – wie etwa in einer Beziehung, in der wir wissen, dass unser Partner fremdgeht.

Es kann sein, dass wir ein Leben lang in einer solchen Beziehung verweilen. Wenn andere uns ihre Hilfe anbieten, mögen wir sie ablehnen.

Wir bleiben vielleicht in einer Beziehung, in der wir missbraucht oder misshandelt werden, selbst wenn uns Optionen offen stehen, die mehr Sicherheit und Geborgenheit bieten. Wir begegnen vielleicht gesunden Kandidaten für eine Beziehung, finden Sie jedoch langweilig oder uninteressant.

Sich mit Schmerz abzufinden bedeutet, dass wir unsere eigene Stärke aufgeben und an Selbstvertrauen verlieren. Hier sind einige mögliche Gründe dafür, dass Menschen in verletzenden Beziehungen verweilen, statt zu saftigeren Weidegründen aufzubrechen – oder zumindest zu sichereren Weidegründen. Diese Gründe können für jedes Steckenbleiben im Leben zutreffen sowie für jede Unfähigkeit, weiterzugehen. Beachten Sie, dass dies zumeist ein Ausdruck von Verzweiflung ist.

- Weitergehen verlangt ein Loslassen. Dies bedeutet, das Versagen oder die Misshandlung zu betrauern, wogegen wir uns oft sperren.

- Die meisten schmerzlichen Situationen stellen sich ganz allmählich ein und deshalb gewöhnen wir uns daran. Unser Leiden wird zu einer Verstrickung in ein Drama, anstatt ein Hinweis auf einen möglichen Ausweg zu sein. Wir ähneln vielleicht dem Frosch in einem Topf mit Wasser, das nur ganz allmählich erhitzt wird. Der Frosch wird nicht so schnell aus dem Topf herausspringen, wie wenn man ihn abrupt ins heiße Wasser werfen würde.

- Die schmerzlichen Umstände mögen uns in zweierlei Hinsicht *vertraut* vorkommen: Sie ähneln dem familiären Hintergrund, der uns aus unserer Jugend vertraut ist, und sie sind uns durch Gewöhnung vertraut geworden. Sie sind derart zur Routine geworden, dass wir nicht bemerken, wie unannehmbar sie sind. Es besteht eine natürliche Verbindung zwischen Vertrautheit und Sicherheit. Solange wir diese Verbindung nicht auflösen, sind wir ihr ausgeliefert. Die wahre Sicherheit würden wir finden, wenn wir weitergingen, und nicht, wenn wir stehenbleiben und auf einen Anstoß warten.

- „Von zwei Übeln wählt man besser das, was man schon kennt" mag das abergläubische Motto Ihres Lebens sein; es ist Ausdruck einer Angst vor dem Unbekannten.
- „Es wird sich sowieso nichts Besseres bieten." Dies ist eine Einstellung, die zeigt, dass wir nicht fähig sind, uns eine Alternative vorzustellen – was an sich eine weitere Form der Verzweiflung ist.
- Vielleicht ist hier Trägheit im Spiel: Ein in Ruhe befindlicher Körper neigt dazu, im Stillstand zu verharren, eine Voreinstellung, die zu Faulheit führen kann.
- Einige von uns wurden in dem Glauben erzogen, der Zweck des Lebens bestehe darin, Schmerz zu ertragen, statt glücklich zu sein. Sie mögen davon überzeugt sein, dass sie den Zweck ihres Lebens erfüllen, wenn sie sich mit der misslichen Lage einer fortgesetzten Misshandlung abgeben. Es kann sein, dass unsere Religion uns eine Belohnung im Jenseits verspricht, wenn wir hier und jetzt Schmerz ertragen. Wenn wir bereits daran zweifeln, heute das Glück zu verdienen, wird das hierdurch noch bestätigt.
- Irgendeine Art von Verbindung zu haben, mag uns wichtiger sein als unser Glück.
- Wenn wir zwischendurch zeitweilig Glück oder Bestätigung erfahren, ist es wahrscheinlicher, dass wir bleiben.
- Wir mögen uns selbst einreden, dass es „ja gar nicht so schlecht" oder „noch nicht so schlimm" ist.
- Auf akuten körperlichen Schmerz folgt die Heilung, sodass wir Schmerz vielleicht mit einem positiven Resultat assoziieren.
- Wir mögen glauben, dass dies die einzige Beziehung ist, die für uns möglich ist, weil wir so unzureichend sind oder weil die Beziehung unser Schicksal ist.
- Wir hoffen vielleicht, dass unser Leiden jemanden anzieht, der uns retten wird, und meinen, dass es deshalb am besten ist, unsere Opferrolle so dramatisch, so offensichtlich und so durchgängig wie möglich zu machen.

153

- Es kann sein, dass wir glauben, den Menschen, der uns solchen Schmerz zufügt, retten zu können. Der Übergang zum Archetyp des Retters hebt unsere Schmerzschwelle an. Wir sind dann davon besessen, einem Partner zu helfen, der sein dysfunktionales Verhalten fortsetzen möchte. Die Story unseres Partners wird zu unserer eigenen. Dies ist eine unangemessene Loyalität, die uns daran hindert, mit unserem eigenen Leben weiterzumachen.

- Wir geben uns dem Wunschdenken hin, dass die Dinge sich zum Besseren ändern werden. Eine solche falsche Hoffnung ist eine Form der Verzweiflung, da wir unserer eigenen Stärke und Einsicht nicht mehr trauen. Eine reale Hoffnung basiert auf tatsächlichen Beweisen des Fortschritts.

- Wir zögern vielleicht „aus Angst, ein König zu sein", wie Emily Dickinson es einmal formuliert hat – wir fürchten das Aufblühen unserer eigenen Stärke, zu dem es kommt, wenn wir einen mutigen Schritt aus dem Schmerz heraus machen.

- Es kann sein, dass uns jemand sagt, wir sollten stillhalten, und wir gehorchen diesem Befehl. Unser Gehorsam ist dann keine erwachsene Tugend (außer für den geregelten Ablauf der Maschinerie der Gesellschaft), sondern wird zu einem Hindernis für das Fortschreiten in unserem eigenen Leben.

- Wir warten vielleicht darauf, dass sich uns die Gelegenheit bietet, die andere Person zu verletzen. Unser hartnäckiger Wunsch, gebührend Rache zu nehmen oder uns selbst und anderen etwas zu beweisen, kann uns auf tragische und bemitleidenswerte Weise fesseln.

- Wir sind vielleicht von den materiellen Gütern, die sich aus einer Beziehung ergeben haben, dermaßen abhängig oder hängen so an diesen Gütern, dass wir in der Beziehung verweilen, um diese Güter nicht zu verlieren.

- Den unschönen Lebensstil hinter uns zu lassen würde bedeuten, dass wir zum nächsten Kapitel unseres Lebens übergehen. Wir mögen unbewusst befürchten, unserem Tod dadurch einen

Schritt näher zu kommen. Jetzt auf der Bühne des Leidens zu verweilen, kann deshalb ein Versuch sein, dem letzten Akt aus dem Weg zu gehen. *Sind wir etwa derart subtile Eskapisten?*

Unsere persönliche Geschichte zeigt, dass unsere Erwartungen manchmal hervorragend erfüllt wurden. Bei anderen Gelegenheiten wurden wir enttäuscht. Und doch versucht etwas in uns, immer wieder zu vertrauen. Wir legen unser zerbrechliches Vertrauen weiterhin in das Herz anderer Menschen, und vielleicht zeigt sich ja dieses Mal, dass dieses Herz aus Fleisch und Blut und nicht aus kaltem Stein gemacht ist. Diese Eigenschaft ist die Essenz des Optimismus, etwas, worauf wir stolz sein dürfen. Wird dies jedoch zu einem durchgängigen Stil, so kann es zu einer Ko-Abhängigkeit führen, die uns denjenigen gegenüber, die uns verletzen, unterwürfig macht. Dann „steckt unser Vertrauen fest in engem Schmerz", wie es Emily Dickinson formulierte. Wenn wir *bleiben*, obwohl wir immer wieder verletzt, betrogen und enttäuscht werden, dann sind wir ko-abhängig. Einige von uns leugnen die Beweise dafür, dass jemand nicht vertrauenswürdig ist, weil sie darauf hoffen, dass wahre Liebe und Verpflichtung sich später noch entwickeln werden, und weil sie bereit sind, darauf zu warten. Ein solches Warten ist das Gegenteil des Weitermachens mit dem Leben. Dann warten wir stets auf mehr, wo es immer nur dasselbe oder sogar weniger gibt.

Um aus der Ko-Abhängigkeit herauszufinden, müssen wir unsere Definition der Liebe, die in der Kindheit vielleicht auf ungesunde Weise geprägt wurde, aktualisieren – so wie wir vielleicht unsere Definitionen einer angemessenen Ernährung aktualisieren. Wenn es zu unseren Liebesbeweisen gehört, anderen stets gefällig zu sein, sich mit Misshandlung abzufinden und nicht die eigene Meinung zu sagen sowie keine authentischen Gefühle zu zeigen, dann ist dies eine Definition, die uns schadet. Die erwachsene Weise, seine Liebe zu zeigen, ist eine Haltung der liebenden Güte gegenüber anderen, wobei wir allerdings eine gesunde Liebe zu uns selbst an den Tag legen. Sie besteht darin, dass wir uns um uns selbst kümmern, unsere

Grenzen aufzeigen, uns der Misshandlung verweigern und ehrlich die eigenen Gefühle zum Ausdruck bringen.

Wenn die Art und Weise, heute anderen unsere Liebe zu zeigen, auf einer selbstschädigenden Definition beruht, dann begeben wir uns in vieler Hinsicht in Gefahr: Anderen stets gefällig zu sein, erschöpft unsere Kreativität. Andauernde Misshandlung zu dulden, ruiniert unsere Selbstachtung. Wenn wir unsere Meinung nicht sagen, mag das dazu führen, dass wir an uns selbst zweifeln. Unsere Gefühle zurückzuhalten, vermindert und erschöpft unsere Lebensenergie.

Wenn wir Jahre in einer leeren, festgefahrenen Ehe verweilen, in der es keine Intimität und keinen Sex gibt und in der wir nicht das Gefühl haben, tief geliebt zu werden, so ist es nicht nur der Zeitraum, der zählt. All diese Jahre sind Fuhren von Sand, die uns gnadenlos verschütten. Und vielleicht bemerken wir dabei gar nicht das volle Ausmaß des verderblichen Einflusses einer solchen Situation – dass nämlich unser Geist ausgezehrt wird. Es kann sein, dass uns niemals auffällt, auf wie abgefeimte und unwiderrufliche Weise unser Herz eingeengt und geschunden wird, wenn wir in einer solch freudlosen Beziehung verweilen – so wie es vielen niemals auffällt, auf welch heimtückische Weise die Umweltverschmutzung unseren Körper beeinträchtigt. Wir können der Luft, die wir atmen, nicht entfliehen, aber wir können aus unserem Haus fliehen, wenn wir es nur wagen, der Angst den Schlüssel zu entreißen.

Lassen wir dann schließlich eine Situation hinter uns, in der Leere und Misshandlung vorherrschen und in der es keine Vertrauenswürdigkeit gibt, dann mögen wir uns fragen, ob wir vielleicht rachsüchtig sind. Es hilft, zwei Motivationen dafür, dass wir jemanden verlassen, zu unterscheiden: Wenn man „seine Sachen packt und geht", um an jemandem Vergeltung zu üben, so ist das Rachsucht. Wenn wir jedoch etwas hinter uns lassen, das nicht funktionieren kann, um Selbstheilung zu finden, und wenn wir dabei keinerlei Absicht haben, den anderen zu verletzen, dann ist dies keine Vergeltung, sondern die Wahrung gesunder Grenzen und eine Entscheidung für das Glück, also eine Entscheidung, die uns allen zukommt.

Das Einzige, was wir fürchten müssen, ist die Furcht
selbst – namenlosen, unvernünftigen und ungerechtfertigten
Schrecken, der unsere notwendigen Anstrengungen, einen
Rückzug in einen Vorstoß zu verwandeln, lähmt.

– FRANKLIN DELANO ROOSEVELT,
Rede zur ersten Amtseinführung 1933

Übungen zum Wiederaufbau von gebrochenem Vertrauen

Wir wissen, dass unser Vertrauen zu unserem Partner auf unseren Erfahrungen mit seiner oder ihrer Vertrauenswürdigkeit basiert. Ist das Vertrauen einmal zusammengebrochen, so zählen die früheren Erfahrungen nicht mehr. Wenn unser Partner die Beziehung retten möchte und bereit ist, die Untreue aufzugeben und an der Erneuerung der Verpflichtung zu arbeiten, dann ist der Wiederaufbau des Vertrauens eine riskante Sache, weil wir uns nun nur noch auf ein Versprechen verlassen können und nicht mehr auf unsere Erfahrung. Und dies ist zudem noch ein Versprechen von jemandem, der uns gerade erst betrogen hat. Wir treten hier in eine Art Zwischenzustand ein, in dem uns nichts anderes übrig bleibt, als das Risiko des Vertrauens einzugehen, bis wir wieder auf gesammelte Erfahrungen des Vertrauens bauen können. Es liegt an uns zu entscheiden, ob uns die Rettung der Beziehung dieses Risiko wert ist. Wenn dies der Fall ist, können die folgenden Übungen helfen.

BEMERKEN, AUF WELCHE WEISE UNSERE VERGANGENHEIT GEGENWÄRTIG IST

Das Vertrauen wieder aufzubauen ist eine Übung, die nicht nur für eine Beziehung hilfreich ist, in der das Vertrauen gebrochen wurde. Die meisten von uns sind ihr ganzes Leben lang damit beschäftigt, Vertrauen wieder aufzubauen, weil sie früher misshandelt, vernachlässigt, verlassen oder enttäuscht worden sind. Wird in unserer gegenwärtigen Beziehung das Vertrauen gebrochen, so löst das die Erinnerung an ähnliche Probleme in unserer Kindheit oder in vergangenen Beziehungen aus. Wenn also das Vertrauen in der Gegenwart zusammenbricht, sind wir besonders reif für die Arbeit der Heilung der Vergangenheit. Ist unser Kummer erst einmal bewältigt, dann wissen wir, dass auch unsere alten Kümmernisse aufgelöst sind.

Eine hilfreiche Übung besteht darin, unser *erfahrendes Ich* von unserem *beobachtenden Ich* zu unterscheiden. Das erfahrende Ich ist der Teil von uns, der in unsere Gefühle und Gedanken versunken ist. Das beobachtende Ich ist jener Teil von uns, der unsere Erfahrung auf losgelöstere Weise beobachten kann – es ist unsere Weisheit und unser umfassenderes Bewusstsein. So sagt zum Beispiel das erfahrende Ich: „Ich fühle mich bedroht. Die Menschen, die ich liebe, verlassen mich stets." Das beobachtende Ich ist ein objektiverer Zeuge und sagt: „Dieser Verrat löst eine Erinnerung an die Vergangenheit aus. Da es hier mehr um die Vergangenheit geht als um die Gegenwart, bin ich aufgerufen, an meinen unerledigten Problemen zu arbeiten."

Bei dieser Übung geht es nicht darum, den Beobachter dem Erfahrenden vorzuziehen. Dies ist keine Frage des Entweder-Oder. Die Weisheit, die unsere Heilung und unser Wachstum trägt, besteht darin, *beide als real* zu erkennen und zu akzeptieren. Wollten wir unser erfahrendes Ich leugnen oder herabsetzen, so würde uns das beschämen und unser Selbstvertrauen verringern. Diese Übung funktioniert am besten, wenn wir uns mit beiden Ichs gleichzeitig identifizieren können: „Ich fühle dies *und* ich erkenne, dass es eine ausgelöste Reaktion auf meine Vergangenheit ist – *und* ich fühle dies immer noch." Aus dieser Haltung folgt eine kohärente Story und wir können unsere aus der Vergangenheit stammende und immer noch präsente Angst ansprechen, bearbeiten und auflösen. Auf diese Weise gewinnen wir eine Perspektive, die nicht von Angst motiviert ist.

Die Übung könnte etwa folgendermaßen ablaufen:

Ich fühle mich verletzt und ängstlich, da ich sehe, wie mein Leben aufgrund der Untreue meines Partners auseinanderfällt. Diese Kombination von Verletztheit und Angst ist mir vertraut – was allerdings die Wucht des neuen Ereignisses nicht verringert. Ich lasse die Erinnerungen an die Geschichte sowohl meiner Kindheit als auch meiner erwachsenen Beziehungen zu. Auf diese Weise *spreche ich gleichzeitig das an,* was jetzt geschieht, und das, was in der Vergangenheit geschehen ist. Ich gestatte mir, meine Verletzung als Traurigkeit zu fühlen. Ich lasse mich meine Angst ganz und gar erfahren, ohne zu versuchen, ihr zu entfliehen. Ich gestatte mir, meinen Zorn gegenüber all den Menschen in meinem Leben, die mich verraten haben, zu fühlen. Auf diese Weise *bearbeite ich,* was früher geschehen ist, und verbinde es mit dem, was heute geschieht. Wenn ich dies so lange wie nötig übe, bemerke ich, dass ich einige meiner unerledigten emotionalen Probleme *auflöse.* Ich konzentriere mich dabei auf meine Geschichte und meine Arbeit und nicht auf Vergeltung gegenüber meinem Partner. Jetzt wird mir klar, dass meine Angst ein Rückfall in eine Zeit meines Lebens ist, zu der ich machtlos war. Durch meine beständige Übung stelle ich meine Stärke wieder her. Folgendes sind meine Affirmationen: Ich lasse alle meine Gefühle zu und bin frei von Angst. Ich nutze dieses Ereignis als Gelegenheit zur Heilung meiner Vergangenheit und zur Vergrößerung meiner Stärke als Erwachsener.

Eine Warnung ist hier notwendig: Unser intellektuelles Wissen um unsere Vergangenheit ist immer eine Repräsentation dieser Vergangenheit und nicht unbedingt das, was tatsächlich geschehen ist. Wir nehmen an, unser Denken gäbe uns ein zutreffendes Bild der Realität, aber es könnte sein, dass es nur sich selbst widerspiegelt, so wie wir unser eigenes Bild im Spiegel sehen. Wir können dennoch mit unseren Erinnerungen arbeiten und versuchen, deren zutreffendste Version zu finden. Dazu kann es kommen, wenn unsere zellulären, körperlichen Gefühle und Empfindungen die in uns schlummernde Erinnerung an das hervorrufen, was uns in der Vergangenheit widerfahren ist: „Wenn jemand ärgerlich auf mich ist, verliere ich meine ganze Stärke." Wir verbinden dies mit der Erinnerung an unsere Geschichte: „Mein Vater hat mich immer wieder geschlagen, und ich konnte nicht zurückschlagen." Die frühe Erfahrung der Wut war mit Machtlosigkeit assoziiert. Wenn eine Reaktion sehr stark ist und wir dagegen schwach sind, wird uns klar, dass sie auf unserer Kindheit beruht.

Haben wir diese Verbindung erkannt, dann wird körperliche Erinnerung zu persönlicher Geschichte. Wir können damit arbeiten, indem wir diese Tatsache anerkennen und unsere Gefühle als Indikator unserer gegenwärtigen *Stärke weiterzugehen*, voll und ganz fühlen. Dann sind wir nicht mehr Opfer dessen, was uns vor langer Zeit wiederfahren ist. Opfer sind wir nur dann, wenn die Erinnerungen unbewusst bleiben. Wir sind Opfer, wenn die alten Verbindungen real erscheinen und zu Knöpfen werden, die dann, wenn sie gedrückt werden, eine dysfunktionale Reaktion auslösen. Diese Übung kann uns von einer solchen Konditionierung befreien.

Die Arbeit des Partners, der das Vertrauen gebrochen hat

Wenn Sie der untreue Partner sind, sieht dieser Teil der Übung folgendermaßen aus, ob Sie die Beziehung nun verlassen oder ob Sie sie beibehalten wollen:

Gestehen Sie Ihrem Partner ehrlich und im ganzen Umfang, was Sie getan haben.

Zeigen Sie, wie sehr der Schmerz, den Ihr Partner erfahren hat, Sie bekümmert. Zeigen Sie Ihr Mitgefühl für den Schmerz des

Partners und akzeptieren Sie seinen Zorn, ohne Ihre eigene Position zu verteidigen.

Leisten Sie die Wiedergutmachung, auf die Sie und Ihr Partner sich geeinigt haben.

Bleiben Sie bei Ihrem Partner, während Sie beide an der Neuordnung der Beziehung arbeiten oder Sie Ihre Beziehung beenden.

Wenn Sie die Beziehung aufrechterhalten wollen, können Sie auch Folgendes tun:

Verpflichten Sie sich, diese Untreue zu beenden und bleiben Sie in Zukunft monogam.

Konzentrieren Sie sich darauf, das Vertrauen in der Beziehung wieder aufzubauen, und bedienen Sie sich dafür, wenn nötig, einer Therapie. Arbeiten Sie mit der unten beschriebenen Übung mit dem Titel „Wenn beide Partner an der Beziehung arbeiten wollen".

Hat das Problem nicht nur mit diesem Fall von Untreue zu tun, sondern ist Teil einer Sexsucht, dann schließen Sie sich einer Selbsthilfegruppe mit einem Zwölf-Schritte-Programm an. Zu verlangen, dass ein Partner uns vertraut, wenn wir uns weigern, an uns selbst zu arbeiten, enthielte die Botschaft: „Schließe dich mir in meiner Verleugnung an."

Achten Sie schließlich auch sehr gut darauf, was Ihnen selbst fehlt. Zu Beginn dieses Kapitels haben wir erkundet, in welcher Hinsicht Untreue auf etwas hinweist, das „in unserer Beziehung fehlt". Dies bezieht sich gewöhnlich auf einen Mangel bei unserem Partner. Wir suchen dann nach jemandem oder begegnen jemandem, der uns das geben kann, was unser Partner vermissen lässt. Die Frage „Was fehlt?" bezieht sich jedoch auch auf etwas, das im Innenleben desjenigen Partners nicht in Ordnung ist, der die Affäre hat.

Wenn eine Affäre etwas Zwanghaftes und Süchtigmachendes hat, so ist das ein Hinweis darauf, dass wir ein inneres Bedürfnis zu befriedigen suchen, welches vielleicht ein Fass ohne Boden ist.

Dies ist ein Zeichen dafür, dass es hier um ein in unserer Kindheit unerfülltes Bedürfnis geht. Wenn wir untreu werden, dann geht es nicht nur um das, was in unserer Beziehung fehlt, sondern auch um etwas, dessen wir so dringend bedürfen.

Wurde ein Bedürfnis in unserem früheren Leben auf gesunde Weise erfüllt, dann besitzen wir im Allgemeinen die Fähigkeit, später mit einer mäßigen Menge dieser Bedürfnisbefriedigung zufrieden zu sein. Doch wurde ein Bedürfnis überhaupt nicht befriedigt, so hat das völlig andere Auswirkungen. Das Bedürfnis wird unersättlich. Wie wir oben gesehen haben, führt dies zu einem abhängig machenden Festhalten an der Besessenheit von jemandem, der uns genau die Art von Erfüllung zu bieten scheint, die wir stets gesucht haben. Die Erregung darüber und das Gefühl der Wertschätzung, die wir demjenigen entgegenbringen, der dies für uns leistet, gibt uns das Gefühl, dass wir verliebt sind. In einer authentischen Liebe folgt innere Ruhe auf die Vereinigung. Unersättlichkeit ist ein Signal, dass wir die unmittelbare Erfüllung als tatsächliche Liebe missverstehen.

Unsere Arbeit besteht darin, unsere Vergangenheit mit all ihren unbefriedigten Bedürfnissen zu betrauern und mit einem bedingungslosen Ja zu bestätigen, wie unangemessen unsere Kindheit war.*

Tun wir dies, ohne unsere Eltern zu beschuldigen oder zu hassen, dann beginnen wir uns von unserer Vergangenheit zu befreien. Unsere *Suche* nach jemandem, der uns all das zu geben vermag, was wir vermisst haben, wird zu einer *Offenheit* für die vielfältigen Weisen, auf die uns dieses zukommen kann – zum Beispiel durch Freunde, durch berufliche Leistungen, durch Selbstachtung und durch das Gefühl, von einer höheren Macht getragen zu werden.

---

* Diese Arbeit wird – zusammen mit hilfreichen Übungen – detailliert beschrieben in meinem Buch *Wenn die Vergangenheit allgegenwärtig ist: Wie emotionale Wunden heilen, die unsere Beziehungen vergiften*, Oberstdorf (Windpferd) 2011.

Unsere Bestätigung kommt dann von innen. Wir lernen, unser Bedürfnis zu verspüren, ohne außerhalb unserer Beziehung nach seiner Befriedigung zu suchen und ohne unseren primären Partner deshalb zu sehr unter Druck zu setzen. Das Ergebnis ist eine natürliche Abschwächung unseres Bedürfnisses, etwas, das wir durch Disziplinierung nicht erreichen können. Es geschieht einfach als Ergebnis unserer Arbeit an uns selbst. Ohne diese Arbeit sind wir leichte Beute für die nächste Person, die uns über den Weg läuft und die uns dieses ganz besondere Lächeln zu wirft.

DIE PERSÖNLICHE ARBEIT DES PARTNERS, DER BETROGEN WURDE

Haben wir einen Verlust des Vertrauens erfahren, so besteht unserer Arbeit darin, dies zu betrauern. Wir gestatten uns, die Traurigkeit darüber, dass unser Vertrauen verlorengegangen ist, zu fühlen – ebenso wie den Zorn über denjenigen, der uns unser Vertrauen genommen hat, sowie die Furcht, dass wir es niemals wieder finden werden. Wir bleiben bei diesen Gefühlen des Kummers, solange sie für uns aktuell sind. Dies führt automatisch zu einem Loslassen des Schmerzes und wir hören auf, uns selbst oder andere zu beschuldigen.

Es ist wichtig, dass wir besonders auf unseren Zorn achten, der als Unmut über eine Ungerechtigkeit definiert ist. Dies bedeutet, dass Zorn angemessen ist, wenn er auf den Bruch einer Vereinbarung zurückgeht. Im Gegensatz dazu ist eine Erwartung nur bei einer Person vorhanden. Wir fühlen uns auf der Egoebene verletzt, da wir nicht erhalten haben, worauf wir ein Anrecht zu haben glaubten. Dieser Zorn ist eine Frustration, die aggressiv und ungesund werden kann. Haben wir uns der persönlichen Integrität verpflichtet, dann erforschen wir uns selbst, um die Qualität unseres Zorns zu erkennen. Ist er angebracht, basiert er also auf dem Bruch einer zweiseitigen Vereinbarung, dann zeigen wir unserem Partner unseren Zorn ganz direkt, aber ohne Aggressivität. Ist unser Zorn aber die Entrüstung unseres enttäuschten Egos, so hinterfragen wir unsere Projektionen und Erwartungen. Dann schließen wir unsere gesamte Erfahrung – und unseren nicht zufriedenstellenden Partner – in unserer Praxis der liebenden Güte ein.

In jedem dieser Fälle finden wir schließlich Heilung für uns selbst, wenn wir die Untreue als bloße Tatsache ansehen können. Wir sagen ja zu dieser Realität, ohne weiter dagegen zu protestieren. Diese Einstellung eines bedingungslosen Ja führt uns in Richtung auf ein volles Annehmen dessen, was mit unserer Beziehung geschehen ist, und versetzt uns in die Lage, damit umzugehen. Wir sehen nicht über das hinweg, was geschehen ist. Wir lassen uns auch nicht in das Drama verwickeln, das sich zwischen unserem Partner und dessen Geliebter/Geliebtem abspielt. Je besser wir auf uns selbst konzentriert bleiben können sowie darauf, was in unserer Beziehung mit unserem Partner als Nächstes dran ist, desto größer ist die Chance für unsere Heilung.

All dies bezieht sich nur auf eine einzelne Affäre oder einen einzelnen Fall der Untreue. Kommt es immer wieder zu solcher Untreue und ist diese Teil einer allgemeinen und fortlaufenden Zurückweisung von Intimität, dann sind die Bedingungen für eine gesunde Beziehung nicht gegeben und wir müssen uns dieser Tatsache stellen, vielleicht am besten in einer Therapie. Ist die Untreue eine Form von Vergeltung, Hass oder Gemeinheit uns gegenüber, dann reicht eine Therapie nicht aus. Dieser Grad von Böswilligkeit verlangt eine spirituelle Bekehrung zu liebender Güte, wenn sich jemals wahre Reue und wirkliche Wiedergutmachung einstellen sollen.

Hat der betrogene Partner den anderen – aus welchem Grund auch immer – in eine Affäre hineinmanövriert, so ist dies ein Problem, das eine sorgfältige Erforschung dessen verlangt, worum es in der Beziehung tatsächlich geht und welche Verbitterungen und Verzweiflungen hier in der Luft liegen.

Ist die Untreue unseres Partners Teil einer Sexsucht, so besteht unsere Übung darin, uns einem Zwölf-Schritte-Programm anzuschließen. Auf jeden Fall kann es hilfreich sein, sich zu Folgendem zu verpflichten:

Ich lasse das Bild los, das ich von dir hatte.

Ich lasse alle Ansprüche fallen, denen du entsprechen sollst.

Ich werde keine Vergeltung üben.

Ich suche nach Möglichkeiten, zu vergeben, bewahre dabei aber meine Grenzen. (Wenn wir vergeben, dann klammern wir uns nicht mehr an denjenigen, dessen Vergehen uns so beschäftigt hat. Vergebung stellt also eine gesunde Abtrennung dar; wir erhalten unsere Grenzen aufrecht und sind frei vom Anhaften.

Wir unterlassen ebenfalls alle Schuldzuweisungen und haben es nicht nötig, uns an der Person, die uns verletzt hat, zu rächen.

Vergebung gibt uns damit die Gelegenheit, uns wieder zu verbinden, sowie die Freiheit weiterzugehen.)

Ich sende jeden Tag liebende Güte zu dir und zu mir selbst aus.

Ich setze meine eigene Reise fort.

Wo dies möglich ist, setze ich auch unsere gemeinsame Reise fort. Darum biete ich dir an, noch einmal von vorn anzufangen, indem wir unsere Probleme ansprechen, durcharbeiten und auflösen.

Wenn wir uns immer weniger darauf versteifen, wie der andere uns verletzt hat, wird deutlich, dass wir gesünder und spirituell bewusster geworden sind. Wir richten uns nun auf die folgenden drei Anliegen aus: Wie können wir durch unsere Erfahrung an Weisheit gewinnen? Inwiefern ist der Verrat eine Gelegenheit, Achtsamkeit und liebende Güte zu praktizieren? Und wie machen wir von jetzt an weiter?

Solange wir absolutes Vertrauen von jemandem oder etwas verlangen – also keine Verletzungen, keine gebrochenen Versprechen, keine Enttäuschungen –, wollen wir uns um die berührendsten, belebendsten und die Seele am meisten vertiefenden Kapitel im menschlichen Leben drücken.

Wenn beide Partner an der Beziehung arbeiten wollen

Wenn beide Partner zusammenbleiben und das Vertrauen wieder aufbauen wollen, so besteht ihr Programm darin, die Beziehung und die Untreue – gewöhnlich im Kontext einer Therapie – zu erkunden. Dies bedeutet, dass wir uns die jeweilige Geschichte unseres Vertrauens ansehen, unsere Ängste vor Verpflichtung betrachten, unser Sexleben, unsere Ressentiments und unsere Vorlieben sowie unsere Bereitschaft und unsere Widerstände untersuchen, um neu beginnen zu können. Wir konzentrieren uns darauf, unsere Bedürfnisse anzusprechen, indem wir sie beim Namen nennen und eingestehen, wie lange sie unbefriedigt geblieben sind. Dann bearbeiten wir die Untreue, indem wir unsere Gefühle zeigen und zur Kenntnis nehmen, auf welche Weise sie mit Problemen in unserer Vergangenheit verbunden sind. Dies führt zu Vereinbarungen darüber, wie sich unsere Beziehung tiefgreifend verändern soll. Diese Vereinbarungen können mit den Verpflichtungen beginnen, die am Ende der Übung mit dem Titel „Die persönliche Arbeit des Partners, der betrogen wurde" aufgezählt wurden.

Zusätzlich können wir uns gegenseitig noch zu Folgendem verpflichten:

Ich verpflichte mich, dir zu vertrauen und dir gegenüber vertrauenswürdig zu sein.

Ich werde deine Grenzen respektieren.

Ich werde in meinem Verhalten ehrlich sein und meine Gefühle offen Ausdruck geben.

Ich werde für deine Bedürfnisse offen sein und dir meine Bedürfnisse mitteilen.

Ich werde ich keine Vergeltung üben, ganz gleich, was du von jetzt ab tun wirst. Ich werde allerdings „Aua!" sagen und zugleich nach gesunden Möglichkeiten suchen, die Dinge mit dir zu regeln.

Wenn ein Problem auftaucht, werde ich mir anhören, was dich bedrückt, und ich werde unser Problem mit dir zusammen ansprechen, durcharbeiten und auflösen. Ist unser Problem so groß, dass wir nicht allein damit umgehen können, dann bin ich bereit, an einer Therapie teilzunehmen. Meine wichtigste Verpflichtung ist, dir gegenüber loyal und präsent zu bleiben. Ich beabsichtige dies auf jede erdenkliche Weise zu tun und ganz gewiss dadurch, dass ich dir die Fünf Aspekte der Liebe zukommen lasse:

Indem ich dir und deinen Gefühlen *Aufmerksamkeit* schenke.
Indem ich dich *akzeptiere*, wie Du bist.
Indem ich dich *wertschätze* und das oft zum Ausdruck bringe.
Indem ich dir physisch meine *Zuneigung* zeige, ohne dabei unbedingt Sex im Sinn zu haben.
Indem ich dir die Freiheit *zugestehe,* in Übereinstimmung mit deinen eigenen tiefsten Bedürfnissen, Werten und Wünschen zu leben, wobei ich darauf vertraue, dass du unserem Leben als Paar treu bleibst.

Die Herausforderung besteht hier darin, zu einem neuen gegenseitigen Verständnis zu gelangen, welches beide Partner einem ständigen Austausch der Fünf Aspekte der Liebe sowie der bedingungslosen Ehrlichkeit verpflichtet. Dazu gehört, dass wir einander über unsere Gefühle, Zweifel und Pläne auf dem Laufenden halten. Das Vertrauen neu aufzubauen, ist kein leichtes Unterfangen, wie es auch nicht leicht ist, eine Beziehung neu zu beginnen. Aber es lässt sich erreichen, solange beide Partner bereit sind, ihre Arbeit zu leisten, und zwar so lange, wie es braucht, um die Beziehung wieder zu stabilisieren und sie auf ein neues Fundament zu stellen.

Über eine Therapie hinaus wird das Vertrauen in einer Beziehung auch dadurch wieder aufgebaut, dass die Partner zusammen etwas unternehmen, das sie gemeinsame Erfahrungen außerhalb ihres Heims machen lässt – wenn sie zum Beispiel gemeinsam Campen oder Skilaufen gehen oder zusammen an einem Retreat teilnehmen. Ein gemeinsam verbrachtes Wochenende pro Monat vertieft gewiss die Intimität.

Besonders hilfreich ist das gemeinsame Engagement für einen aktiven Lebensstil, für Sport, Veranstaltungen oder Projekte, in denen beide Partner so konzentriert sein müssen, dass sie sich selbst dabei ganz vergessen. Solche nach außen fokussierten und für beide Partner erfreulichen Erfahrungen in das gemeinsame Leben einzubauen, ist ein sicherer und schneller Weg zu größerer Vertrautheit als Paar.

Betrachten Sie auch Ihre Motivation für den Wiederaufbau: Wollen Sie die Beziehung wiederherstellen, weil sie Ihnen so viel bedeutet? Die Antwort auf diese Frage finden Sie, wenn Sie sich fragen, warum Sie zusammen sein wollen. Lautet die Antwort: „Weil wir Kinder haben, zusammenpassen, eine gemeinsame Geschichte haben oder nicht wissen, wohin wir sonst gehen sollen", dann ist diese Motivation nicht enthusiastisch genug, um einen echten Wandel herbeiführen zu können.

Ist die Antwort jedoch: „Weil wir uns noch immer sehr lieben, einander wirklich sehr schätzen und bereit sind, uns voll füreinander zu engagieren", dann lässt die Motivation hoffen, dass die Beziehung tatsächlich wiederbelebt werden kann.

Im ersteren Fall geben Sie sich mit einem geringen Einsatz zufrieden; Sie passen sich an, söhnen sich mit dem ursprünglichen Status quo aus und suchen Sicherheit und Geborgenheit. Im letzteren Fall fühlen Sie sich angefeuert von der Chance, die Beziehung, die Sie sich immer gewünscht haben, mit der Person zu haben, für die Sie sich wirklich begeistern können.

Ihnen fällt vielleicht auf, dass Ihre Art und Weise, in Beziehung zu treten, in der jüngeren Vergangenheit wenig engagiert und glanzlos war und dass Sie eher sporadisch kommuniziert haben. Nach einer Affäre erkennen Sie vielleicht beide, dass Sie nicht zu dem früheren Status quo zurückkehren können. Ein halbherziges Engagement scheint keine Option mehr zu sein. Die Gelegenheit, die sich Ihnen nun bietet, ist die eines totalen Engagements, welches die Beziehung zu all dem macht, was sie sein kann – mit allen eingehaltenen Vereinbarungen, ohne Kompromisse und ohne Vorbehalte. Alles, was daran nicht heranreicht, wird Ihnen beiden unehrlich, unangemessen und unfair vorkommen.

Es gibt jetzt tatsächlich nur zwei Möglichkeiten, für die Sie sich entscheiden können: entweder eine bedingungslose Verpflichtung, sodass Sie sich wieder fangen und zusammen weitergehen können, oder eine Trennung, sodass Sie getrennt Ihre Wege gehen können. Beide Alternativen wären eine gesunde Veränderung, weil sie Sie beide schließlich zu Ihrer eigenen Wahrheit führen können. Das ist sehr viel sinnvoller, als halbe Sachen zu machen, die letztlich nichts bringen. Ich muss da an ein italienisches Sprichwort denken, das besagt „*Meglio soli che mal accompagnati*", auf Deutsch „Besser allein als in schlechter Gesellschaft". Wenn wir halbe Sachen machen, bewahren wir den Status quo, und das bringt uns nicht weiter. Wenn wir noch einmal bei Null anfangen, stehen uns alle Möglichkeiten offen.

Wir haben bereits gesehen, dass ein Paar, welches eine Episode der Untreue hinter sich hat, in Hinsicht auf die Wiederherstellung des Vertrauens von einer Hypothek belastet ist: Es braucht eine Weile, ehe die betrogene Person ihrem Partner wieder vertrauen kann und bis der untreue Partner seine Vertrauenswürdigkeit wiederholt unter Beweis gestellt hat. Deshalb kann man von beiden Partnern eine Zeit lang keinen übermäßigen Enthusiasmus erwarten. Vielmehr ist zu erwarten, dass sie beide angespannt und ärgerlich sind und für eine Weile kein allzu großes Interesse aneinander haben. Dies ist keine gute Ausgangsposition für die zu leistende Arbeit, weshalb zu der neuen Verpflichtung auch einige Geduld gehört.

Die Trauerarbeit, auf die wir uns in diesen Übungen immer wieder beziehen, betrifft nicht nur den Zusammenbruch des Vertrauens. Sie betrifft auch den Tiefstand Ihrer Beziehung, zu dem es vor der Untreue gekommen ist, und ebenfalls Ihre Bereitschaft, diese Situation so lange zu dulden, wie Sie es getan haben. Wenn Sie auf umfassende Weise erkennen, wo es eine Schieflage gegeben hat und wo die Dinge zu wünschen übrig ließen, so hilft Ihnen das, den Prozess des Wiederaufbaus voranzutreiben. Das ist auf jeden Fall ein diffiziles Unterfangen, aber es ist nicht unmöglich.

Das Problem der Untreue hat so viele verschiedene Aspekte, dass keine Liste von Übungen sie alle in den Griff bekommen kann. Die vier oben beschriebenen Übungen sind wie die Schritte A, B, C und D, aber der Rest des Alphabets wartet darauf, dass Sie ihn bearbeiten – jeden Schritt auf seine Weise und zu seiner Zeit. Das liegt daran, dass jeder tief verletzende Verrat oder Betrug zu einem Kummer führt, der durch Trauerarbeit allein nicht zu bewältigen ist, ganz gleich, wie lange wir diese leisten.

Die anspruchsvollere, subtilere und schwer definierbare Übung besteht darin, über den Betrug hinauszuwachsen. Zu einem solchen Wachstum kommt es, wenn wir uns durch den Zusammenbruch des Vertrauens dazu aufgerufen fühlen, uns über blindes Vertrauen und über die Versprechen, die Menschen nun einmal machen, und über den Hass auf jene, die sie nicht einhalten, hinaus zu entwickeln. Dann wachsen wir über unsere Geschichte hinaus. Unser Leben hat dann Buddha-Format und nicht Ego-Format.

Frauen trifft ein Betrug besonders hart, weil die weibliche Psyche stark auf Beziehung ausgerichtet ist: „Zwischen uns gab es etwas ganz Besonderes, und du hast es an eine Fremde verschleudert" oder „Ich habe mir etwas ganz Besonderes von dir gewünscht, und du hast es nicht mir, sondern einer anderen gegeben". Männer trifft eine Untreue vielleicht eher auf der Egoebene: „Ich dachte, du gehörst mir, aber das, was mir gehört, ging zu jemand anderem." Aber natürlich gibt es für beide Geschlechter beide genannten Möglichkeiten.

Das Vertrauen hat für jeden von uns darüber hinaus auch noch eine spirituelle Dimension, sodass ein Betrug auch auf dieser Ebene einen Verlust darstellt. Dieses Territorium gewinnen wir nicht durch Strategien zurück, sondern dank des Laufes der Zeit und durch die Übung von Achtsamkeit und liebender Güte.

Schließlich müssen wir allerdings auch anerkennen, dass nicht alles, was zerbrochen ist, auch wieder geflickt werden kann. In der Selbsthilfebewegung wird der naive Glaube gepflegt, dass man jedes Problem in einer Beziehung verarbeiten und auflösen kann, wenn man sich nur genügend Mühe gibt und die richtige Therapie anwendet. Wie unsere Lebenserfahrung jedoch gezeigt hat, ist das nicht immer möglich. Traurigerweise bleiben einige Ereignisse in einer Partnerschaft unauflösbar, sodass uns nichts weiter übrig bleibt, als die Beziehung zu lösen und auf unserem jeweils eigenen Lebensweg weiterzugehen. Dies ist verständlicherweise eine beängstigende Aufgabe für uns. Eine Beziehung loszulassen bedeutet, all die ermutigende Hoffnung loszulassen, die davon vielleicht hervorgerufen wurde. Weiterzugehen bedeutet, allein zu sein, was keine verlockende Aussicht ist. Schließlich sind wir ja Lebewesen, für die das Sich-Zusammendrängen am Anfang ihrer Geschichte steht und die sich aufgrund der Wichtigkeit des Zusammenkuschelns entwickelt haben.

Die Tatsache, dass nicht alles geflickt – oder beendet – werden kann, hat auch eine positive Dimension. Das Element der Untröstlichkeit in tiefem Kummer, die Art und Weise, wie uns manches Bedauern verfolgt, die Langlebigkeit mancher Erinnerungen – all das kann uns auch sehr nützlich sein. Vielleicht besteht die anhaltende Wirkung manches unauslöschlichen Kummers darin, dass er uns in aller Stille sensibler, kreativer, mitfühlender und demütiger macht.

Das menschliche Herz ist ein solches Labyrinth, dass niemand zu sagen vermag, wie es wirklich funktionieren wird. Vielleicht öffnet sich unser Herz nur durch den Schmerz ganz und gar. Vielleicht ist der Widerhall einer Verletzung der tiefste Herzschlag.

Kürzlich versuchte ich ein scheinbar nutzloses Programm auf meinem Computer zu löschen. Da erschien ein Warnhinweis: „Dieses Programm kann nicht gelöscht werden, weil es für das effektive Funktionieren Ihres Systems notwendig ist." Wir können darauf vertrauen, dass unsere Psyche ebenso funktioniert. Einige Ereignisse und Gefühle hinterlassen ständig einen Stachel in uns und wir müssen darauf vertrauen, dass sie unser menschliches System besser funktionieren lassen – wer weiß, auf welche Weise. Dies mag erklären, warum nicht jedes unserer psychischen Probleme ganz und gar angesprochen, endgültig durchgearbeitet und gänzlich aufgelöst werden kann oder soll.

Unsere Aufgabe besteht einzig darin, unser hartnäckiges Bedürfnis nach Kontrolle unserer Gefühle loszulassen und unsere Geschichte weiterhin gastfreundlich aufzunehmen, mit all ihren Löchern, die gestopft werden müssen, und all ihren Kümmernissen, die noch lose Enden hinterlassen haben.

Was für eine komplexe und rätselhafte Aufgabe ist es doch, den Menschen ganz zu verstehen und zu einem ganzen Menschen zu werden.

Dergleichen Schlimmes und Schmerzliches gehört zur Geschichte der großen Loslösung.

– FRIEDRICH NIETZSCHE, *Menschliches, Allzumenschliches*

6
Auf uns selbst vertrauen

In vielen uralten Stammesriten wird ein junger Mann durch eine Visionssuche aus der Geborgenheit seiner vertrauten Umgebung in Abenteuer einer ihm unbekannten Zone hinausgestoßen. Das Überleben dieser Abenteuer hilft dem Initiaten, auf sich selbst zu vertrauen. Das Vertrauen erstreckt sich auch auf die transzendenten Mächte, die ihm als Führer beistehen. Von nun an kann er sich in allem, was er tut, innerlich wie äußerlich auf ihren Beistand verlassen.

In unserer zivilisierten Kultur gibt es nur noch wenige Rituale dieser Art, mit Ausnahme vielleicht von Erfahrungen in der Wildnis. Viele von uns müssen auf Biegen oder Brechen lernen, auf sich selbst zu vertrauen. Unsere Gesellschaft bietet uns dafür keine spezielle Methode. Das Vertrauen der meisten von uns wächst proportional zu der Fähigkeit, geschickt und anpassungsfähig mit unseren Schwierigkeiten und Herausforderungen umzugehen. Diese Fertigkeiten sind eine Kombination dessen, was wir gelernt haben, ob wir es wollten oder nicht, mit dem Vermögen, uns selbst am Riemen zu reißen.

Selbstvertrauen stellt sich ein, wenn wir im Allgemeinen mit dem glücklich sind, was wir geworden sind, wenn wir andere auf hingebungsvolle Weise lieben können, wenn wir einer sinnvollen Arbeit nachgehen, nicht unter dem Einfluss einer Sucht stehen und fähig sind, mit dem täglichen Stress umzugehen. Selbstvertrauen manifestiert sich dann als Gleichmut sowie die Fähigkeit, uns dem Fluss der Dinge anzupassen.

Hier sind einige spezifische Eigenschaften eines gesunden Selbstvertrauens, Eigenschaften, die zugleich ein Profil der psychischen Gesundheit zeichnen:

Wir haben ein Gefühl der Autonomie und handeln verantwortungsbewusst.

Wir nehmen die Realität mehr oder weniger so wahr, wie sie ist, statt uns in Fantasien, Projektionen und Übertragungen zu ergehen.

Wir werden nicht von unserer Vergangenheit beherrscht, sondern leben in der Gegenwart, und zwar mit der Ausrichtung auf angemessene, in der Zukunft realisierbare Ziele.

Wir verfügen über ein Unterstützungssystem und sind Teil des Unterstützungssystems anderer.

Wir geben und empfangen in Beziehungen die Fünf Aspekte der Liebe – Aufmerksamkeit, Akzeptanz, Wertschätzung, Zuneigung und Zulassen.

Wir lassen uns selbst die Fünf Aspekte zukommen.

In Zeiten des Stresses sind wir in der Lage, uns selbst zu trösten und in unserem Inneren nach Stärke zu suchen, statt uns in selbstzerstörerisches Verhalten oder in eine unangemessene Abhängigkeit von anderen zu flüchten.

Wir fühlen uns von Veränderungen in unserer intimen Beziehung nicht überfordert und haben keine Angst vor Gelegenheiten zur Vertiefung der Intimität.

Wir können mit dem Kommen und Gehen anderer umgehen, ohne uns von ihnen verschlungen oder verlassen zu fühlen.

Wir fühlen uns mit unseren eigenen Gefühlen und mit den Gefühlen anderer wohl und wir bringen unsere Gefühle zum Ausdruck, wenn das sicher ist, und unterlassen das, wenn es nicht sicher ist.

Wir kommen mit Angst und Schuldgefühlen zurecht, sodass sie unser Verhalten und unsere Entscheidungen weder behindern noch antreiben.

Wir können uns Enttäuschung und Frustration stellen, ohne davon
aus der Bahn geworfen zu werden.
Wir sind beseelt von Lebenslust, Munterkeit und einem Sinn für
Humor.
Wir handeln bestimmt, aber nicht aggressiv.
In Hinsicht darauf, wie viel wir geben oder wie weit andere in ihren
Anforderungen an uns gehen können, können wir vernünftige
Grenzen setzen.
In unserem Leben und in unseren Beziehungen gehört es zu un-
serem Stil, eher offen zu sein, als etwas erzwingen zu wollen,
eher zu ermutigen, als anzutreiben.
Wir sind fähig, die unmittelbare Bedürfnisbefriedigung aufzu-
schieben, wenn das nötig ist.
Wir handeln mit Integrität und leben in Übereinstimmung mit
lebensbejahenden Werten wie etwa Großzügigkeit, Wahrhaftigkeit und Respekt gegenüber anderen, ganz gleich, was deren
Status ist und wie sie uns gegenüber eingestellt sind.
Wir arbeiten an unserem Ego, sodass wir nicht von der Angst
getrieben werden, keinen guten Eindruck zu machen, und
nicht am Rechthabenwollen, an Arroganz, Kontrolle oder Anspruchsdenken festhalten.
Wir erkennen, dass wir eine Schattenseite besitzen, und sind bereit sie zu erforschen, insbesondere wenn diese Schattenseite
sich in unserem Verhalten manifestiert. Anspruchsdenken
ist die Schattenseiten von Vertrauen. Die Schattenseite von
Vertrauenswürdigkeit besteht darin, loyal zu bleiben, obwohl
das beiden Seiten nicht mehr dient.
Wir lassen jede Beziehung und jedes System fallen, welches
Selbstverleugnung fördert und kritisches Denken entmutigt.
Wir sind der Ansicht, dass unser Leben einen Sinn und einen
Zweck hat, die im Einklang mit der Evolution des Planeten
sind, und wir sind dafür engagiert, unser Bewusstsein für diese
universale Bestimmung zu erweitern und in Übereinstimmung

175

mit unseren einzigartigen Gaben und Talenten einen noch nicht da gewesenen Beitrag dazu zu leisten.

Eine Beziehung, die all dieses fördert, hilft uns zu blühen und zu gedeihen. Unser wahres Selbst hat nur auf die Gelegenheit gewartet, sich in unserer Person zu manifestieren. Diese Gelegenheit ergibt sich, wenn uns die Menschen, die wir lieben, und wir selbst uns die Fünf Aspekte der Liebe zukommen lassen.

In seinem Buch *Ich und Du* sagt Martin Buber, unser Bedürfnis nach Beziehung zueinander hänge direkt mit unserem Selbstvertrauen zusammen: „In seinem Sein bestätigt will der Mensch durch den Menschen werden und will im Sein des anderen eine Gegenwart haben ... schaut er heimlich und scheu nach einem JA des Seindürfens aus, das ihm nur von menschlicher Person zu menschlicher Person werden kann; einander reichen die Menschen sich das Himmelsbrot des Selbstseins." Selbstvertrauen ist also keine Auslöschung des Bedürfnisses nach einer Beziehung zu anderen, sondern nur eine Anerkennung der Tatsache, dass sie uns eine enorme Hilfe sein können, indem sie uns in der Lust, wir selbst zu sein, bestätigen.

Viele von uns wurden von Eltern erzogen, die sich nicht darauf konzentriert haben, uns als starke und unabhängige Wesen, welche es lieben, sie selbst zu sein, in die Welt *hinauszusenden*. Es ging ihnen vielleicht mehr darum, uns dauerhaft an sie zu *binden*. Heute vertrauen wir auf uns selbst, wenn wir uns selbst hinaussenden und gleichzeitig die Bindungen zu anderen aufrechterhalten. Keine Beziehung kann uns daran hindern, uns zu dem aufzumachen, was wir wirklich sind, und das zu erreichen, was wir wollen. Und auch wenn uns das gelingt, wird unser Bedürfnis nach der Verbindung mit anderen damit nicht aufgehoben.

Unsere Voreinstellung läuft manchmal auf Trägheit hinaus, also das Gegenteil dieses Aufbruchs. Wir lernen, auf uns selbst zu vertrauen, wenn wir ungeachtet dieser Trägheit handeln und die Schritte unternehmen, die uns auf unserer Reise weiterbringen. Wenn wir dies anerkennen, können wir unseren Eltern auch keine Schuld mehr für unsere heutige Trägheit geben. Das Verhalten unserer Eltern in der Vergangenheit ist kein guter Grund dafür, dass wir heute steckenbleiben. Wir können sicher sein, dass dies heute unsere eigene Entscheidung ist.

Wir lernen, unseren Entscheidungen zu vertrauen, in dem wir uns aufmachen zu Unternehmungen, die das widerspiegeln, was wir wirklich sind und wollen. Die meisten von uns haben eine Vorstellung davon, wie wir eigentlich sein *sollten* – besonders als ein Mann oder als eine Frau. Ein solcher Satz von Regeln kann ein Hindernis für die volle Verwirklichung unserer authentischen Bedürfnisse und Wünsche sein.

Wir Männer sind vielleicht nicht fähig zu tolerieren oder nur in Erwägung zu ziehen, was nicht mit dem „männlichen Image" übereinstimmt. So mag zum Beispiel Martin glücklich verheiratet sein, ohne jedoch leugnen zu können, dass er sich gelegentlich die Kleidung einer Frau anziehen möchte, ein Wunsch, den er bereits seit seiner Kindheit kennt. Er mag sich nicht zugestehen, neugierig zu sein und Internet Sites aufzusuchen, die auf die Bilder von Transvestiten spezialisiert sind. Wenn er manchmal Frauenkleider anprobiert, empfindet er danach vielleicht Scham oder Abscheu. Dies ist seine Weise, das Bedürfnis zu unterdrücken und sich wieder „normal" zu fühlen. Martin kann sich nicht einfach auf sein Bedürfnis einlassen und tun, was er tun möchte, weil diese Fantasie nicht mit dem vereinbar ist, was seine männliche Persona verlangt. Martin ist kein freier Mann. Aber die Freiheit ist ihm weniger wichtig als die Aufrechterhaltung des Images eines Mannes, das ihm von der Gesellschaft vorgeschrieben wird. Sein Bild von sich selbst ist nicht umfassend genug, um das volle Spektrum dessen, wer er ist oder was ebenfalls Teil des Menschseins sein kann, zu umfassen.

Wir vertrauen uns selbst nur dann, wenn *nichts an uns selbst mehr unannehmbar ist, außer uns selbst und anderen zu schaden.* Dann wird der Ausspruch des alten römischen Komödiendichters Terenz „Nichts Menschliches ist mir fremd" zu unserem Motto.

Auf unsere Gefühle vertrauen

In der familiären Umgebung unserer Kindheit waren starke Gefühle vielleicht das Vorspiel zu einer Misshandlung oder außer Kontrolle geratendem Verhalten. Werden uns jetzt von anderen Erwachsenen intensive Gefühle entgegengebracht, so kann dies die Erwartung auszulösen, dass die gleichen Resultate darauf folgen werden. Wenn wir Gefühle in uns selbst oder in anderen fürchten (oder diesen nicht trauen), so mag dies daran liegen. Vielleicht trauen wir unseren Tränen nicht, weil wir befürchten, nicht mit dem Weinen aufhören zu können. Oder wir trauen unserem Zorn nicht, weil wir befürchten, aggressiv zu werden und jemanden zu verletzen. Die meisten unserer Ängste gehen direkt in unsere Gefühle ein, und doch lernen wir auf diese Weise, ihnen zu vertrauen und damit uns selbst zu vertrauen. Es ist gewiss die Aufgabe eines Erwachsenen, so auf seine Gefühle achtzuhaben, dass er sie angemessen zum Ausdruck bringen kann. Aber wir gehen zu weit, wenn wir unsere Gefühle gänzlich ausschalten. Wenn wir unser Schluchzen unterdrücken, verlieren wir vielleicht einen nützlichen Zugang zu unserem Selbstvertrauen.

Haben wir mehr Vertrauen zu uns selbst, dann verlieren wir vielleicht auch die Angst davor, unseren eigenen körperlichen Impulsen zu folgen und auf unbedachte, ungeplante Weise zu handeln. Dann entlassen wir den inneren Schiedsrichter, der all unsere Aktivitäten überwacht, und vertrauen auf uns selbst, ganz gleich, auf welchem Spielfeld wir agieren. Wir wissen, dass wir uns vielleicht ungeschickt verhalten, aber wir bleiben wenigstens im Spiel. In unserer psychologischen Arbeit wie in unserer spirituellen Praxis führen wir kein Bedauern, wenn unsere Bemühungen nicht immer siegreich enden. Der vietnamesische buddhistische Meister Thich Nhat Hanh gibt uns ein Beispiel hierfür, wenn er erzählt, dass er und seine buddhistischen Freunde schließlich erkannten, dass sie durch die Antikriegsbewegung in Vietnam nicht gewinnen konnten, dass sie es trotzdem aber niemals bereut haben, damals an den Protesten teilgenommen zu haben. Zumindest hatten sie zur Verbreitung von Mitgefühl beigetragen und ihr Engagement für die Beendigung der Gewalt in ihrem Land deutlich zum Ausdruck gebracht. Wenn Thich Nhat Hanh heute trotzdem manchmal ein gewisses Bedauern empfindet, so kann er das einfach zulassen, ohne davon gefesselt zu werden. Auch wir können das mit unserem Bedauern tun.

Wir können mit Hingabe und unablässiger Bemühung handeln, ohne einen Anspruch auf ein Ergebnis zu haben oder einem solchen Ergebnis verhaftet zu sein. Wir können uns freimachen von der Forderung, dass unsere Vorlieben berücksichtigt werden – wie etwa die Vorliebe für Lust im Gegensatz zu Schmerz, für Gewinn im Gegensatz zu Verlust, für Ruhm im Gegensatz zu Beschämung, für Lob im Gegensatz zu Tadel – auch wenn wir immer noch hoffen, dass diese Vorlieben befriedigt werden. Stattdessen tun wir alles in unserer Macht stehende um das bestmögliche Ergebnis zu erzielen, und lassen die Würfel dann fallen, wie sie fallen, und machen das Beste aus diesem Resultat.

Unsere Rudimentärgefühle sind Traurigkeit, Zorn, Angst und Überschwang. Wir haben die Fähigkeit erlangt, unsere Gefühle ungehindert zu erfahren, wenn wir in unserer Kindheit das Gefühl hatten, dass es sicher war, dies zu tun. Sicherheit führt zu Vertrauen. Auch wenn es nicht dazu gekommen ist, können wir von anderen Erwachsenen in unserem gegenwärtigen Leben, die uns in dem, was wir fühlen, ermutigen und bestätigen, lernen, frei und sicher zu fühlen. Sehen wir, dass andere unseren Gefühlen trauen, dann vertrauen auch wir ihnen. Es ist nie zu spät, unsere Gefühle zu zeigen.

Unterdrücken wir unsere Gefühle, dann werden Sie in unserem Körper gespeichert und indirekt in unserem Verhalten ausagiert. Erlauben wir unseren Gefühlen, zutage zu treten, statt sie zu verbergen, sie zu leugnen oder sie zu vermeiden, dann werden sie zuträglich – das heißt konstruktiv und positiv. Auf diese Weise erlangen wir nämlich Gleichmut und fühlen uns mit allem, was geschieht, zunehmend wohl und sind in unserem Gefühlsleben ausgeglichen. Wir erfahren dies als Selbstvertrauen, weil wir darauf vertrauen, dass wir unsere Gefühle anderen gegenüber ohne Aggression zum Ausdruck bringen können und dass diese Gefühle den jeweiligen Umständen angemessen sein werden.

Wenn wir verlieren, werden wir *traurig* sein, aber wir werden nicht in endlosen Kummer abstürzen. Zuerst trauern wir, dann finden wir zu Gleichmut, und nicht umgekehrt. Erst nachdem wir unsere Gefühle gefühlt und zum Ausdruck gebracht haben, kann der Gleichmut echt sein. Andernfalls ist er Stoizismus, eine Gleichgültigkeit gegenüber dem, was geschieht, womit wir die angemessenen Gefühle zu vermeiden suchen.

Wenn wir *zornig* sind, werden wir dies auf gewaltlose Weise zeigen. Wir werden unseren Zorn nicht auf aggressive oder verletzende Weise gebrauchen. Wir werden ihn aber auch nicht in uns zurückhalten, um anderen unsere legitimen Gefühle zu ersparen. Wir vertrauen jetzt darauf, dass alle Gefühle dadurch legitimiert sind, dass wir sie haben.

Wenn wir bedroht werden, werden wir uns *fürchten*, aber wir werden uns von der Furcht nicht aufhalten lassen, das zu unternehmen, was nötig ist, um uns zu schützen. Wir akzeptieren, dass Angst und Furcht immer in uns vorhanden sein werden und wir darüber keine Kontrolle haben. Aber wir müssen nicht zulassen, dass sie uns bremsen oder antreiben.

Wenn gute Dinge geschehen, können wir dies überschwänglich zur Kenntnis nehmen, ohne es durch den Gebrauch von Drogen oder Alkohol zu feiern.

Wir können auch sagen: „Ich kann meine Gefühle nicht kontrollieren, aber ich muss mich deshalb nicht verurteilen. Ich brauche nicht von meinen Gefühlen besessen zu sein. Ich muss auch nicht zulassen, dass sie sich auf lange Zeit in mir einnisten, aber ich muss sie auch nicht vertreiben. Alles, was nötig ist, ist sie bei ihrem Auftauchen gastfreundlich anzunehmen und dann gelassen zu beobachten, wie sie wieder verschwinden."

Achtsamkeit führt uns in diese Richtung, weil sie darin besteht, einfach im Hier und Jetzt präsent zu sein. Ein grundlegender Zug unseres Selbstvertrauens ist unser Vertrauen darauf, dass wir alles haben, was wir brauchen, um unsere Gefühle und Triebe zu verstehen und damit umzugehen. Ignoranz bedeutet, dass wir glauben unzureichend zu sein, was gleichbedeutend ist mit dem mit dem Verlust des Glaubens an unsere innere Ganzheit.

Sind wir frei vom Geschwätz des Egos und sitzen in achtsamer Stille, dann öffnet sich ein Feld des Gewahrseins, das sich ungemein vertrauenswürdig anfühlt. Je mehr wir unserem Gewahrsein trauen, desto mehr Vertrauen haben wir darauf, dass unsere innere Stimme – der weise innere Zeuge, der immer nur einen Atemzug entfernt ist – eine Quelle von Sicherheit und Geborgenheit darstellt. Shakespeare schrieb in *Maß für Maß*:

> Geht in euch selbst;
> klopft an euerm Busen an, und fragt euer Herz,
> was es sich bewusst ist ...

In diesem Raum des Herzens haben wir uns selbst als den sicheren Heimathafen, in den wir zurückkehren können. Damit haben wir die üblichen Wälle und Festungsanlagen, die unsere Gefühle von uns fernhalten sollen, nicht mehr nötig. Endlich müssen wir uns nicht mehr verteidigen, sondern können zu dem, was ist, mit Offenheit ja sagen und einfühlsam darauf reagieren. Dieses Zutrauen zu der uns innewohnenden Geistesklarheit und Weisheit ist unsere persönliche Verwirklichung von Sicherheit.

Wir beginnen zu sehen, welch große Macht Achtsamkeit in Hinsicht auf unsere Gefühle hat. Wir vertrauen auf unsere Gefühle, wenn wir es nicht mehr nötig haben, unsere Angst auf gesunde oder ungesunde Weise in den Griff zu bekommen. Haben wir lange genug Achtsamkeit geübt, dann können unsere Gefühle mit einer Klarheit auftreten, in der wir nichts weiter unternehmen und uns nicht mehr verschließen müssen, in der wir nicht einmal mehr etwas ansprechen, durcharbeiten und auflösen müssen. Wir brauchen nämlich nicht mehr zu versuchen, unsere Identität zu verteidigen, sondern müssen uns nur noch öffnen. Dann stellen uns alle Gefühle und Ereignisse nicht länger die Frage, wer wir sind und wie wir unsere Erfahrung verarbeiten können, sondern geben uns bloß noch Gelegenheit zu erkunden, wie wir sitzen können, wie wir mitten in dem, was geschieht, präsent bleiben können. *Jetzt interessiert uns nicht mehr so sehr, was geschehen ist, sondern wie wir bei dem bleiben können, was geschieht.*

Wenn wir nicht mehr um ein Verständnis der Dinge ringen müssen, wenn wir in Hinsicht auf sie keine Strategien mehr zu entwerfen brauchen und sie nicht mehr in Ordnung bringen wollen, dann wissen wir, was es wirklich bedeutet, im Hier und Jetzt zu sein. Aus dieser Position der achtsamen Gegenwärtigkeit und des bedingungslosen Zulassens heraus können wir frei mit anderen umgehen, da uns unser Ego nicht mehr im Wege steht. Der Titel dieses Buches sagt es bereits: Wenn wir es wagen, uns selbst zu vertrauen, dann öffnen wir uns für wahre Liebe und Intimität.

> LEAR: ... *Ihr seht, wie diese Welt geht.*
> GLOSTER: *Ich seh es fühlend.*
>
> – WILLIAM SHAKESPEARE, *König Lear*

Übung

MIT UNSEREN GEFÜHLEN ARBEITEN

Bei der Übung von Achtsamkeit fühlen wir Emotionen einfach und lassen sie dann gehen, ganz gleich wie beunruhigend, erschreckend oder dramatisch sie sein mögen. Gleichzeitig lassen wir die Geschichte, die sich mit unseren Gefühlen verbindet, fallen. Diese beiden Dinge sind nötig, um unser bewusstes Leben neu zu strukturieren – wir müssen uns unserer Gefühle bewusst werden und gleichzeitig unser Skript fallen lassen. Allerdings können wir auch unser Skript so lange betrachten, bis wir es durchschaut haben. Wir sind zum Beispiel traurig darüber, dass sich jemand uns gegenüber unloyal verhalten hat. Wir empfinden die Gefühle und sie sind von allen unseren damit verbundenen Geistesverfassungen und Geschichten in voller Lautstärke begleitet. Dazu gehören die Besessenheit vom Sinn, Ursprung und Ziel unserer Erfahrung ebenso wie Urteile, Schuldzuweisungen, Fantasien, Vergleiche, Scham sowie die Art und Weise, auf die die Geschichte uns sagt, wir seien unzureichend und Opfer.

Wir nehmen zur Kenntnis, wie stressgeladen dies ist, wissen aber auch, dass wir die Situation überleben können, weil wir nicht länger gezwungen sind, darauf zu reagieren. Dies führt zu einem Gefühl der Stärke *in* unseren Emotionen.

Wir nehmen uns dann genauso viel Zeit, um zu sitzen und die Gefühle ganz rein, ohne jede Einmischung von Geistesverfassungen, zu empfinden. Diese Art von Achtsamkeit führt zu einem uns stärkenden Gleichmut.

Wir springen dann zwischen diesen beiden Arten der Aufmerksamkeit hin und her, zwischen gelassener Achtsamkeit und dramatischen Geistesverfassungen. Doch bei jeder Runde verpflichten wir uns, jedes Mal ein wenig länger in der Achtsamkeit zu verweilen. Indem wir so allmählich aufhören, uns mit den dramatischen Geistesverfassungen zu beschäftigen, *wird uns unser Gleichmut wichtiger und interessanter als unser Skript.* Wir haben die Macht dieser Geschichte abgeschwächt.

Beide Bestandteile sind notwendig, damit wir unsere Erfahrung von Gefühlen, Gedanken und Ereignissen neu strukturieren können. Wir strukturieren unser bewusstes Leben neu, wenn wir unsere Gefühle fühlen *und* gleichzeitig unsere Kommentare dazu bemerken, ohne uns von dem einen oder anderen herumkommandieren zu lassen.

Folgendermaßen werden die Geistesverfassungen – meine Urteile, Skripte und Verteidigungsmechanismen – innerhalb eines umfassenderen spirituellen Bewusstseins gezähmt:

Voller Achtsamkeit halte ich lange genug inne, um einen Weg zwischen meinen Geschichten und Geistesverfassungen zu finden. In dieser Lücke bekomme ich Zugang zu einer Weisheit und Geistesklarheit, die mir in der Hitze der Theatralik meines Egos nicht verfügbar sind.

Dann lasse ich meine Gefühle nackt hervortreten, frei von Kostümierungen meiner Geschichte und Erwartungen meines Egos.

Wenn meine Gefühle so ohne Zwanghaftigkeit oder Aggression zum Tragen kommen, bleiben schließlich nur Gelassenheit und liebende Güte übrig.

Ich finde den Gleichmut, Menschen und Dinge sein zu lassen, wie sie sind, und habe nicht mehr das Bedürfnis, sie zu vermeiden oder zu kontrollieren.

Ich heiße das, was mir widerfährt, mit einer lebendigen Reaktionsbereitschaft willkommen. Ich fühle, wie ich dadurch meine sinnlose und tiefsitzende Neigung abbaue, alles möglichst glatt laufen zu lassen, damit meine Gefühle niemals hervorbrechen.

Ich erkenne, dass ich Geistesklarheit und Erleuchtung schon immer in mir getragen habe und dass mir dieses Leben geschenkt wurde, um sie zum Vorschein zu bringen.

Unser Leben beginnt mit dem Bedürfnis nach Verlässlichkeit, damit wir lernen können, zu vertrauen. Unser Leben reift dann aus, wenn wir lernen, mit Ungewissheit zu leben. Unsere Reise wird dadurch so ungeheuer interessant, dass wir zwischen diesen beiden Polen hin und her pendeln.

Auf unseren Körper vertrauen

Mr. Duffy lebte in einem gewissen Abstand von seinem Körper.

– JAMES JOYCE, DUBLINERS, „A Painful Case"

Unser Körper ist ein Feld der Erfahrung. Wir lernen am ehesten von ihm, wenn wir auf ihn achten. Wir bemerken vielleicht, dass er irgendwie angespannt und verkrampft ist. Doch wir können unseren Körper benutzen, um tief zu atmen und andere körperliche Techniken anzuwenden, die helfen, unsere Spannung zu lösen. Unser Körper ist also zugleich ein Signalsystem und ein System der Hilfsmittel. Unser Körper ist eine verlässliche Lehre; er ist das, was man im Buddhismus einen unübertrefflichen, durchdringenden und vollkommenen Dharma nennt.

Je mehr wir unseres eigenen Körpers gewahr sind, desto wacher sind wir für andere Menschen und desto mitfühlender werden wir, weil wir die Gefühlszustände der anderen intuitiver und genauer lesen können. Auf diese Weise hilft uns unser Körper auch, zu lieben.

Gedanken scheinen uns bedeutsamer zu sein als körperliche Empfindungen, aber das ist ein Vorurteil. Hören wir erst einmal auf, unserem Denken so viel Bedeutung beizumessen, dann kann unser Körper eher zu einem Hilfsmittel des Lauschens werden. Wir wissen dann auch, wie wir uns entspannen können: Wir erinnern uns daran, bewusst zu atmen, an stressgeladenen Tagen ein heißes Bad zu nehmen oder uns einfach Zeit für harmlose Vergnügungen zu nehmen. Wenn wir spielen, stellt sich die Entspannung in unseren Gehirnzentren leichter ein. Gelingt es uns, unseren Geist zu befrieden und unseren Körper zu beruhigen, dann lernen wir, uns selbst zu regulieren und ins Gleichgewicht zu bringen. Dies ist eine Fähigkeit, die uns hilft, auf uns selbst zu vertrauen.

Wenn wir uns überarbeiten und verausgaben, schaden wir unserem Körper und machen ihn gefühllos. Ist unsere Arbeit unsere wahre Berufung, dann ermüdet sie uns nicht, sondern belebt uns. Doch so etwas ist nicht immer möglich, weshalb unsere Herausforderung darin besteht, stressgeladene Arbeit und Spiel, eine alternative Energiequelle, abwechseln zu lassen. Je weniger attraktiv unser Job ist, desto mehr brauchen wir die Freizeit zur Erneuerung, zum Vergnügen und zur Entspannung.

In traumatischen Erfahrungen mit einem hohen Maß an Cortisol ist es für die meisten von uns so gut wie unmöglich, sich zu entspannen oder zu meditieren, selbst mit der Hilfe von tiefen Atemzügen oder einem heißen Bad. Es mag uns zwar so vorkommen, als sei das, was uns verstört, eine rein mentale Angelegenheit. Doch es gibt dabei drastische Veränderungen auf der körperlichen Ebene: einen beschleunigten Herzschlag, flache Atmung, Zittern, eine Verengung in der Magengegend und in der Kehle, erhöhter Blutdruck, kalter Schweiß und so weiter.

So ist auch ein Trauma aus unserer Vergangenheit in unsere Zellen eingeschrieben, ohne jedes Skript, nur als Gefühl. Grund dafür mag sein, dass der Hippocampus, jener Bereich des Gehirns, der explizite Erinnerungen speichert, durch Stress beeinträchtigt werden kann. Dann fühlt sich ein gegenwärtiges Trauma ganz genauso an wie ein Trauma aus unserer Jugend, als wir noch machtlos waren, dagegen anzukämpfen.

Unser Körper teilt uns im Allgemeinen unsere gröberen Bedürfnisse mit, nicht deren subtile Version. Wir sollten uns deshalb hüten, irgendeines unserer Bedürfnisse wörtlich zu nehmen. Unsere Bedürfnisse sind Metaphern. So mag ein Bedürfnis nach Sex in Wirklichkeit das Bedürfnis sein, umarmt zu werden. Ein starkes Bedürfnis nach Kuchen mag in Wirklichkeit auf das Bedürfnis hinweisen, eine gefühlte innere Leere aufzufüllen.

Vielleicht ängstigen wir uns auch, wenn es angemessener erschiene, einfach nur aufgeregt zu sein. So kann zum Beispiel die Erwartung einer ersten Verabredung oder einer sexuellen Begegnung Bangigkeit auslösen. Die Medaille des Adrenalins hat zwei Seiten: Angst und Erregung. Wenn sich unsere Angst nicht bald in Erregung verwandelt, lautet die Botschaft: „Vorsicht! Dieser Plan, diese Verabredung oder diese Person ist vielleicht nicht das Wahre für dich." Es kann sein, dass eine Misshandlung oder ein Kummer aus der Vergangenheit als auslösendes Element dahinter steht. Unsere Angst kann aber auch aus einer Gewohnheit entstehen und gar keine Warnung sein. Unser Körper erzählt unsere Geschichte, aber sie ist oft schwer zu entziffern. Kompetente Körperarbeit und somatische Therapie helfen uns, sie zu übersetzen.

Einige unserer Bedürfnisse mögen sogar vor uns selbst verborgen sein. Wenn es zum Beispiel gefährlich war, einem Elternteil zu nahe zu kommen, weil es das als einen Vorwand verwendet hat, um uns zu missbrauchen, dann wissen wir jetzt vielleicht nicht einmal mehr, dass wir Nähe brauchen. Oder wenn unsere Bedürfnisse dazu geführt haben, dass wir uns beschämt oder bedroht fühlten, dann verbergen wir sie jetzt vielleicht sogar vor uns selbst.

Schließlich bemerken wir auch noch, dass unser Körper uns eine körperlich gefühlte Wahrnehmung der Kohärenz und Kontinuität vermitteln kann. Hier ist ein Beispiel aus meinem eigenen Leben. Eines Tages wollte ich einen Stapel von Familienfotos in die chronologische Ordnung bringen. Ich legte die Fotos alle auf einem Teppich aus, ordnete sie in der richtigen Reihenfolge an und klebte sie dann in ein Album. Als ich damit fertig war, Chaos in Ordnung umzuwandeln, geschah etwas Unerwartetes. Ich hatte eine gefühlte Wahrnehmung meines Platzes in der menschlichen Geschichte – nicht nur aufgrund einer historischen Abfolge, sondern auch, weil mir klar wurde, dass ich zu einer Familie gehöre, die mich hervorgebracht hat und die mich mein Leben lang getragen hat – indem sie mir das Gefühl gegeben hat, zu Recht auf diesem Planeten zu leben. Es war dies eine machtvolle körperliche Erfahrung meiner selbst als ein Wesen, das in Verbindung steht und deshalb einen gewissen *Sinn* hat. Gleichzeitig durchströmte mich ein warmes Gefühl der Zuneigung zu all den abgebildeten Menschen, während ich mich an sie mit all ihren Schwächen und Stärken erinnerte. In meinem Körper stellte sich ein Gefühl der Zufriedenheit ein, eine körperliche

Wahrnehmung, dass ich all dem, was mir widerfahren ist, vertrauen kann, weil es letztlich befriedigend sein wird. Dies bestätigte meinen Glauben, dass Vertrauen eine gefühlte Wahrnehmung und nicht bloß eine Information ist. Auf diese Weise begann ich mich auch als ein verkörpertes Wesen zu sehen, nicht nur als ein Wesen mit einem Körper.

Die Dinge verlieren ihre Festigkeit; selbst mein Körper lässt jetzt das Licht durchscheinen.

– VIRGINIA WOOLF, *The Waves*

Unserer Sexualität vertrauen

Unsere Erfahrung der Sexualität ist ein weiteres Beispiel dafür, wie stark unser Körper von der Gesellschaft beeinflusst wird. Es kann sein, dass uns eine Familie oder Kirche mit ihren Verboten Angst oder Scham in Hinsicht auf den Sex eingeflößt hat. So zweifeln wir jetzt vielleicht daran, dass es legitim ist, unsere einzigartige Sexualität frei zum Ausdruck zu bringen oder sie auch nur zu erkennen. Aufgrund des begrenzten und beengten Lebens, das wir jetzt führen, schaden uns die ursprünglichen Verbote auch heute noch. Der wahre Verlust ist nicht nur, dass wir heute Schuld oder Sucht in unserem Sexualverhalten erfahren. Der größere Schaden besteht darin, dass der sexuelle Teil unserer Persönlichkeit nicht frei und vollständig ausreifen konnte, weil es in unserer Kindheit diese Atmosphäre der Scham gegeben hat. Solange wir uns nicht von den Definitionen und Verboten, die wir geerbt haben, loslösen können, sind wir nicht die Urheber unserer eigenen Erfahrung und deshalb nicht wahrhaft autonom.

In Hinsicht auf Liebe und den Sex scheint es im Gehirn drei Schaltkreise zu geben: Zum Testosteron/Östrogen-Kreislauf gehört ein Interesse am Sex mit vielen Menschen, an Lust ohne die

Notwendigkeit von Liebe. Der Dopamin-Kreislauf verengt die Aufmerksamkeit auf eine Person, in die wir uns verlieben. Der Oxytocin/Vasopressin-Kreislauf führt zur Bindung, zu einem fortdauernden Bonding.

Ersteres lässt uns herumwandern, das Zweite macht uns besessen, durch das Dritte verpflichten wir uns, zu bleiben. Vom Standpunkt der Natur gesehen, wandern wir umher, um den Partner zu finden, der der richtige für das Kinderkriegen ist. Wir verlieben uns, um uns auf die eine Person zu konzentrieren, mit der wir Nachkommen hervorbringen. Wir bleiben zusammen, damit die Familie sicher sein kann und die Kinder dementsprechend aufwachsen können. Die drei Kreisläufe wirken also so, dass sie uns durch diese drei Phasen führen – auf einem Weg, der von der Adoleszenz zum reifen Erwachsenen führt.

Der Stil der Lust wie auch die trunkene Erfahrung der romantischen Liebe haben beide etwas von einer Sucht. Wir sind von etwas besessen, gehen Risiken ein, werden abhängig, haben das Bedürfnis nach mehr und immer mehr und können nicht loslassen. Doch für diese Sucht braucht es kein Programm der Entwöhnung, solange wir nicht darin steckenbleiben. Solange es sich nur um eine vorübergehende Phase handelt, ist diese Sucht nicht schädlich, wenn wir sie nicht übertreiben oder zu lange ausdehnen.

Die drei Stile der Sexualität sind sequenziell, sie können aber auch gleichzeitig auftreten. Wenn wir uns also in der dritten Kategorie einrichten, werden die Gehirnzentren für Lust und für das Verlieben in einen anderen Menschen damit nicht abgeschaltet. Komplikationen entstehen dann, wenn wir diese Triebe ausagieren, während wir uns in einer engagierten Beziehung befinden. Uns steht jedoch immer die Möglichkeit offen, unsere Triebe und Reaktionen als bloße Information zu verstehen und sie nicht auszuagieren. Dies ist die Disziplin der Treue.

Wir können im Laufe unseres Lebens lernen, unseren sexuellen Impulsen zu trauen und sie zu feiern, ohne uns selbst und anderen gegenüber verantwortungslos zu handeln. Unserem Körper in sexueller Hinsicht zu vertrauen bedeutet zum Beispiel, dass wir uns nicht so sehr in eine Adrenalinreaktion auf jemanden verstricken, dass wir unsere Objektivität oder Vernunft in Hinsicht auf unsere Entscheidungen verlieren.

In *Antonius und Cleopatra* zeigt Shakespeare, dass eine Person, an die wir sexuell gebunden sind, für uns zu einer höheren Macht werden kann:

... der Kuss,
der mir ein Himmel ist ...

Kann ich mir selbst in einer Krise vertrauen?

„Erst wenn wir den Weg verloren haben, ... beginnen wir, uns selbst zu finden und zu entdecken, wer wir sind und wie unendlich das Ausmaß unserer Verbindungen ist."

– HENRY DAVID THOREAU, *Walden*

Ebenso wie die Landschaft der Erde enthält auch die Landschaft der menschlichen Psyche ihre Wüsten. Sie werden nicht durch Sonne, Wind und Feuer ausgedörrt, sondern durch Schwächen, Hilflosigkeit und Hoffnungslosigkeit. Wenn wir uns in einer solchen Krise befinden, können wir achtsam innehalten, ohne zu versuchen, irgendetwas hinzuzufügen – so wie eine Wüste eine akzeptable Unterbrechung der fruchtbaren Landschaft ist. Wir betrachten die Krise einfach, ohne uns selbst dafür zu verurteilen, dass wir uns in einer Krise befinden, und ohne zwanghaft etwas daran ändern zu wollen.

In diesem Buch lernen wir, als Zeuge still zu sitzen und das zu beobachten, was jetzt geschieht, ohne diesen Nachrichten noch irgendwelche Kommentare hinzuzufügen. Diese Art von Präsenz stabilisiert uns und macht es uns leichter, die Landschaft unserer Widrigkeiten zu durchwandern. Die Herausforderung besteht jetzt darin, eine engagierte Präsenz, die nicht von Geschichten oder Projektionen unterbrochen wird, aufrechtzuerhalten. Dann stellen wir fest, dass Weisheit und Geistesklarheit aus uns und durch uns selbst entstehen. Auf diese Weise trägt Achtsamkeit zu dem Vertrauen bei, dass wir durch eine Krise wachsen können. Die Übung der Achtsamkeit hat jetzt dazu geführt, dass wir uns selbst stützen können, dass wir uns also selbst liebende Güte zukommen lassen.

In einer solchen achtsamen Kontemplation müssen unsere Geistesverfassungen nicht weiterwirken, sondern können aufgehoben werden. Wenn wir bemerken, dass wir Urteile fällen und uns selbst zensieren, nehmen wir das einfach zur Kenntnis und kommen zum Augenblick zurück sowie zu dem, was wir erfahren. Wenn wir bemerken, dass wir uns in eine Geschichte verstrickt haben, dann klopfen wir uns, sinnbildlich gesprochen, auf die Schulter und richten unsere Aufmerksamkeit wieder auf das aus, was wir fühlen. Dies alles bringt uns in Kontakt mit unserem Mut, und so sehen wir uns selbst nicht als Opfer.

Wie wir gesehen haben, erfinden wir alle eine Lebensgeschichte, um uns selbst oder andere zu verdammen oder zu entschuldigen. Aus dieser Geschichte ergibt sich ein fester Satz von uns leitenden Vorurteilen. Diese Vorurteile helfen uns, die Schwierigkeiten unseres Lebens zu erklären, und ersparen es uns, diese wirklich anzusprechen. Achtsame Kontemplation befreit uns aus dieser Nische der Vermeidung. Sie bedeutet, dass wir in die explizite Realität eintreten, statt uns in der impliziten Illusion zu verstecken. Wir benutzen unsere gegenwärtige Krise der Hilflosigkeit, um uns davor zu bewahren, in einer Geschichte zu landen. Wir gehen stattdessen durch unsere Krise hindurch in ein neues Kapitel unseres Lebens.

Dabei besteht die Herausforderung darin, aufmerksam auf die existenzielle Wirklichkeit des Hier und Jetzt zu achten, wie unerfreulich diese auch sein mag, während die essenzielle Wahrheit unserer inneren Stärke und Weisheit noch in den Kulissen steht und bereit ist, die Bühne zu betreten. Das Paradox besteht hier darin, dass wir Zugang zur Hoffnung gewinnen können, indem wir weiter in die Hoffnungslosigkeit hineingehen. In diesem Sinn ist die Kontemplation ein Akt des Vertrauens. Wenn wir unsere Widrigkeiten bedingungslos annehmen, werden sie zur Schwelle zu etwas Neuem. Das „Entweder/Oder" wird zu einem „Sowohl/Als auch". Und wie geht das? Nicht, indem wir mit wehenden Fahnen der Hoffnung in die unerforschte Wildnis der Hilflosigkeit voranstürmen und behaupten, alles unter Kontrolle zu haben. Wir verweilen einfach in unserer Hilflosigkeit, und dieses Zutrauen erzeugt das Milieu, in dem es zu wirklichem Wandel kommen kann. So etwas ist in tiefer Achtsamkeit möglich.

In diesem Innehalten liegt unser wahres Vertrauen – und unsere Hoffnung – auf uns selbst. Dies ist in Übergangszeiten ein enormer Schritt. Wir müssen unserer Machtlosigkeit vertrauen, und das widerspricht der üblichen Definition von Vertrauen als dem „Zählen auf die Verlässlichkeit von jemandem oder etwas"! Doch wir befinden uns hier im Bereich des Paradoxen, wo Wörterbuchdefinitionen sowieso nicht gelten. Hier vollzieht sich etwas Spirituelles, und deshalb ist Vertrauen im Kontext von Ungewissheit und Machtlosigkeit durchaus angebracht.

In den Geschichten über die Reise des Helden ist die Machtlosigkeit ein häufig auftauchendes Thema. Die Machtlosigkeit des Helden ist gewöhnlich der Anstoß dafür, dass der Archetyp der Hilfe in Form eines menschlichen oder göttlichen Eingreifens auftritt. Als zum Beispiel Pinocchio in dem Film von Walt Disney aus dem Jahre 1940 völlig durchnässt, leblos und hilflos auf dem Strand liegt, wird die himmlische Blaue Fee auf ihn aufmerksam und macht einen wirklichen Jungen aus dem tapferen kleinen Holzkopf. Robin Hood liegt hoffnungslos und machtlos im Kerker und wartet darauf, gehängt zu werden. Dies veranlasst Maid Marion dazu, Pläne zu seiner Rettung zu schmieden.

Die helfenden Mächte retten den Helden auch nicht so, wie sie ein Opfer retten würden, sondern als jemanden, der bereit ist, in die volle Dimension seines Heroismus hineinzuwachsen. So setzt Robin Hood nach der Befreiung aus dem Kerker augenblicklich den Kampf für Gerechtigkeit fort. Der Held *findet als Resultat seiner Machtlosigkeit zu seiner inneren Stärke.* Dies ist die wahre Identität der helfenden Macht in den Geschichten. Es ist keine äußere, sondern eine innere Macht, wie es auch Luke Skywalker in *Krieg der Sterne* hört: „Die Macht ist in dir." Die wahre helfende Kraft ist genau jetzt, genau hier, bei genau diesem und genau das, was wir sind.

Übungen

Hilflosigkeit und Isolation sind die Kernerfahrungen
eines psychologischen Traumas. Ermächtigung und neue
Verbindung sind die Kernerfahrungen der Genesung.

– Judith Herman, *Trauma and Recovery*

Sich mit den drei Hexen anfreunden

Die Erfahrung der Machtlosigkeit wird dann als gefährlich empfunden, wenn wir in einer Wiederholung von Kindheitserfahrungen feststecken oder die Identität eines Opfers aufrechterhalten. Dann ist die Machtlosigkeit kein Durchgang, wie das in den Heldengeschichten der Fall ist, sondern Verwirrung und Steckenbleiben. Auf dieser Ebene der Verwirrung und der Übertragung aus der Vergangenheit auf die Gegenwart wird der Archetyp der helfenden Kräfte nicht angezogen. Hier wird nur Selbstmitleid ausgelöst und es werden vielleicht Raubtiere angezogen, die unsere Schwäche ausnutzen möchten. Wo Übertragung im Spiel ist, besteht das erste Stadium unserer Arbeit darin, unseren Zustand anzuerkennen und unsere Probleme aus der Vergangenheit mit jemandem, dem wir vertrauen, in einer Therapie anzusprechen, durchzuarbeiten und aufzulösen. Dann ist der uns begleitende Freund, Partner oder Therapeut eine helfende Kraft.

Eine verblüffende Übung, die uns helfen kann, ist paradoxerweise, sich den drei Hexen der Schwäche, Hilflosigkeit und Hoffnungslosigkeit auszuliefern. Wir beginnen damit, dass wir uns an frühere Zeiten in unserem Leben erinnern, zu denen wir Ähnliches gefühlt haben, insbesondere während unserer Kindheit. Wir bleiben bei diesen Erinnerungen und affirmieren, dass wir nun erwachsen geworden sind und nun über Ressourcen verfügen, die wir in der Vergangenheit nicht hatten. Wir entscheiden uns dafür, die Kraftquelle der Hingabe zu verwenden, ohne zum Opfer unserer Gefühle zu werden. Wir tun dies, indem wir zulassen, die volle Erfahrung von Schwäche, Hilflosigkeit und Hoffnungslosigkeit zu machen. Wir gestatten uns, diese nacheinander sowie auch gleichzeitig zu erfahren. In all diesen Gefühlszuständen nehmen wir tiefe Atemzüge, bis wir bemerken, dass da etwas weicher wird, sich entspannt und loslässt. Das Loslassen ist die positive Dimension der Machtlosigkeit.

Indem wir unsere Momente der Hilflosigkeit als etwas erkennen, das zu den Gegebenheiten jedes menschlichen Lebens gehört, ändern wir den Namen dieses Gefühlszustands von „Schwäche" in eine gewöhnliche „Widrigkeit". Wir benutzen das Hilfsmittel der Hingabe an diese Gegebenheit zusammen mit tiefen Atemzügen und indem wir bei jedem Ausatmen das Wort Ja laut oder leise vor uns hinsagen.

Dann öffnet sich unser Fühlen hin zu neuen Möglichkeiten, die wir zuvor nicht wahrgenommen haben. Wir finden zur Stärke derjenigen, die sich ihrer Erfahrung hingeben, ohne dass sie sich sicher wären, sie verkraften zu können. Es ist wirklich wunderbar, dass wir gerade dann eine persönliche Stärke gewinnen, die wir niemals für möglich gehalten hätten, wenn wir uns dieser Hilflosigkeit und diesem hoffnungslosen Unbehagen überlassen. Das Ergebnis ist Selbstvertrauen anstelle von Selbstverachtung. Wir sind nicht länger blockiert und liegen nicht mehr zum Auszählen auf den Brettern. Im 23. Psalm lesen wir: „Er weidet mich auf einer grünen Aue und führet mich zu frischem Wasser. Er erquickt meine Seele." Vertrauen führt zu unserer Wiederherstellung und dazu, dass wir eine Oase des Gleichmuts erreichen und neue Energie tanken können.

Hier ist eine Zusammenfassung der Übung:

1. Gehen Sie in Schwäche, Hilflosigkeit und Hoffnungslosigkeit hinein, statt sich aus ihnen zurückzuziehen.
2. Erinnern Sie sich an Momente in Ihrem früheren Leben, in denen Sie dieselben Gefühlszustände erlebt haben.
3. Affirmieren Sie, dass Sie nun reif genug sind, damit umgehen zu können.

4. Sagen Sie ja zu der Gegebenheit, dass wir uns alle manchmal so fühlen.

5. Bleiben Sie bei Ihren Gefühlen, bis es zu einem Umschwung zur Gelassenheit kommt.

6. Öffnen Sie sich den neuen Formen von Energie, die am Horizont aufzutauchen beginnen; nehmen Sie die Angebote an, die die Welt Ihnen bietet.

7. Affirmieren Sie Selbstvertrauen für die Zukunft: „Ich kann mich stets dem ergeben, was ich fühle, und dann werden neue Energien in mir auftauchen." Dies ist Zutrauen zu der Fähigkeit der menschlichen Psyche, sich selbst wiederherzustellen und zu erneuern. Dieses Ja zu dem, was geschieht, entspricht dem „Er", der in dem Psalter „meine Seele erquickt". Diese spirituelle Macht ist unser wahres Selbst.

Unsere Übung hat uns geholfen, unsere früheren Erfahrungen zu integrieren, sodass wir nun in der Gegenwart leben können. Momente der Machtlosigkeit werden jetzt nicht nur erträglich, sondern überaus beruhigend. Wir werden wahrhaft daran glauben, dass sie keine Urteilssprüche sind, sondern berechtigte und gelegentliche Zwischenspiele im Verlauf der menschlichen Reise. Dann tun wir Folgendes:

- Wir nehmen die Momente der Machtlosigkeit achtsam zur Kenntnis – das heißt, ohne Scham oder Schuldzuweisung.
- Wir behandeln uns selbst mit liebender Güte.
- Wir öffnen uns für Beistand.
- Wir finden wieder zu unserer Kraft, wenn das Timing des Universums dies zulässt. Unsere Übung macht es wahrscheinlich, dass dies geschieht.

Kein Opfer mehr

Zeichnen Sie ein gleichschenkliges Dreieck mit der Spitze nach unten. Schreiben Sie das Wort „Opfer" unter den unteren Winkel.

Schreiben Sie über den linken oberen Winkel „Verfolger" und über den rechten oberen Winkel „Kämpfer". Nehmen Sie zur Kenntnis, dass der „Verfolger" und der „Kämpfer" gleichen überlegenen Status haben. Das „Opfer" ist die eine unterlegene, machtlose Position. Ein „Kämpfer" ist in diesem Fall jemand, der für sich selbst einsteht, in dem er sich durch das Verhalten anderer oder durch den Ansturm der Ereignisse nicht zum Opfer machen lässt. Er kämpft und gibt sich selbst nicht auf. Er ist dem „Verfolger" ebenbürtig. Er ist nicht länger das Opfer von dessen Angriffen.

Fragen Sie sich, wie die Winkel dieses Dreiecks sich auf Ihre jetzige Lebenssituation beziehen. Wie können Sie auf eine Weise handeln, die den Selbstschutz mit Nichtvergeltung kombiniert?

Hier sind acht Möglichkeiten, wie man zu einem gesunden Egokämpfer werden kann:

1. Nehmen Sie die Realität Ihrer gegenwärtigen Situation an und betrachten Sie sie als eine Gelegenheit, Ihr Bewusstsein zu erweitern, statt als etwas, das Sie zu Boden schlägt.

2. Betrachten Sie Ihr Bedauern als eine Lektion darin, wie Sie die Dinge in Zukunft besser machen können, statt als Urteilsspruch über das, was Sie diesmal falsch gemacht haben.

3. Erkennen Sie, dass es ein gesundes Alternativprogramm zum Bedauern gibt: Trauern, Wiedergutmachung wo nötig und die Affirmation von Selbstvergebung. *Bedauern* heißt, sich immer und immer wieder dem Kummer hinzugeben. Wenn wir nicht ausreichend getrauert haben, werden wir von unseren unbeendeten emotionalen Problemen immer wieder in Form von Bedauern heimgesucht.

4. Sehen Sie sich als jemanden, der mit dem anstehenden Problem von einer Position der Stärke aus umgeht, nicht als ein bettelndes kleines Kind (das ist der Stil der bedürftigen Abhängigkeit).

5. Sagen Sie zu anderen: „Helft mir" aber nicht „Tut es an meiner Stelle".

6. Betrachten Sie es als Erfolg, wenn Sie alles getan haben, was Sie tun konnten, selbst wenn Sie das Ziel nicht ganz erreicht haben.

7. Seien Sie bereit, Ihr Gesicht zu verlieren, aber nicht Ihre Integrität: Sie mögen gewisse Güter verlieren, aber nicht Ihre Güte – also das, was so ungemein wichtig ist.

8. Lassen Sie von all dem in Ihrem Leben ab, was nicht zum Hervortreten Ihrer vollen Stärke, Ihrer authentischen Orientierung im Leben, Ihrer wahren Berufung und Ihrer uneingeschränkten Identität beiträgt.

Sie können die obenstehende Liste als eine Checkliste benutzen, anhand derer Sie Ihre gegenwärtigen Fähigkeiten als ein gesunder Egokämpfer erkunden und Bereiche identifizieren können, in denen Sie noch an sich arbeiten müssen.

Antonius: So komm, mit einer Wunde heilst du mich ...

Cleopatra: Schon gibt Verzweiflung mir ein bessres Leben.

– William Shakespeare, *Antonius und Cleopatra*

Ein positiver Umgang mit uns selbst

Hier ist eine Übung für Paare oder Freunde, die Achtsamkeit mit liebender Güte kombiniert. Die eine Person fragt: „Was liebst du an dir selbst?" Die andere Person antwortet in aller Aufrichtigkeit und zählt eine nach der anderen all die Eigenschaften auf, die sie an sich selbst liebt, alles, was bei ihr in Ordnung ist. Wenn es so aussieht, als fiele ihr nichts mehr ein, wiederholt die andere Person: „Was liebst du an dir selbst?" Die beiden fahren damit so lange fort, bis es nichts mehr hinzuzufügen gibt. Hier sind keine verurteilenden, auf Scham beruhenden oder selbstherabsetzenden Aussagen erlaubt.

Dies ist kein Angeben, nur eine Übung des ersten Teils der liebenden Güte – sich selbst wertschätzen und sich um sich selbst kümmern. Die andere Person hört einfach zu und gibt keine Kommentare ab, erhält aber den Augenkontakt aufrecht. Dies ist achtsames Zuhören, frei von Urteilen und von Spott. Dann werden die Seiten gewechselt und die Übung wird wiederholt.

Es ist ganz natürlich, wenn beide Personen sich bei dieser Übung komisch vorkommen. Das bringt den Prozess jedoch nicht zum Stillstand, sondern gibt Ihnen etwas, worüber Sie nach der Übung sprechen können. Wenn wir Angst haben, unsere Lebenswirklichkeit zu bestätigen, dann finden wir etwas über unser Vermögen, uns selbst zu vertrauen, heraus. Wenn wir es fürchten, dem anderen zuzuhören und den Augenkontakt aufrechtzuerhalten, dann sehen wir uns mit unserer Angst vor einer Beziehung auf einer intimen Ebene konfrontiert.

Wir erleichtern und befreien uns selbst, indem wir die Übung so lange wiederholen, bis wir den Anweisungen folgen können, ganz gleich wie seltsam sich dies anfühlen mag. Dann wirkt die Übung wirklich.

7

Unser Kernvertrauen auf die Wirklichkeit

Jetzt wollen wir das Kernvertrauen betrachten, jene Ausprägung, die unser Vertrauen annehmen kann, welche die größte Herausforderung darstellt. Das Kernvertrauen ist das Vertrauen auf unser Leben, wie es ist, als vertrauenswürdiger Pfad zur Entwicklung in Liebe, Weisheit und heilender Kraft. Dies ist das radikale Grundvertrauen auf die nackte Wirklichkeit. Hier geht es um unseren Verlass auf die Verlässlichkeit der Realität selbst als das, was das Richtige für uns ist. Es ist das Vertrauen darauf, dass diese Wirklichkeit uns Gelegenheiten zum Wachstum und zu erleuchtetem Handeln gibt.

Das Kernvertrauen oder die Hingabe an die Realität ist nicht nur psychologisch gesund, sondern auch spirituell wertvoll. Dies ist die Konsequenz, wenn die Wirklichkeit ein anderes Wort für das Göttliche sein kann, für die allem zugrunde liegende revolutionäre und erhaltende Macht des Universums.

Kernvertrauen ist eine Haltung des Ja zu den Herausforderungen unseres Lebens im Hier und Jetzt als den perfekten Bestandteilen für den Aufbau von Selbstvertrauen, für die Ausweitung von Liebe, die Verminderung von Angst und das Wachstum von Weisheit und Mitgefühl. Unser Kernvertrauen ist das Vertrauen darauf, wie sich das Leben entfaltet, auf die inhärente Synchronizität zwischen dem, was uns geschieht, und den Gelegenheiten zu unserer Entwicklung. Dies bedeutet darauf zu vertrauen, dass das Universum uns vielleicht wehtun, uns aber nicht absichtlich schaden wird. Es mag uns nicht zufriedenstellen, aber es wird unseren Bedürfnissen Rechnung tragen. Kernvertrauen bedeutet, mit der gleichen Gewissheit, mit der wir glauben, dass das Wetter sich ändern wird, daran zu glauben, dass alles, was geschieht, letztlich für unser Wachstum nützlich sein wird, dass es uns Pfade eröffnet, auf denen wir an Weisheit und Liebe zunehmen können.

Manchmal geschieht dieses Wachstum ganz von selbst und manchmal sind wir gefordert, geschickte Mittel anzuwenden, um ihm nachzuhelfen. Unser Vertrauen ist dann Kernvertrauen, weil es im Grunde das Vertrauen *auf den Kern unserer selbst* ist. In unsere Personenschaft als Mensch ist ein Geschenk des Universums eingebaut. *Dieses Geschenk ist eine Neigung dazu und eine Fähigkeit, aus allem, was geschieht, ganz gleich, wie schmerzlich oder negativ es ist, etwas Gutes, das Wachstum Förderndes oder Nützliches zu machen.* Dies ist eine andere Weise zu sagen, dass das Universum letztlich freundlich und hilfreich und unserer Entwicklung von Liebe, Weisheit und Heilkraft förderlich ist. Darum ist nichts ganz und gar negativ, weil alles durch unseren auf das Leben vertrauenden Kern hindurchgehen und transformiert werden kann. Schon so früh wie im 1. Buch Mose wurde diese Möglichkeit vom Menschen entdeckt und das Wort *Gott* wurde für diesen „Kern" benutzt: „Er gedachte es böse mit mir zu machen, aber Gott gedachte es gut zu machen."

Das ängstliche oder zweifelnde Ego hadert mit den Gegebenheiten des Lebens und besteht auf seinem Recht auf eine vollkommene Welt, eine Welt, auf die es ein Anrecht zu haben glaubt. Deshalb versucht es die Gestalt, die die Wirklichkeit annimmt, umzugestalten. Es tut dies, indem es versucht, Kontrolle zu erlangen. Dann tritt die Furcht vor der Wirklichkeit an die Stelle von Vertrauen auf die Wirklichkeit. Wir mögen zum Beispiel nicht daran glauben, dass dieser Augenblick, diese Prüfung und das Leiden, das sie mit sich bringt, uns genau das bietet, was wir brauchen, um weiter zu wachsen. Kernvertrauen ist ein bedingungsloses Ja zu der Vertrauenswürdigkeit jeglicher Realität, die uns begegnet, darauf, dass sie uns Gelegenheit gibt,

Achtsamkeit und liebende Güte zu üben – dass sie also eine Chance ist, Erleuchtung zu erlangen. Im Kernvertrauen kann dieses bedingungslose Ja ganz und gar aufblühen. Wir betrachten es nicht mehr einfach nur als ein Annehmen der Wirklichkeit. Im Kernvertrauen ist unser Ja in keiner Hinsicht dualistisch. Es besagt nicht: „Ich ergebe mich dieser Sache dort draußen", sondern: „Ich bin jetzt ein Ja mit dieser Erfahrung." Dies ist das volle Erblühen von Achtsamkeit, und es führt zu einer spirituellen Befriedung.

Psychologische Arbeit kann uns dabei helfen. Kontrolle ist ein bedingungsloses Nein, eine Weigerung zu akzeptieren, eine Zurückweisung der Einheit mit unserer Prüfung, ein Beharren auf der Vorherrschaft des Egos über jede Wirklichkeit. Aber Kontrolle muss sich nicht einmischen. Wenn das Ego gesünder wird, tendiert es zu der Möglichkeit, in der Welt *zurechtzukommen*. Dies ist die andere Seite der Medaille der Kontrolle. Wir bemerken, dass sich einige Dinge durch unsere realistische Anstrengung verändern lassen, und wir arbeiten daran, den Mut aufzubringen, sie zum Besseren zu verändern. Wir bemerken auch, dass wir die Unterstützung anderer brauchen, und können respektvoll darum bitten. Auf diese Weise baut das gesunde Ego ein Gefühl der Meisterung und ebenso ein effektives Bonding auf: „Ich kann etwas für mich selbst unternehmen und ich kann andere um meine Bedürfnisse wissen lassen. Das sind die Hilfsmittel, die zu ihrer Befriedigung führen können." Dies ist ein gesunder Umgang mit der Welt, es ist Handlungsfähigkeit in der Welt und effektive Verbindung mit anderen. Dies ist die positive Seite dessen, was in seiner extremen Ausprägung Kontrolle, Anspruch und Manipulation zur Erfüllung unserer Bedürfnisse darstellt.

Unser Bedürfnis nach Kontrolle ist in Wirklichkeit kein Bedürfnis; es ist eine panische Reaktionen auf die Annahme, dass unsere Bedürfnisse vielleicht nicht erfüllt werden könnten, wenn wir nicht selbst die Verantwortung dafür übernehmen. Die Zwölf-Schritte-Programme betonen das Gelassenheitsgebet: „Gott, gib mir die Gelassenheit, Dinge hinzunehmen, die ich nicht ändern kann, den Mut, Dinge zu ändern, die ich ändern kann, und die Weisheit, das eine vom anderen zu unterscheiden." Wenn wir immer nach Kontrolle streben, dann streben wir nicht nach der „Weisheit, das eine vom anderen zu unterscheiden". Diese Getriebenheit mag früh in unserem Leben entstanden sein, wenn unsere Bezugspersonen unsere Bedürfnisse nicht so unmittelbar und so zutreffend befriedigt haben, wie wir es wollten. Wir begannen die Dinge zu kontrollieren, als wir bemerkten, dass die Art und Weise, auf die sich das Leben entfaltet, uns nicht unsere Sicherheit und Geborgenheit garantiert. Es kann durchaus sein, dass wir in Hinsicht auf unsere körperlichen Bedürfnisse vollkommen angemessen getragen und umsorgt wurden. Doch wo es um die Einstimmung auf unsere Gefühle und unsere anderen einzigartigen Bedürfnisse ging, wurde im Großen und Ganzen keiner von uns genügend getragen und umsorgt. Keine tragende Umgebung war vollkommen. Als panische Reaktion darauf, dass unsere Bedürfnisse nicht befriedigt wurden, versuchten einige von uns, ihre Situation zu kontrollieren. Andere von uns waren geschickter darin, angemessene und effektive Wege zu ihrer Befriedigung zu finden, ohne alles kontrollieren zu wollen.

Unser Bedürfnis, die volle Kontrolle zu haben, entsteht aus dem zwanghaften Drang danach, sicher sein zu können, dass wir bekommen, was wir brauchen – etwas, das bis auf unsere Kindheit zurückgeht. An einem bestimmten Punkt gaben wir es auf, uns auf das Entgegenkommen anderer zu verlassen oder darauf, wie die Würfel des Lebens fallen. Wir glauben nicht mehr daran, dass unsere Bedürfnisse im normalen Lauf der Dinge befriedigt werden. Deshalb wollten wir unbedingt unseren eigenen Willen haben. Diese auf Angst beruhende Kontrolle wurde dann zu einem dauernden Charakterzug unserer selbst, jenes Menschen, zu dem wir schließlich geworden sind, unserer Identität. Unglücklicherweise entfernte uns dies vom Kernvertrauen.

Wenn man Sicherheit und Geborgenheit in dem verängstigten Ego und seiner Version davon, wie das Leben sein sollte, sucht, so führt das dazu, dass wir an unseren wahren Kräften verzweifeln. Die Wirklichkeit ist, dass Bedürfnisse erfüllt oder nicht erfüllt werden und sich dies unserer Kontrolle entzieht – *und dass wir die Kraft haben, unter beiden Umständen zu überleben*. Tatsächlich ist das Kultivieren der Fähigkeit, unter allen Eventualitäten zu überleben, wertvoller für unser Wachstum, als wenn wir immer bekommen, was wir wollen. Ersteres lehrt uns zu bitten und unsere Bedürfnisse befriedigt zu bekommen, ohne zu manipulieren. Die Realität ist, dass wir am besten überleben werden, wenn wir aufgrund unserer Enttäuschungen durch andere wachsen und darauf vertrauen, dass das, was wir brauchen, schon geschehen wird. Dazu brauchen wir Kernvertrauen, das sowohl das Gegenmittel gegen Verzweiflung ist als auch Freiheit von zwanghaftem Kontrollbedürfnis bedeutet. Jetzt haben wir zu authentischer Stärke gefunden, zu unserer Fähigkeit mit allem, was das Leben uns bringt, umzugehen. Wenn wir endlich realisieren, dass unser Ego nicht allmächtig ist, sondern kümmerlich klein angesichts der Gegebenheiten des Lebens, dann werden wir demütiger.

Gleichzeitig aber ist eine extreme Eigenständigkeit ein Zeichen dafür, dass man der Realität misstraut. Wir glauben, es komme einzig und allein auf unser Ego an, weil wir meinen, dass es jenseits von uns selbst nichts Verlässliches gibt, worauf wir vertrauen können. Wir mögen das Gefühl haben, dass es da draußen keinerlei Unterstützung für uns gibt. Dies spiegelt nicht die Realität wieder, sondern vielmehr ein Auseinanderklaffen der Wünsche unseres Egos und unserer Bestimmung, die darin besteht, immer wieder in der Form von Ereignissen und anderen Menschen Gelegenheiten zur Erweiterung unseres Bewusstseins zu erhalten.

Die Kluft ist der Raum zwischen unserer gewöhnlichen Persönlichkeit, die vom kontrollierenden Ego entworfen wurde, und unserer wahren Ganzheit, die durch den fortlaufenden Fluss der Wirklichkeit bestimmt wird. Diese Kluft gibt uns das Gefühl, dass wir keinen festen Boden unter den Füßen haben, solange wir diesen nicht selbst herstellen, kein Sicherheitsnetz, in dem wir landen können, wenn wir es nicht selbst weben, keine Brüstung, auf die wir uns stützen können, wenn wir sie nicht selbst errichten. Wenn wir in diese Kluft hineinfallen, fühlt es sich an, als würden wir fallengelassen. Deshalb versuchen wir umso eifriger, wieder Kontrolle zu erlangen. Wir fürchten den freien Fall in die Gegebenheiten des Lebens – auch wenn dieser unsere beste Lektion im Fliegen wäre.

Wenn wir endlich erkennen, dass unser Ego nicht allmächtig ist, dass es die Gegebenheiten des Lebens nicht über den Haufen werfen kann, werden wir dadurch sehr viel demütiger. Dann wird unser Ja zur Wirklichkeit ein spiritueller Fortschritt. Zum Ja der Demut kommt es, wenn wir akzeptieren, dass die Dinge enden und sich verändern, und nicht, wenn wir versuchen, dies nicht geschehen zu lassen. Wir ergeben uns in den natürlichen Fluss des Lebens, statt zu verlangen, dass unsere anders aussehenden Pläne befolgt werden. Wir bemerken, dass die Menschen nicht immer loyal und liebevoll sind, aber wir entscheiden uns dafür, ihnen gegenüber trotzdem liebevoll und loyal zu handeln. Wenn uns Leiden widerfährt, gehen wir elastisch damit um und lernen dadurch aus diesem Leiden.

Das alles kann sich nach einem Aberglauben anhören, wenn wir uns nicht folgende wichtige Tatsache vor Augen halten: Es ist nicht so, dass die Dinge geschehen, *damit* wir daraus lernen. Unser Kernvertrauen ist vielmehr ein Vertrauen auf die Tatsache, dass die Dinge geschehen *und* dass wir daraus lernen können. Kernvertrauen ist das Vertrauen auf eine sichtbare Gelegenheit, nicht auf einen unsichtbaren Zweck. Es ist Aberglaube zu glauben, dass sich immer alles zum Besten wenden wird. Das ist kein weises Vertrauen, sondern Wunschdenken. Kernvertrauen ist vielmehr ein Zutrauen zu uns selbst, dass wir aus allem, was geschehen mag, das Beste werden machen können. Wir vertrauen also auf unsere inneren Kraftquellen, nicht auf unseren Anspruch, dass die Welt sich unseren Anforderungen entsprechend arrangiert. *Vertrauen können wir einzig und allein darauf, dass alles, was geschieht, uns unweigerlich eine Gelegenheit zum Wachsen gibt.*

Aus diesem Grund ist das Kernvertrauen auch kein Argument für Vorbestimmung. Es entschuldigt keine Passivität im Angesicht des Bösen. Es schmälert nicht den Wert von engagiertem Handeln zur Abwendung von Missetaten, zum Kampf gegen Ungerechtigkeiten gegenüber uns selbst und anderen. Wir streben unablässig nach dem Mut, das zu verändern, was verändert werden kann. Gleichzeitig aber akzeptieren wir voll und ganz jene Dinge, die sich nicht ändern lassen. Dies ist keine Resignation, sondern eine Einstimmung auf Wirklichkeiten, die sich unserer Kontrolle entziehen.

Dann werden wir zu Agenten des Wandels, ohne die Verantwortung dafür zu haben, wie die Dinge sich wandeln. Dann können wir das Leben für uns selbst und für andere effektiver verbessern, ohne etwas zu erzwingen. Dieses Gefühl der Handlungsfähigkeit ist die gesunde Alternative zur Kontrolle. Ohne Kernvertrauen können wir nicht zu dieser Alternative finden. Dann sind wir gezwungen zu glauben, dass alles auseinanderfallen wird, wenn wir die Kontrolle fahren lassen, doch paradoxerweise gewinnen wir an Vertrauen, wenn wir aufhören, uns gegen den Fluss des Lebens zu sperren und ihm unsere Pläne aufzwingen zu wollen. Wir bemerken, dass wir viel weniger Stress erfahren, wenn wir Agenten des *möglichen* Wandels sind und das annehmen können, was ist, wo dies nötig ist. Wir versuchen nicht, die Wirklichkeit auf die Form unserer Wünsche zurechtzustutzen. Wir gleichen nicht mehr den Stiefschwestern von Aschenputtel, die versuchen, ihren Fuß in einen Pantoffel zu zwängen, der nicht für sie gemacht ist.

Ohne Kernvertrauen zweifeln wir daran, dass die Erde, so wie sie ist, das sein kann, was Robert Frost den „rechten Ort für Liebe" genannt hat. Ohne Kernvertrauen können wir unseren Griff nicht lockern und zulassen, dass die Wirklichkeit sich entfaltet, wie Sie es muss. Stattdessen müssen wir immer auf der Hut sein, fühlen wir uns immer gezwungen, die Wirklichkeit zu reparieren oder zu verändern, weil wir befürchten, sie könnte unseren Wunsch nach Sicherheit nicht befriedigen. Mit Kernvertrauen erlangen wir das Zutrauen, dass uns nichts widerfahren kann, was uns nicht eine Möglichkeit zur Erfüllung unserer unauslöschlichen Sehnsucht nach Ganzheit bietet.

Deshalb ist alles in unserem Leben, ob es nun Ereignisse oder Menschen sind, genau das, was wir brauchen, um unsere einzigartige

Geschichte erzählen zu können. Es kann, mit anderen Worten gesagt, nichts geschehen, was nicht bereits das Unsere ist. Solches Zutrauen macht uns furchtlos und macht die Welt zu einem freundlichen Ort.

Ich sag, dass wir umwunden sind
von Gnade um und um,
so wie von Luft …

> – GERALD MANLEY HOPKINS;
> *„The Blessed Virgin Compared to the Air We Breathe"*

Die beste Einstimmung

Das größte Risiko: Darauf vertrauen, dass diese Umstände
alles sind, was ich brauche, um ich selbst zu sein.

– HAN HUNG, *chinesischer Dichter, 8. Jh.*

Wenn wir auf die Wirklichkeit vertrauen, auf das Leben, wie es ist, beginnt uns klar zu werden, dass die Welt der Ereignisse und unser eigenes wahres Wesen ein und dasselbe sind. Im Mittelalter sprach man von dem *unus mundus,* der Einen Welt. Das Geistige und das Materielle, das Innen und das Außen, sind Dimensionen einer einzigen Wirklichkeit, das Natürliche, das Göttliche und das Menschliche sind im Wesentlichen eins. Ist es nicht absurd, dass man von uns Menschen die ganze Zeit verlangt hat, auf die Welt zu vertrauen, aber nicht auf unser Ich, und dass auf die Welt zu vertrauen doch im Grunde heißt, auf unser wahres Selbst zu vertrauen? Unser Bedürfnis, die Wirklichkeit zu verändern, zu reparieren und umzugestalten, zeigte doch bloß, dass wir kein Zutrauen zu der Beschaffenheit unseres Menschseins haben. Wenn wir die Schotten dichtgemacht haben, hat uns das nur daran gehindert, zu dem zu werden, was in uns angelegt ist.

Wenn wir die Wirklichkeit als wohlwollend betrachten und uns in sie ergeben, bedeutet das keineswegs, dass wir niemals verletzt werden; es bedeutet nur, dass eine Verletzung uns helfen kann, präsenter zu sein und uns weiterzuentwickeln, dass sie uns den Weg zu mehr Mitgefühl weisen kann. Unsere Probleme, unsere Geschichten und unsere Konflikte werden so zu brauchbaren Hilfsmitteln zur Erleuchtung. Darauf läuft die Empfehlung des Buddhismus hinaus, den Dingen weder anzuhaften noch sie zurückzuweisen. Wir sollen uns stattdessen in die Wirklichkeit ergeben und mit ihr fließen, ohne Vorlieben und in dem Vertrauen, dass das, was uns widerfährt, genau das ist, was wir brauchen, damit das Licht zum Vorschein kommen kann. Wir geben uns der Wirklichkeit hin, wenn wir dem, was uns hier und jetzt widerfährt, mit den Fünf Aspekten der Liebe begegnen. Wir begrüßen unsere unveränderbare Realität mit Aufmerksamkeit, Akzeptanz, Wertschätzung, Zuneigung und vor allem mit Zulassen.

Unsere Hingabe führt nicht dazu, dass wir einfach kuschen oder zu Boden gehen, sondern dass wir die Schicksalsschläge wegstecken „wie Händedruck des Liebsten, schmerzlich und doch ersehnt", um noch einmal Shakespeare zu zitieren. Jetzt erkennen wir den echten Mut unseres wahren Ichs, der soviel machtvoller ist als unser großkotziges Ego. Dies bedeutet nicht, dass unser Ich damit erledigt ist; es liebt vielmehr seine neue Position an der Seite des Selbst. Es kann sich endlich entspannen und seinen anstrengenden Wachtposten verlassen. Es kann sich jetzt in den Armen der Wirklichkeit ausruhen. Das Resultat ist ein zufriedengestelltes Ich, welches das Äquivalent einer tragenden Umgebung darstellt. Nun haben wir endlich gefunden, was das Ego sich immer gewünscht hat: Sicherheit und Geborgenheit in uns selbst, ganz gleich, welche Schläge oder Umarmungen uns die Welt zukommen lässt.

Unser Vertrauen erzeugt eine innere Ruhe, eine Gelassenheit, die uns Energie gibt. In dieser Sicherheit zu ruhen und wach zu sein für das, was als Nächstes kommt, ist das Gegenteil von Kontrolleausüben. Jetzt können wir in jede Erfahrung eintreten und durch sie hindurchgehen, weil wir unser Gefühl der Sicherheit und des Handlungsvermögens mitbringen, selbst dann, wenn wir Angst haben. Der Schrecken der Ungewissheit öffnet sich zu einer Geräumigkeit. Wir fühlen uns nicht fallengelassen, sondern aufgenommen. Sich der Wirklichkeit zu öffnen bedeutet, sich ihr zuzuwenden und darauf zu vertrauen, dass sie uns im gleichen Augenblick einen Platz in ihr einräumt. Dante gibt diesem Vertrauen in *Die Göttliche Komödie* (2. Teil: „Purgatorio") Ausdruck: „Die unendliche Güte hat solch weite Arme, dass sie aufnimmt, was immer sich ihr zuwendet."

All dies geschieht, wenn wir die Kontrolle loslassen und bei dem bleiben, was geschieht, bis es sich wandelt. Dies ist die beste Einstimmung – eine Einstimmung, die wir selbst entdecken und die wir nicht von anderen erwarten, wie wir das in unserer Kindheit getan haben. Sie besteht darin, uns auf unser wahres Wesen einzustimmen, auf unsere Buddha-Natur jenseits des Egos, die ein und dasselbe ist wie die Wirklichkeit, mit der wir uns hier und jetzt konfrontiert sehen. Unsere erleuchtete Natur, die Buddha-Natur, ist stets und schon immer in uns lebendig und transzendiert unsere persönlichen Begrenzungen. Unsere spirituellen Übungen und Bemühungen dienen dazu, diese erleuchtete Natur in unserem täglichen Leben freizulegen. Unsere potenzielle essenzielle Güte und Weisheit wird dann zu verwirklichter essenzieller Güte und Weisheit. Ein Beispiel hierfür ist unsere Intelligenz: Wir sind stets und schon immer intelligent, aber wir müssen sorgfältig und engagiert studieren, um dieses Potenzial auf spezifische Weise zu aktivieren. Wir tragen das, was dazu nötig ist, bereits in uns, aber es wird erst dann lebendig, wenn wir äußerlich kooperieren.

Die Vergangenheit und die Zukunft sind mentale Konstrukte. Jedes Mal, wenn wir zur Gegenwart zurückkehren, fühlen wir eine Kontinuität mit den Malen, wo wir das zuvor getan haben. Allmählich verbinden sich all diese gegenwärtigen Momente miteinander und das fühlt sich dann so an, als geschehe alles in einer einzigen durchgehenden Gegenwart. Deshalb wird in der spirituellen Praxis so betont, dass wir immer wieder in das Hier und Jetzt zurückkehren müssen. Eine solche Haltung entspricht auch unserer natürlichen

Veranlagung, die auf die Zeit der Höhlenmenschen zurückgeht, zu der es für das Überleben wesentlich war, immer präsent zu bleiben. Als faszinierendes Ergebnis unseres Kernvertrauens nimmt unsere Fokussierung und Neugier auf unser eigenes Leben zu. Unser *Interesse* an unserem Leiden wird größer als unser Bedürfnis, uns davon zu befreien. Wir sind davon fasziniert zu erkennen, was dieses spezielle Leiden mit uns zu tun hat und wie es uns und anderen dienen kann.

Unser Selbstvertrauen nimmt zu, wenn wir erkennen, dass es uns möglich ist, uns allen menschlichen Wechselfällen zu öffnen, selbst unserem Leiden. Das ist sehr viel gesünder für uns als die Vergrößerung unserer Fähigkeit, der Realität zu entfliehen oder ihre Stoßkraft abzupuffern. Unsere schmerzlichen Erfahrungen brennen uns nicht mehr unangenehm auf den Fingernägeln, sondern wir sind offen für sie. Tatsächlich ist die Befreiung von dem Wunsch, unseren Schmerz zu kontrollieren, die Kehrseite der Medaille der Heilung. Auf diese Weise respektieren wir die nackte gefühlte Wirklichkeit.

Alle unsere Vermeidungen und Hinzufügungen waren nichts als Widerstände, die jetzt zu Offenbarungen werden: „Wenn ich den Versuch aufgebe, bei der Show Regie zu führen, und mich stattdessen immer wieder für ihre Entfaltung öffne, dann entfalte ich mich selbst. Die Person, die dann zum Vorschein kommt, ist sehr viel interessanter als die Ego-Version meiner selbst. Man stelle sich vor: Ich habe mein ganzes Leben damit verbracht, meine Nebenrolle in der Schulaufführung einzustudieren, wo doch die Hauptrolle in *Krieg der Sterne* auf mich wartete."

Die nackte Erfahrung des Lebens, wie es ist, spricht unser Gefühl der Stärke an und nicht unsere Gefühle, ein Opfer zu sein. Wir benutzen die Ereignisse unseres Lebens nicht länger dazu, unser Schicksal zu beklagen, unsere Geschichte auszuschmücken oder die Kontrolle unseres Egos zu vergrößern. Statt zu versuchen, die Oberhand zu gewinnen – die Hand, die das aufgeblähte Ego so schlau und so verzweifelt ausspielt –, bleiben wir einfach für das präsent, was geschieht und was wir fühlen.

Während ich ein Buch schreibe, erlebe ich viele Synchronizitäten. So sah ich zum Beispiel am Abend, nachdem ich die oben stehenden Abschnitte des Buches geschrieben hatte, den Film *Misfits – Nicht gesellschaftsfähig*. Zu meiner freudigen Überraschung hörte ich darin ein einfaches und klares Beispiel für den springenden Punkt, den ich in Hinsicht auf das Kernvertrauen zu allem, was geschieht, verdeutlichen möchte. Montgomery Clift fragt Marilyn Monroe: „Worauf verlässt du dich?" Und sie antwortet: „Auf das Nächste, was geschieht." Dies ist ein tiefgründiger Ausdruck des Vertrauens auf das, was sich entfaltet, eines Vertrauens, welches darauf basiert, dass wir die Wirklichkeit für etwas halten, das wohlwollend und in Entwicklung befindlich ist. Weil es genau dies ist, was uns zugedacht ist, besteht unsere Aufgabe als Menschen einfach darin, mit dem zu fließen, was geschieht, im Sattel zu bleiben, wohin das Pferd auch immer galoppiert, und uns auf die Wirklichkeit einzustimmen. Wir sollten der Weisheit von Marilyn nur eine Mahnung zur Vorsicht hinzufügen, nämlich dass die Offenheit für das, was sich gerade ergibt, auch ein Zeichen für einen Mangel an Unterscheidungsvermögen und einen Verlust der Grenzen sein könnte. Dies ist die Schattenseite von vertrauensvoller Empfänglichkeit. Weisheit verlangt von uns, dass wir offen sind für das, was geschieht, *und* uns gleichzeitig sehr genau überlegen, worauf wir uns einlassen.

Bei all dieser Befürwortung von Übereinstimmung mit der Wirklichkeit sollten wir jedoch auch nicht unterschätzen, welch kreative Kraft es haben kann, *nicht* mit ihr übereinzustimmen. Der italienische Dichter Eugenio Montale schrieb: „Ich habe mich immer an der Wirklichkeit gerieben, und diese totale Disharmonie war die Quelle meiner Inspiration." Wir, die wir immer am Rande der Gesellschaft statt in ihrem Mainstream gestanden haben, kennen diese Gabe. Aber wir erkennen auch, dass wir deshalb am Rande stehen, weil wir uns der Wirklichkeit so sehr verpflichtet fühlen, und nicht etwa, weil wir sie nicht wahr haben wollen.

Übung

Uns selbst treu bleiben

Unsere menschliche Natur umfasst alle Möglichkeiten von Lust und Leid. Sie alle tauchen zu unterschiedlichen Zeiten auf und erwarten von uns, dass wir sie an unserer Schwelle als gleichwertig empfangen. Wenn wir bei unseren Gefühlen bleiben, dann öffnen sie sich bald in ihr Gegenteil hinein. Das mag zum Beispiel folgendermaßen ablaufen: „Ich fühle mich einsam und isoliert. Ich lasse mich in den Abgrund der Isolation in meinem Inneren hineinfallen. Dieser Abgrund beginnt zu einer Öffnung zu werden, durch die ich wieder in die Welt eintrete und mich mit ihr verbunden fühle." Dies ist das Gegenteil von Isolation. Wir überlassen unserer Erfahrung die Herrschaft. In der folgenden Übung wenden wir all dies auf eine spezifische Situation an.

Irgendwann einmal haben Sie sich einsam gefühlt. Ohne bewusste Bemühung oder Wahl haben Sie dann wahrscheinlich sofort innerlich oder äußerlich irgendetwas unternommen. Sie haben etwas getan oder gedacht. Sie haben sich zum Beispiel eine Geschichte erzählt, in der niemand wirklich mit Ihnen zusammen sein möchte, und Sie haben vielleicht Hinweise darauf gefunden, dass dies alles auf Ihre Kindheit zurückgeht. Damit haben Sie Ihren gewohnheitsmäßigen Glauben daran bestätigt, dass Sie ein Opfer sind, jemand, der nicht liebenswert und nichts wert ist.

Sie hatten vielleicht Befürchtungen oder Angst davor, dass die Dinge noch sehr viel schlimmer würden, wenn Sie bloß dasäßen und sich einsam fühlten. (Tatsächlich sind es die Geschichten und Überzeugungen, die dazu führen, nicht die Einsamkeit selbst.)

Aus lauter Panik haben Sie sich dann einem Suchtverhalten zugewendet, oder Sie haben jemanden angerufen, mit dem Sie Klatsch austauschen konnten, oder Sie haben den Fernseher eingeschaltet, um sich abzulenken, oder Sie haben etwas gegessen – oder Sie haben irgendetwas von dem *getan*, was Ihnen gewöhnlich hilft, Ihrem momentan gegebenen Zustand zu entfliehen.

213

Sie können sich mit dem Dämon der Einsamkeit – oder jedem anderen Dämon – anfreunden, indem Sie eine einfache, aber auf den ersten Blick vielleicht beängstigende Übung anwenden:

1. Halten Sie inne, sobald irgendein Gefühl oder ein Bewusstseinszustand auftaucht.
2. Gestatten Sie sich, Ihre Gefühle zu fühlen und so vollständig wie möglich bei Ihrer Erfahrung zu bleiben, und zwar für eine Minute länger als Sie glauben, es aushalten zu können.
3. Greifen Sie auf einen positiven Puffer zurück, auf etwas, das Sie stärkt und womit sich keine Geschichte, keine Überzeugung und keine Sucht verbindet. Machen Sie zum Beispiel einen Spaziergang in der Natur, lesen oder schreiben Sie ein Gedicht oder essen Sie dann, wenn essen Ihnen hilft, wenigstens etwas Gesundes – eine Apfelsine oder einen frischen Salat. Dies sind Ablenkungen, die Sie bereichern, und keine bloße Flucht.
4. Bedienen Sie sich dann Ihrer gewohnten Puffer oder Ablenkungen, wenn Sie das immer noch möchten.

Jedes Mal, wenn Sie sich einfach für diesen einen Moment länger so sein lassen, wie Sie sind, leisten Sie einen riesigen Beitrag dazu, sich wohler in Ihrer Haut zu fühlen, auf Ihre Gefühle zu vertrauen und sich mit Ihrer unmittelbaren Erfahrung anzufreunden. *Schließlich wird es interessanter für Sie sein, bei sich selbst zu bleiben, statt irgendwelche Puffer zu verwenden.* Die Geschichten, die Überzeugungen und Unternehmungen, mit denen Sie Ihre Erfahrung umkehren möchten, werden für Sie dann nicht nur unnötig, sondern sogar amüsant. Sie sind in Ihre Wirklichkeit eingetreten, statt vor ihr zurückzuweichen.

Dann stellen Sie voller Freude fest, dass Sie sehr viel mehr auf das Universum und auf Ihre inneren Kraftquellen vertrauen. Was als ein Gefühl oder eine Prüfung begann, der Sie meinten – koste es, was es wolle – ausweichen zu müssen, wird zu einer wunderbaren Gelegenheit, zu üben und zu wachsen. Wir können unsere

Art und Weise, mit den Dingen umzugehen, verändern: von „sie loswerden" zu „mit ihnen arbeiten". Dann ist es uns möglich, nicht nur Einsamkeit zu verkraften, sondern auch alles andere, was das Leben mit sich bringt, weil wir keine Angst mehr davor haben. Der Dämon hat sich in einen Verbündeten verwandelt.

Der japanische Zen-Dichter Saigyo lebte als Einsiedler in einer schäbigen Hütte. Das folgende Gedicht schrieb er, nachdem er eine Weile dort *präsent* gewesen war:

> Dieser Platz
> wäre unerträglich
> ohne meine Einsamkeit.

Vier verlässliche Ausrichtungen

Unser Vertrauen kann vier Ausrichtungen annehmen: Wir können auf uns selbst, auf andere, auf die Wirklichkeit und auf eine höhere Macht vertrauen. Die vier Formen des Vertrauens sind, anders gesagt: Selbstvertrauen, zwischenmenschliches Vertrauen, Kernvertrauen (Vertrauen auf die Wirklichkeit) und Glaube (das Vertrauen auf eine höhere Macht). Bleibt eine (oder bleiben mehrere) dieser Ausrichtungen unberücksichtigt, dann lastet zuviel Druck auf den anderen. Wenn wir zum Beispiel anderen Menschen nicht vertrauen können, belasten wir uns selbst übermäßig. Unsere Herausforderung besteht also darin, alle vier Arten des Vertrauens zu nutzen.

Selbstvertrauen bedeutet, darauf zu vertrauen, dass unser Körper/ Geist das geeignetste Instrument ist, auf psychisch und spirituell gesunde Weise zu leben. Selbstvertrauen ist Selbstachtung. Wir wissen, dass wir uns selbst im Umgang mit anderen vertrauen können, wenn wir deren Vertrauenswürdigkeit mit Wertschätzung annehmen können und uns nicht aus dem Gleichgewicht bringen lassen und keine Vergeltung üben, wenn diese Menschen sich als nichtvertrauenswürdig erweisen. Voraussetzung hierfür ist Gleichmut, die Fähigkeit, durch Bewusstseinszustände und Prüfungen im Leben mit einer Geschmeidigkeit der Einstellung und des Fühlens hindurchzugehen. Unsere Verpflichtung, keine Rache zu üben, ist ein Resultat unserer Kultivierung von spiritueller Bewusstheit durch die Übung von liebender Güte. Diese Verpflichtung ist ein Zeichen dafür, dass wir auf die Weisheit jener Lehren Vertrauen, die Gewaltlosigkeit als Pfad empfehlen.

Zu *zwischenmenschlichem Vertrauen* kommt es, wenn wir glauben, dass es anderen um unsere besten Interessen geht. Wir vertrauen darauf, dass sie für uns eintreten, uns beistehen und für uns da sind, wenn wir sie brauchen. Wir glauben daran, dass sie uns nicht bewusst oder absichtlich betrügen, enttäuschen, täuschen oder verletzen werden. Tun sie das trotzdem, vertrauen wir darauf, dass wir selbst mit diesen Erfahrungen umgehen können, indem wir sie betrauern und uns wieder mit den anderen auszusöhnen, wenn das der Situation angemessen ist.

Vertrauen auf die Wirklichkeit ist das Zutrauen, dass alles, was uns jenseits unserer Kontrollmöglichkeiten widerfährt, genau das ist, was uns Gelegenheit gibt, auf unsere eigene einzigartige Weise zu wachsen. Dies bedeutet nicht, dass wir uns mit Ungerechtigkeiten abfinden oder zum Fußabtreter für andere werden. Es bedeutet nur, dass wir uns auf das einstellen, was sich nicht ändern lässt, und dass wir mit Elan nach der darin enthaltenen Lehre suchen. Wir vertrauen auf die Wirklichkeit, wenn wir daran glauben, dass das Universum uns hilft, uns weiterzuentwickeln. Die Umstände und Prüfungen sind keine Hindernisse, sondern Hilfsmittel dazu, zu einem Menschen von starkem Charakter, Tiefe und Mitgefühl zu werden. Die Schlaglöcher und Missgeschicke im Leben sind die Art und Weise, wie sich das vollzieht. Wir zeigen unser Vertrauen auf die Wirklichkeit, wie sie ist, indem wir diese Schlaglöcher und Missgeschicke rückhaltlos annehmen. Dann sind wir bereit, zu ändern, was sich ändern lässt, und den Unterschied zwischen dem Veränderbaren und dem Nichtveränderbaren zu erkennen.

Auf eine höhere Macht zu vertrauen kann bedeuten, dass wir an einen persönlichen Gott glauben oder an irgendeine Macht oder einen Geist in der Natur oder im Universum, die oder der das Ego transzendiert und auf deren/dessen Gnade und Unterstützung wir uns verlassen können. Vertrauen auf unsere Buddha-Natur, den erleuchteten Kern von uns allen, ist ein Vertrauen darauf, dass wir alle grundlegendes Gutsein, Liebe, erleuchtete Weisheit und Gleichmut besitzen, dass wir also daran glauben, diese Eigenschaften schon immer als ein Potenzial in uns zu tragen, das nur auf seine Verwirklichung wartet. Die volle Verwirklichung unseres Potenzials macht aus Möglichkeiten konkrete Kraftquellen. Diese werden zu unseren inneren Ressourcen im Umgang mit dem Leben, mit Ereignissen und Menschen und mit all den Herausforderungen, die sie uns stellen.

Sich in den Willen Gottes zu ergeben, wie es der Satz „Dein Wille geschehe" zum Ausdruck bringt, ist eine religiöse Form des Kernvertrauens. Auf Gott zu vertrauen ist deshalb dasselbe, wie auf die Wirklichkeit zu vertrauen. In einem Interview mit Frederick Sands sagte C. G. Jung kurz vor seinem Tode: „Gott ist der Name, mit dem ich all jene Dinge bezeichne, die rücksichtslos und gewaltsam meinen Weg kreuzen, all jene Dinge, die meine Absichten und Pläne durchkreuzen und die den Verlauf meines Lebens zum Besseren oder zum Schlechteren verändern." In diesem Sinne sind Gott und die Wirklichkeit ein und dasselbe. Kernvertrauen und Vertrauen auf eine höhere Macht sind also im Wesentlichen eins.

Etwas Ähnliches hören wir von dem zeitgenössischen Theologen und Mönch Thomas Keating in seinem Buch *Open Mind, Open Heart:* „Ohne Unterlass zu beten, bedeutet, die ganze Zeit der göttlichen Präsenz als *eines spontanen Teils der Wirklichkeit* [meine Kursivierung] gewahr zu sein." In dieser Sichtweise vertrauen wir darauf, dass das, was uns widerfährt, die Art und Weise ist, auf die sich das Göttliche entfaltet und im täglichen Leben inkarniert. Gott ist dann keine von uns getrennte Wesenheit oder Person, sondern eine immanente Wirklichkeit, die das Ego transzendiert. Auf diese

Weise kann die höhere Macht in unserem Inneren zu einer „unerwarteten inneren Kraftquelle" werden, wie es bei den Anonymen Alkoholikern heißt.

Aus einer erwachsenen Perspektive gesehen, ist das Vertrauen auf eine höhere Macht ein Verlass auf einen immens ermutigenden Glauben: Nichts, was uns widerfahren kann, vermag uns daran zu hindern, einen Sinn in der Welt oder Erfüllung als ein Menschenwesen zu finden. Dies muss nicht bedeuten, dass es eine Bestimmung oder ein Eingreifen von oben gibt. Es bedeutet, dass jede Prüfung in unserem Leben uns an sich die Gelegenheit zur Weiterentwicklung gibt. Ganz gleich, wie bedrohlich die Mächte des Bösen und des Hasses werden mögen, wir können uns irgendwie von ihnen freimachen, selbst wenn wir sie in uns selbst vorfinden. Das Vertrauen auf eine höhere Macht bedeutet, darauf zu vertrauen, dass keine Macht auf dieser Erde uns im Hass gefangen halten oder uns daran hindern kann, zu lieben. Jetzt vermögen wir zu sehen, warum erwachsener und durchgängiger Glaube für so viele von uns eine Herausforderung darstellt. Er verlangt nämlich, dass wir die Verantwortung für die Aktivierung unserer unausweichlichen und uns unablässig anrufenden Potenziale übernehmen. Dieser Glaube ist das Gegenteil von Steckenbleiben, der Unfähigkeit, uns auf den Weg zu machen, oder der Furcht vor dem Weitergehen. Ein Teil des Glaubens ist natürlich der Glaube an eine helfende und uns belebende Gnade, und deshalb vermag der Glaube uns große Hoffnung zu geben.

Jetzt können wir das, was wir in früheren Kapiteln gelernt haben, zusammenfassen und es mit den vier Ausrichtungen des Vertrauens verbinden:

In der Kindheit lernen wir zu vertrauen, weil die folgenden fünf Elemente vorhanden sind:

1. Bonding mit vertrauenswürdigen Bezugspersonen.
2. Die Spiegelung unserer Gefühle und Stimmungen durch unsere Bezugspersonen.

3. Die Einstimmung auf die Fünf Aspekte der Liebe (Aufmerksamkeit, Akzeptanz, Wertschätzung, Zuneigung und Zulassen).

4. Die Möglichkeit, bei jemandem, der Stärke und Weisheit besitzt, einen sicheren Hafen zu finden, wenn wir uns verwirrt oder bedroht fühlen.

5. Eine sichere Grundlage in jemandem erkennen, der als Modell für Gelassenheit unter Stress dient.

Diese fünf Elemente werden uns alle auf verlässliche, beruhigende und flexible Weise entgegengebracht, sodass Sicherheit und Geborgenheit daraus resultieren.

Dieselben fünf Eigenschaften charakterisieren unser Selbstvertrauen und unser Vertrauen auf andere

1. Wir fühlen uns durch das Bonding mit vertrauenswürdigen Partnern und Freunden unterstützt.

2. Unsere Gefühle und Stimmungen werden von diesen gespiegelt.

3. Wir sind auf die Fünf Aspekte der Liebe eingestimmt – und stimmen uns auf dieselbe Weise auf uns selbst ein.

4. Wenn wir uns bedroht oder verwirrt fühlen, finden wir einen sicheren Hafen in unserer eigenen Stärke und Weisheit, besonders in Achtsamkeit und innerer Stille.

5. Wir glauben daran, dass wir und andere ein sicheres Fundament füreinander sein können, und handeln in Übereinstimmung mit diesem Zutrauen.

Diese Eigenschaften sind auch die Grundlage unseres Vertrauens auf die Wirklichkeit und auf eine transzendente Macht

1. Wir fühlen uns allen Wesen in liebender Güte verbunden.

2. Wir zeigen anderen gegenüber Einfühlungsvermögen und Mitgefühl und haben das Gefühl, dass uns diese Eigenschaften

von Mächten, die unser Ego transzendieren, entgegengebracht werden.

3. Wir stimmen uns auf die Gegebenheiten des Lebens ein und ergeben uns in diese und wir fühlen uns auf Mächte, die uns selbst transzendieren, eingestimmt.

4. Wir finden in der Stärke und Weisheit, die aus Achtsamkeit und innerer Stille entstehen, einen sicheren Hafen, insbesondere in der Natur oder in mystischen Erfahrungen.

5. Wir handeln mit Tugend und Integrität, sodass man auf jeden von uns als ein sicheres Fundament für andere vertrauen kann.

Übung

UNSEREN KOMPASS DES VERTRAUENS BENUTZEN

Überprüfen Sie Ihre Beziehung zu den vier Ausrichtungen des Vertrauens, indem Sie einen Kompass zeichnen, das Bild eines vertrauenswürdigen Werkzeugs, das Ihnen auf einer Reise den Weg weisen kann.

Schreiben Sie in die Mitte die Worte „ICH VERTRAUE" und ziehen sie einen Kreis darum herum.

Schreiben Sie auf der östlichen Position „ICH SELBST".

Schreiben Sie auf der westlichen Position „ANDERE".

Auf die südliche Position schreiben Sie „WIRKLICHKEIT" oder „WAS IMMER GESCHIEHT" oder „WIE DAS LEBEN SICH ENTFALTET".

Schreiben Sie auf die nördliche Position das Wort, das für Sie „GOTT ODER EINE HÖHERE MACHT"repräsentiert.

Zeichnen Sie aus der Mitte des Kreises Pfeile zu jeder der vier Himmelsrichtungen. Beachten Sie die Struktur: eine horizontale Ebene für Menschen und eine vertikale Ebene für Mächte, die sich unserer Kontrolle entziehen.

Ziehen Sie auf der Außenseite des Kompasses eine gebogene Linie von Norden nach Osten nach Süden nach Westen und wieder nach

Norden. Dies symbolisiert, wie all die Kraftquellen des Vertrauens miteinander verbunden sind und einander unterstützen. *Die vier Richtungen des Vertrauens werden zu unseren hauptsächlichen inneren Kraftquellen. Wir greifen im Laufe unseres Lebens immer wieder auf sie zurück.*

Denken Sie jetzt an ein Problem oder an Sorgen aus Ihrer jüngeren Vergangenheit – daran, wie Sie gewöhnlich mit den Dingen umgehen. Fragen Sie sich, wie Sie auf jede dieser vier Richtungen vertrauen könnten, wenn es darum geht, mit diesem Problem (oder mit dem Leben im Allgemeinen) umzugehen. Tun Sie dies, indem Sie in Hinsicht auf jede Richtung des Vertrauens auf die untenstehenden vier Fragen oder Vorschläge antworten. Lassen Sie jede Ihrer Antworten zum Ausgangspunkt für eine Reihe von Gedanken und Gefühlen werden, die Ihnen zu zeigen vermögen, wie Sie vollständiger und wirksamer auf jede dieser vier Kraftquellen vertrauen können. Sehen Sie diese als Verbündete in Ihrem Umgang mit Ihrer gegenwärtigen (oder jeder anderen) Prüfung. Ein Verbündeter ist alles, was, oder jeder, der Ihnen hilft, sich weiterzuentwickeln, der Sie dazu antreibt oder der sich wünscht, dass Sie Erfolg haben, der Sie zu dem, was am besten für Sie ist, anleitet, der Sie bei Ihrer Selbsterforschung unterstützt und der eine helfende Kraft ist in Hinsicht auf:

Selbstvertrauen

1. Welche Kraftquellen finden Sie in Ihrem Körper/Geist, und wie können Sie diese häufiger anwenden?

2. Wie gut können Sie sich darauf verlassen, dass Sie selbst aktiv werden, wenn sich Ihnen eine Herausforderung stellt?

3. Auf welche Eigenschaften, Fertigkeiten und Tugenden in Ihnen selbst vertrauen Sie?

4. Auf welche Weise engagieren Sie sich dafür, bei diesem Problem zu bleiben, indem Sie zuerst innehalten, um es zu überdenken, und es erst dann, wenn Sie dazu bereit sind, anzusprechen, um es aufzulösen?

Zwischenmenschliches Vertrauen

1. Um welche Art von Unterstützung bitten Sie Ihren Partner oder einen engen Freund? (Um Hilfe zu bitten, ist eine Weise, Vertrauen zu lernen. Wenn andere uns unterstützen, zweifeln wir nicht mehr an unserem Selbstwert.)
2. Was sagen Sie Ihrer Familie oder Ihren Freunden, damit diese Ihnen helfen können?
3. Auf welche Art und Weise gehen Sie mit der Enttäuschung um, wenn andere Menschen nicht für Sie einstehen?
4. Wenn Sie Angst davor haben, um Hilfe zu bitten, oder sich deshalb schämen, können Sie dann daran arbeiten, indem Sie sich selbst sowie Ihren Freunden und Ihrer Familie Ihre Angst eingestehen und sie ganz und gar fühlen, sodass Sie dann nicht mehr von der Angst getrieben oder gebremst werden?

Kernvertrauen

1. Wie können Sie zu dem, was geschieht, bedingungslos ja sagen, sodass Sie die Gelassenheit gewinnen, das zu akzeptieren, was sich nicht ändern lässt?
2. Wie können Sie zu dem, was geschieht, bedingungslos ja sagen, sodass Sie den Mut erlangen, das zu verändern, was sich ändern lässt?
3. Wie können Sie bedingungslos zu Ihrer inneren Weisheit ja sagen, sodass Sie den Unterschied zwischen dem, was sich ändern lässt, und dem, was sich nicht ändern lässt, erkennen?
4. Verpflichten Sie sich, auch weiterhin nach dem zu suchen, was Ihnen hilft, darauf zu vertrauen, dass das Universum Ihnen Gelegenheiten zu weiterem Wachstum und der Vergrößerung Ihrer Weisheit bietet, dass dieses Problem Ihre weitere Entwicklung fördern kann und dass Sie daraus größere Selbstachtung und Liebe für andere gewinnen können.

Vertrauen auf eine höhere Macht

1. Wenn das mit Ihrem Glaubenssystem vereinbar ist, verwenden Sie Hingabe und Gebet, um eine persönliche Verbindung zu Gott oder zu einer höheren Macht aufzubauen.
2. Tauchen Sie in die Tiefe Ihres Herzens in Ihrer Brust hinab, wo Sie eine unfehlbare Quelle bedingungsloser Liebe sowie der Weisheit und Heilkraft finden, und stellen Sie sich dann vor, dass Sie diese Dinge auf das vorliegende Problem anwenden.
3. Stellen Sie sich vor, dass Engel, Heilige oder Buddhas, welche Liebe, Weisheit und Heilkraft repräsentieren, Ihnen jetzt und in jeder Phase des Problems und seiner Auflösung beistehen. Wenn Ihnen diese traditionellen Bilder nicht angemessen erscheinen, benutzen Sie Bilder, die für Sie funktionieren.
4. Bitten Sie um die Gnade, auf die Botschaften vertrauen zu können, die Ihnen in der Form von Synchronizität, Träumen, Intuitionen und auf jede andere Weise zukommen, die ihren Ursprung in einer Macht zu haben scheinen, die Ihre eigenen Fähigkeiten überschreitet.

Affirmationen zum Aufbau von Vertrauen in alle Richtungen

Möge ich an Selbstvertrauen gewinnen, indem ich mir selbst Aufmerksamkeit, Akzeptanz, Wertschätzung, Zuneigung und Zulassen zukommen lasse.

Möge mein Vertrauen auf andere zunehmen, indem ich sie um Unterstützung bitte sowie die Art und Weise, auf die sie mir Ihre Unterstützung gewähren, wertschätze und ihnen keine Vorwürfe mache oder sie bestrafe, wenn sie mich enttäuschen.

Möge mein Vertrauen darauf wachsen, dass meine gegenwärtige Prüfung ein Pfad zu Ganzheit und einem höheren spirituellen Bewusstsein ist, in dem ich meine Situation im Hier und Jetzt mit Gleichmut sowie mit einem Sinn für Humor annehme.

Möge ich weiterhin darauf vertrauen, dass mir von Mächten, die mein Ego transzendieren, Gnade gewährt wird.

Möge ich mir dessen bewusst bleiben, dass diese Mächte immer und überall bei mir sind.

Möge ich fühlen, wie sie mich führen, beschützen, trösten und aufheitern.

Möge mein unerschütterlicher Glaube daran zunehmen, dass kosmische Kräfte sich immer und überall um unser aller Evolution kümmern.

Möge ich immer für die Gnade, die mir geschieht, dankbar sein.

Jetzt bin ich mir dessen bewusst, dass die Worte „Und ob ich schon wanderte im finstern Tal, fürchte ich kein Unglück; denn du bist bei mir" sich nicht nur auf eine höhere Macht beziehen. Sie gelten für alle vier meiner vertrauenswürdigen Kraftquellen:

„Ich fürchte kein Unglück, weil ich bei mir bin."
„Ich fürchte kein Unglück, weil andere bei mir sind."
„Ich fürchte kein Unglück, weil das Universum bei mir ist."

Die Affirmationen zu einer Übung liebender Güte ausweiten

Möge das, was ich in dieser Krise oder mit diesem Problem durchmache, für andere Menschen, die auf dieselbe Weise leiden, hilfreich sein. Möge jeder Fortschritt, den ich mache, auch ihnen dienen.

Möge ich darauf vertrauen, dass ich meine Fähigkeit zu lieben niemals verliere, ganz gleich, was mir geschieht, und möge ich immer wissen, dass nichts wichtiger ist als das.

In dieser Übung, bei der wir uns daran erinnern, dass andere Menschen ebenso leiden wie wir, und in der wir uns mit ihnen verbinden, betrachten wir den Schmerz nicht mehr als etwas, das einzigartig für uns selbst ist. Unser Sinn der Verbundenheit mit anderen führt zu einem Ja zu der Gegebenheit des universalen Leidens. Dies befreit uns vom Leiden als isolierte Opfer und wir sehen uns eher als Mensch unter Mitmenschen.

Wir können auch sagen, dass das Leiden mehr ist als eine Gegebenheit des Lebens. Es ist ein Symptom dafür, dass wir immer noch im dualistischen Denken festsitzen, dass wir uns etwas anderes wünschen als das, was im Moment gerade geschieht – das heißt also, dass wir nicht in der Gegenwart leben. In dem Moment, in dem wir uns in den Augenblick fallen lassen, wird das Leiden einfach zu einem Teil der Erfahrung des Lebendigseins und ist nicht mehr als das.

8

Das Vertrauen auf Mächte, die unser Ich transzendieren

In diesem Buch haben wir bisher im einzelnen die Natur des Selbstvertrauens, des zwischenmenschlichen Vertrauens und des Kernvertrauens untersucht. Jetzt wenden wir uns der Frage des Vertrauens auf Gott oder eine höhere Macht zu. Wie sieht weises, erwachsenes Vertrauen auf eine höhere Macht aus?

Glaube wird gewöhnlich als Verlass auf unsichtbare Quellen der Unterstützung beschrieben. Glaube ist die Ausprägung von Vertrauen, die sich auf das Transzendente ausrichtet.

Das religiöse Vertrauen basiert weitgehend auf der Erfahrung von Verlässlichkeit unserer ursprünglichen Bezugspersonen. Als diese zu jener Zeit, da wir noch nicht sprechen konnten, für uns da waren und unsere Bedürfnisse sogar schon zu kennen schienen, bevor wir darum wussten, gewannen wir Vertrauen darauf, dass es geheimnisvolle und mächtige Quellen der Verlässlichkeit in der Welt um uns herum gibt, die zu unseren Gunsten wirken. Es fällt uns dann später leicht, das Gefühl zu haben, dass die Gegebenheiten des Lebens uns nicht feindlich gesinnt sind. Wir haben gelernt, an vertrauenswürdige Kräfte, die uns umgeben, zu glauben.

Gehörte eine solche Verlässlichkeit nicht zu unseren früheren Erfahrungen oder wurden wir gar misshandelt, dann haben wir vielleicht das Gefühl, dass diese Welt auf der Grundlage eines Modells der Bestrafung funktioniert. Dies führt dazu, dass wir später in unserem Leben eine auf Angst basierende religiöse Anschauung haben. Wir versuchen dann eher, die Gegebenheiten des Lebens zu kontrollieren, statt zu ihnen ja zu sagen. Furcht und Kontrolle machen es uns unmöglich, Glaube im Sinne eines Vertrauens darauf, dass wir uns in guten Händen befinden, zu haben. Und doch bringt uns ein bedingungsloses Ja zum Vertrauen Gelassenheit im Angesicht jedes Dämons oder im Rachen jedes Hais.

Unser frühes Leben beeinflusst unser moralisches Bewusstsein, denn dieses ist direkt proportional zu der Stabilität unserer Ichempfindung. Haben wir in unserer Kindheit innere Stärke gewonnen, so macht uns das moralisch widerstandsfähig. Wir sind dann fähig, die unmittelbare Befriedigung zugunsten eines höheren Wertes aufzugeben, unsere Liebe über die uns nahestehenden Menschen hinaus auszudehnen, zu vergeben und zu versöhnen, unsere Fehler wiedergutzumachen, uns gegen Ungerechtigkeiten zu engagieren, mit Ehrlichkeit und Integrität zu handeln und die Verantwortung für unsere Welt zu übernehmen. Daraus folgt, dass Eltern ihren Kindern dann am besten helfen können, zu moralisch aufrechten Menschen zu werden, wenn sie das Selbstvertrauen der Kinder aufbauen, statt sie mit der Androhung von Hölle und Strafe zu erschrecken. Kinder, die sich selbst vertrauen, werden zu Erwachsenen, die das Böse überwinden, statt sich ihm anzuschließen oder es zu leugnen.

Während unserer Kindheit haben uns die Arme unserer Mutter geholfen, einer Person zu vertrauen. Die allumfassende Verschmelzung mit ihr gab uns *gleichzeitig* ein Gefühl der Transzendenz. Das stattete uns mit dem Vermögen aus, an einen persönlichen und uns unterstützenden Gott zu glauben, an ein transzendentes Elternteil. Der Vater als Symbol eines anderen Aspekts dieser allmächtigen Macht vergrößert unser Gefühl des Beschütztseins. Es wird uns schwerfallen, auf ein transzendentes Elternteil zu vertrauen, wenn wir in unserer Kindheit nicht unseren eigenen Eltern und anderen Bezugspersonen vertrauen konnten. Dann müssen wir an uns selbst arbeiten, bevor wir lernen können, in einer intimen Beziehung auf andere oder auf Gott/eine höhere Macht/die Buddha-Natur zu vertrauen.

Es ist auf jeden Fall möglich, an eine transzendente höhere Macht zu glauben, ohne an einen Gott im engeren Sinn zu glauben. Unsere transzendente Macht kann die Natur oder unsere Hoffnung auf die Menschheit sein. Diese Wertschätzung oder dieses Vertrauen führt dazu, dass wir uns in der Welt zuhause fühlen, und schenkt uns ein Gefühl der Sicherheit und der Bestärkung. Ein solches Zutrauen zu der Sinnhaftigkeit der Welt kann das Äquivalent zu einem Vertrauen auf eine persönliche göttliche Gegenwart hinter alldem sein. Dies kommt sehr gut in einer Zeile eines Liedes aus dem Musical *Carousel* von Rogers und Hammerstein zum Ausdruck: *„Walk on, walk on, with hope in your heart, and you'll never walk alone."* („Geh voran, geh voran, mit Hoffnung im Herzen, und du gehst niemals allein.") In diesem Lied wird Gott nicht erwähnt, aber *Hoffnung ist gleichbedeutend mit seiner Gegenwart.*

Es ist verständlich, dass die Menschen im Lauf der Jahrhunderte begannen, an eine transzendente Präsenz zu glauben und sich auf diese zu verlassen. Begleitet zu werden ist uns so wichtig, dass wir einen absolut vertrauenswürdigen Freund, einen total verlässlichen Beschützer, einen jederzeit und überall präsenten Kameraden brauchen. Dann können wir durch jedes finstere Tal, selbst durch das des Todes, vorangehen, „denn du bist bei mir". Auch heute suchen wir diese Begleitung immer noch. Als Amerikaner tragen wir sogar die Worte *In God we trust* („Wir vertrauen auf Gott") auf den Geldscheinen in unserer Tasche bei uns!

Zuerst kam uns diese Präsenz vielleicht wie eine männliche Person im Himmel vor, aber mit unserer weiteren Entwicklung musste dieses Gefühl des Transzendenten nicht mehr personifiziert werden. Es konnte ganz wirklich bleiben, ohne buchstäblich zu sein. In der Kindheit können uns religiöse Symbole und buchstäblicher religiöser Glaube ein „zeitweiliger" Trost sein. Unser Glaube beginnt gewöhnlich mit buchstäblichen Glaubensvorstellungen („Der liebe

Gott wohnt da oben im Himmel") und er wird reifer, indem wir die metaphorische Natur dieser Vorstellungen begreifen.

Der Mensch hat dann bald begonnen, das transzendente göttliche Leben als etwas zu begreifen, das immanent ist, also in seinem Inneren wohnt. Diese innere Gegenwart fühlte sich an wie eine verlässliche Quelle der Unterstützung, die über unser Ich hinausreicht und der wir vertrauen können. So vermochten wir die transzendente Präsenz als unsere eigene erleuchtete Natur zu begreifen. Je mehr wir uns der Wunder in dieser unserer inneren Natur bewusst werden, desto mehr fühlt sie sich wie eine lebendige, liebevolle und verlässliche Gegenwart an. Dies befriedigt unser Bedürfnis nach einer Vertrauenswürdigkeit, welche die menschlichen Schwächen transzendiert, nach einer Macht, die größer ist als unser kleines Ego.

Der Glaube an das göttliche Weibliche hat mit einer Verehrung der Erde zu tun, nicht mit einer buchstäblichen Göttin. In der alten heidnischen Vorstellung der Muttergottheit ist diese sowohl nährend als auch verschlingend. Auf sie zu vertrauen bedeutet, darauf zu vertrauen, dass sie uns gewiss trösten wird, dass sie aber auch unser Ego vernichten wird, wenn das nötig ist, damit wir zu unserer inneren erleuchteten Natur erwachen können. In einem reifen spirituellen Bewusstsein spalten wir sie nicht in die gute Mutter und die schlechte Mutter auf. Wir integrieren vielmehr ihre gegensätzlichen Energien, die uns einerseits mit liebender Fürsorge annehmen und die andererseits grimmig genug sind, unser Ego zur Rechenschaft zu ziehen. Das göttliche Weibliche ist uns sowohl Trost als auch Herausforderung.

Wie wir in dem Kapitel über Kernvertrauen gesehen haben, können wir Gott als eine Metapher für die Wirklichkeit verstehen, die uns in den Gegebenheiten des Lebens heimsucht. Vertrauen ist dann ein bedingungsloses Ja zu den Dingen, wie sie sind, eine Vereinigung mit dem, was geschieht, sodass unser Gefühl der Getrenntheit verschwindet. Der traditionelle Ausspruch „Dein Wille geschehe" ist ein Ausdruck dieses bedingungslosen Ja. In einem gänzlich erwachsenen Glauben ist dieses Gebet nicht mehr dualistisch. Es wurde zu: „Ich bin eins mit deinem Willen." In dieser Sichtweise ist der Gläubige in ständigem Kontakt mit Gott, der ihm in allem, was geschieht, erscheint. Jede Erfahrung im Leben ist dann eine Epiphanie. Im Buddhismus wird dies vielleicht folgendermaßen ausgedrückt: Alles ist der Dharma, eine Lehre darüber, wie die Dinge wirklich sind, oder über den Pfad zur Erleuchtung.

Es kommt zu einer Idealisierung, wenn wir jemanden als vollkommen betrachten. Wir glauben dann, dass auch wir vollkommen – und vollständig – sein werden, wenn wir uns unserem Idol anschließen. Unsere Verbindung mit dem idealen Elternteil oder dem spirituellen Lehrer gibt uns dann Sicherheit und Geborgenheit. Dies wird zu einer Startrampe. Die positiven Resultate bestehen darin, dass wir eine klarere Ausrichtung im Leben sowie ein Gefühl der persönlichen Stabilität gewinnen und zu unserem Lebenszweck finden. Wird unsere Idealisierung eines Lehrers oder einer religiösen Autorität jedoch zu einer bleibenden Verhaftung, wie das in einem Kult geschieht, dann hat das negative Konsequenzen. Wir können dann unsere Entwicklungsaufgabe, zu unabhängigem und kreativem Denken zu gelangen, nicht erfüllen.

Im Rahmen einer formalen Religion mögen manche Lehrer aus unserer Kindheit unser Vertrauen auf sie ausgenutzt haben. Sie haben uns vielleicht repressive Gebote eingebläut, die uns ausgebeutet und eingeengt haben. Eine solche Doktrin ist deshalb schwer aufzuheben, weil sie zusammen mit einer Verbindung totalen Vertrauens in unseren Geist eingepflanzt wurde. Diese Verbindung lässt das, was man uns gelehrt hat, so langlebig sein. Wenn wir dann reifer geworden sind, mag es uns leicht fallen zu erkennen, dass einige spirituelle Lehrer von Angst motiviert und psychologisch nicht im Gleichgewicht waren. Doch ihre zur Selbstverleugnung führenden Lehren mögen weiterhin in uns leben, weil sie in unauslotbare Tiefen unseres Unbewussten abgesunken sind. Es ist nicht so leicht, all diese Störenfriede bis hinab zum Meeresgrund herauszufischen. Unsere Arbeit besteht darin, uns selbst von Aberglauben und auf Angst beruhenden Glaubensvorstellungen zu befreien sowie unseren Groll gegenüber Lehrern, die traurigerweise selbst ziemlich umnachtet waren, loszulassen.

Haben wir Dinge getan, auf die wir nicht stolz sind, dann glauben wir vielleicht, dass wir unser Leben lang schuldig bleiben und deshalb Strafe verdienen. Doch damit würden wir sagen, dass nicht einmal Gott die Macht hat, uns zu vergeben. Wir glauben, wir müssten bestraft werden, vielleicht sogar nach unserem Tode. Furcht vor der Hölle ist das Gegenteil von Gottvertrauen. Mit dem Glauben an die Hölle sagen wir praktisch, dass Gott ein ewiger Folterer ist, der nicht so weit entwickelt ist wie heroische Menschenwesen und noch nicht die Stärke des gewaltlosen Widerstands gegen das Böse gefunden hat. Ein solcher Gott ist eine Metapher für das rachesüchtige Ego mit seinem Anspruchsdenken, nicht für bedingungslose Liebe. Ein Gott der universalen und bedingungslosen Liebe ist für das Ego nicht besonders attraktiv, weil dies bedeutet, dass es keine Garantie für Vergeltung gibt, die ja schließlich der liebste Zeitvertreib des Egos ist. Selbst die Geschenke der Gnade in unserem Leben mögen das arrogante Ego stören. Unser Ego fühlt sich durch das Konzept der Gnade erniedrigt, weil es ein anderer Hinweis auf die Grenzen seiner Macht ist. Zum Vertrauen auf eine höhere Macht gehört der Glaube, dass uns die Gnade der Vergebung gewährt wird. Sich selbst zu vergeben macht es dann möglich, an das letztendliche Gute in allen Wesen zu glauben. Uns selbst zu vergeben ist also eine spirituelle Übung.

Und schließlich ist in der Kindheit auch die Vorstellungskraft eine notwendige Fähigkeit, eine Fähigkeit, die wir brauchen, um unserer Welt einen Sinn zu geben. Zu viel Fantasie kann allerdings schädlich sein, wenn wir uns stärker auf sie verlassen als auf Fakten. Glaube ist eine Leistung der Vorstellungskraft, welche eine positive Auswirkung auf unsere spirituelle Kreativität hat. Imagination ist die grundlegendste unserer religiösen Kräfte, weil wir uns etwas vorstellen und an etwas glauben können, wofür es keine greifbaren Beweise gibt. Deshalb ist es paradox, dass einige Religionen unsere Vorstellungskraft durch dogmatische Lehren einschränken und begrenzen, welche uns ein Denken austreiben wollen, das über unseren Tellerrand hinaus sieht.

Es ist unsere wunderbare Kraft der Imagination, die es möglich macht, an Liebe zu glauben, wenn wir nur Hass sehen, an Weisheit zu glauben, wenn wir nur Unwissenheit sehen, an Heilung zu glauben, wenn wir nur Verletzung sehen, und an das Leben zu glauben, wenn wir nur Tod sehen. Ein gesunder Glaube ist also der Gipfel dessen, was Imagination erreichen kann. Das sind keine Fantasien im Sinne der Piratenfantasien von vergrabenen Schätzen, sondern die Anerkennung der verborgenen Reichtümer in uns selbst, in anderen, in der Wirklichkeit und in den Mächten, die unser Ego transzendieren, durch einen spirituell bewussten Erwachsenen.

> *Dieser grundlegende Kern des Gutseins ist unser wahres*
> *Selbst ... Die Akzeptanz unseres grundlegenden Gutseins*
> *ist ein Quantensprung auf unserer spirituellen Reise. Gott*
> *und unser wahres Selbst sind nicht voneinander getrennt.*
> *Auch wenn wir nicht Gott sind, sind Gott und unser*
> *wahres Selbst doch ein und dasselbe.*
>
> – THOMAS KEATING, *Open Mind, Open Heart*

Unsere Sehnsucht nach Sinn

> *Wenn die Selbstverwirklichung zu einem Selbstzweck*
> *wird, widerspricht dies der selbsttranszendierenden*
> *Eigenschaft der menschlichen Existenz ... Nur in dem*
> *Maße, in dem der Mensch einen Sinn dort draußen in der*
> *Welt ausfüllt, findet er selbst Erfüllung.*
>
> – VIKTOR FRANKL, *The Unheard Cry for Meaning*

Wir suchen allüberall nach Sinn. Das hat unmittelbar mit Vertrauen zu tun, weil wir nach etwas Ausschau halten, auf das wir uns verlassen können. Dabei bemerken wir allerdings, dass die Lebenserfahrungen nicht mit griffigen Erklärungen oder Garantien geliefert werden. Wir suchen sie in der Psychologie, in der Religion, in uns selbst. Und dann hoffen wir, dass unser Sinn die Realität widerspiegelt. Stülpen wir etwa neutralen Wirklichkeiten einen Sinn über, oder entdecken wir wirklich eine sinnvolle Welt?

Ohne spirituelle Erfahrung bleiben wir in Konzepten und Konstrukten stecken, in unseren Interpretationen von Vorstellungen, die uns begegnet sind. Wir sind dann zwei Schritte von der nackten Wirklichkeit entfernt. Auf jeden Fall ist die Reise des Erwachsenen eine Reise durch ein Labyrinth. Sie zeigt uns immer wieder, dass es keine hübsche endgültige Zusammenfassung gibt, kein perfekt geordnetes System, keine Erklärung dessen, worum es im Leben geht, die man nicht hinterfragen könnte. Statt konkret greifbar zu sein, sind Sinn und Zweck fast die ganze Zeit etwas ziemlich Ungreifbares, auch wenn wir gelegentlich gesegnete Momente erfahren, in denen mit uns und der Welt alles in Ordnung zu sein scheint.

Wenn wir beginnen, unserer Erfahrung im Hier und Jetzt voller Achtsamkeit treu zu bleiben, dann erwarten wir nicht, die Frage nach dem Sinn auf dauerhafte Weise beantwortet zu bekommen. Wir erfahren sinnvolle Augenblicke, fühlen sinnvolle Gefühle, sehen und berühren Dinge, die einen speziellen Sinn für uns annehmen. Ein letzter Sinn, der ein für alle Mal und objektiv festgelegt ist, wird unnötig und irrelevant für uns. Unser Bedürfnis nach endgültigen Erklärungen schwindet. Wir sind zufrieden mit einem provisorischen Sinn, wie wir auch mit provisorischem Vertrauen zufrieden sind.

Es ist ganz natürlich, dass wir versuchen, Verwirrung und Ungewissheit zu reduzieren. Die traditionellen Religionen präsentieren uns kühn eindeutige Erklärungen für das Leben sowie seinen Sinn und Zweck. Sie bieten uns einen sicheren Zufluchtsort vor den Rätseln und Ungewissheiten, mit denen wir uns im erwachsenen Leben konfrontiert sehen. Eine dominierende Religion mag blinden Gehorsam und die Aufgabe unserer Unabhängigkeit sowohl im Denken als auch in moralischen Entscheidungen von uns verlangen. In einer spirituell förderlichen Religion – einer Religion, die erwachsene Menschen ansprechen wird – bekommen wir vielleicht Hilfe auf der Suche nach persönlichen Lösungen innerhalb eines Kontextes mit anderen geteilter Sinnfragen. Unsere Autorisierung kommt dann aus unserem Inneren.

Wann begann bei uns wohl dieses Bedürfnis, auf eine stimmige Anschauung des Universums zu vertrauen? Ab dem dritten Lebensjahr beharren wir auf einer klaren Beschreibung des Lebens und der Welt. Wir fragen unsere Eltern, wie wir gemacht wurden, warum der Himmel blau ist, und wir stellen ihnen endlos andere Fragen des „Wie?" und „Warum?". Ein Satz in sich stimmiger und verständlicher Antworten ist für die Kindheit durchaus angemessen. Doch erwachsen zu werden bedeutet auch, nicht mehr nach solcher Klarheit, Stimmigkeit und Gewissheit zu verlangen oder diese zu brauchen.

Als Erwachsene geben wir uns mit einer gewissen Verwirrung, allen möglichen losen Enden, unbeantworteten Fragen und einer ständig zunehmenden Zahl von Rätseln zufrieden. Uns ist sogar aufgefallen, dass Gewissheiten zu einem Hindernis werden, wenn wir mehr über das Leben lernen und unsere Welt erkunden wollen. Wenn alles klar ist, mangelt es uns an der Fähigkeit, die Gegebenheit der Ungewissheit zu akzeptieren. Wenn wir mit unserem von Wundern gesäumten Weg auch ohne kristallklare Wegweiser zufrieden sind, sind wir furchtlosere Pfadfinder. Wegweiser werden unnötig.

Die Fähigkeit, Zweideutigkeit, Vieldeutigkeit und Ungewissheit zu tolerieren, ist ein Meilenstein in der Entwicklung des Erwachsenen. Beachten Sie, dass dies genau das widerspiegelt, was geschieht, wenn unser Vertrauen zunimmt: Als Kinder brauchen wir absolute Verlässlichkeit; als Erwachsene geben wir uns mit dem sehr viel breiteren menschlichen Spektrum zwischen Vertrauenswürdigkeit und nicht vorhandener Vertrauenswürdigkeit zufrieden.

Die Spiritualität des Vertrauens hat eine heuristische Eigenschaft – wir sind nicht auf der Suche nach dem einen endgültigen Zimmer voller Besitztümer, sondern nur nach neuen Türen. Dies bedeutet, dass sich unsere Suche immer weiter öffnet, statt dass wir uns auf eine verschließende Antwort festlegen. Es geht uns mehr darum zu suchen als darum, gesagt zu bekommen, was wir finden sollten. Dies ist Vertrauen im Rahmen der positivsten Züge unserer postmodernen Weltanschauung, welche Liberalität in Hinsicht auf Ideen, individuelle Autonomie, Gleichheit in Beziehungen, die Relativität von Überzeugungen betont und Autorität infrage stellt.

Eine reife religiöse Empfindung ist in dem Sinne integrativ, dass sie das Individuum dazu ermutigt, sich komplexen Problemen zu stellen ... ohne ihre Komplexität zu reduzieren.

– GORDON W. ALLPORT,
The Individual and His Religion

Buddhistische Pfade zu erwachsenem Vertrauen

Die Religion der Zukunft wird eine kosmische Religion sein. Sie sollte einen persönlichen Gott transzendieren und Dogma und Theologie vermeiden ... Sie sollte auf einer religiösen Empfindung basieren, die aus der natürlichen und spirituellen Erfahrung aller Dinge als einer natürlichen Einheit entspringt. Der Buddhismus entspricht dieser Beschreibung.

– ALBERT EINSTEIN ZUGESCHRIEBEN

Die meisten buddhistischen Traditionen sind in dem Sinne nichttheistisch und nicht-transzendent, dass es in ihnen keinen göttlichen Schöpfer oder ein allwissendes und allmächtiges Wesen gibt, welches das Universum lenkt oder Erlösung aus ihm verspricht. In der tibetischen Tradition des Buddhismus gibt es viele Gottheiten, aber diese werden letztlich als Personifizierungen unseres eigenen weitreichenden Potenzials und unserer Möglichkeiten zur Erlangung von Weisheit verstanden. Es gibt dort zum Beispiel die Rasenden Gottheiten, die vielleicht versuchen, uns den Pfad zur Erleuchtung zu versperren. Sie sind jedoch keine Feinde, sondern nur strenge Lehrmeister, die uns zeigen, wie man gegen die Unwissenheit ankämpft. Diese Gottheiten sind keine Personen, doch wenn sie als Personen dargestellt werden, ist es wahrscheinlicher, dass wir sie bemerken. Dieses Prinzip macht die Ikonographie und die Verehrung in der Spiritualität so wertvoll.

Die Gottheiten werden als Aspekte der Buddha-Natur, die unser aller Wesen ist, visualisiert. Sie sind keine Götter im dualistischen Sinn, sondern Ausdrucksformen der vielen Arten von Göttlichkeit in uns. Göttlichkeit ist unser erleuchtetes Wesen, das im Buddhismus in etwa einer höheren Macht entspricht.

In der traditionellen Religion des Abendlandes ist Gott die Quelle von Gnade und der Ganzheit des Menschen, eine Quelle, zu der wir gewöhnlich durch heilige Rituale Zugang finden. Aus buddhistischer Sicht tragen wir bereits alles, was wir brauchen, in uns. Rituale sind also nicht das, was die Gnade Gottes einlädt, sondern nur eine Aktualisierung der von Gnade erfüllten Buddha-Natur in uns. Die Herausforderung besteht dann darin, sich unserem Ego, dem „Affengeist", zu versagen, der wider unsere wahre Natur handelt. Es ist die Achtsamkeit, die uns das ermöglicht.

Glaube ist aus buddhistischer Sicht kein Glaube ohne Beweise. Er ist Vertrauen auf die eigene Erfahrung. In ihrem Buch *Vertrauen heißt, den nächsten Schritt zu tun* diskutiert Sharon Salzberg die buddhistische Sicht des Glaubens und sagt, er sei im Wesentlichen „ein Vertrauen darauf, dass wir selbst die tiefsten Wahrheiten, auf die wir uns verlassen können, zu entdecken vermögen". Ein solches Vertrauen ist das Gegenteil des Bedürfnisses nach dem Gehorsam gegenüber einer dogmatischen Autorität. Es ist auch ein Freisein von dem Bedürfnis nach Gewissheit in Hinsicht auf die letzten Fragen und nach leichten Antworten auf die Rätsel des Lebens. Ihre Definition des Glaubens entspricht der Definition von Teilhard de

Chardin, der in *Mein Glaube* sagt: „Der einzige Grund, der mich dazu bringen kann, einem Glauben anzuhängen, muss ... in der Harmonie einer höheren Ordnung zwischen dieser Religion und meinen individuellen Überzeugungen bestehen, Überzeugungen, zu denen mich die natürliche Evolution meines Glaubens geführt hat."

Ein Erwachsener lernt also auf das zu vertrauen, was aus den Tiefen seines inneren Lebens auftaucht. Er fühlt sich nicht verpflichtet, den orthodoxen Ansichten einer etablierten religiösen Autorität oder von New-Age-Jüngern anzuhängen. Diese Ansichten müssen zu seiner eigenen Erfahrung passen oder diese widerspiegeln. Er gibt sein intelligentes Unterscheidungsvermögen nicht zugunsten der von blindem Glauben vermittelten Sicherheit und Geborgenheit auf. Er hat ein organismisches Zutrauen zu sich selbst, das heißt, er vertraut darauf, dass sein Körper/Geist schon immer erleuchtet war. Unser Vertrauen auf unsere Buddha-Natur ist unser Zutrauen zu uns selbst.

Ein solcher Glaube ist ein Geist der fantasievollen Neugierde, der sich von Fragen beunruhigen lässt und für den eine solche Beunruhigung ganz in Ordnung ist. Er verträgt es, keine endgültigen Antworten auf seine Nachforschungen zu erhalten und gibt sich mit Metaphern und Mysterien zufrieden. Eine erleuchtete Person ist in der Tat glücklich, keinen definitiven oder verlässlichen Standpunkt zu besitzen, der für alle Gelegenheiten geeignet ist. Sein Wohnort ist ein Fest, das ständig anderswo stattfindet. Er hat jedes Verlangen nach Sicherheit und Geborgenheit aufgegeben. Die Offenheit ist seine liebste Zuflucht.

Nach dem Zen-Meister Shunryu Suzuki beruht Glaube nicht auf irgendeiner Person oder irgendeiner Liste von Überzeugungen, sondern darauf, dass man von etwas getragen wird, das weder materiell noch spirituell ist: „Dies ist unser Körper in seinem vollen Ausmaß – das Universum." Somit können also auch die Kräfte der Natur eine Macht darstellen, die uns selbst transzendiert und jederzeit trägt.

Ein Glaube, der die Sicherheit braucht, dass es einen Gott gibt, der sich um uns kümmert, oder einen Himmel, der auf uns wartet, ist ein Glaube des Egos – das heißt ein Glaube, der auf dem

Verlangen nach Versicherung und auf Anspruchsdenken beruht. Zu wahrem Glauben kommt es, wenn wir vertrauen, ohne uns eines garantierten Beistands sicher sein zu können, auch wenn wir stets für solchen Beistand offen sind. Hierin unterscheidet sich Glaube von gewöhnlichem Vertrauen. *Unser erwachsenes Vertrauen ist provisorisch und beruht auf dem, was durch unsere Erfahrung belegt wird. Unser Glaube ist bedingungsloses Vertrauen, unabhängig davon, was unsere Erfahrung erwiesen hat.*

In einer erwachsenen religiösen Tradition ist Gottvertrauen auf jeden Fall keine Versicherungspolice, die garantiert, dass uns Gott Leiden ersparen wird. Es ist viel mehr die innere Gewissheit, dass unsere Fähigkeit zu lieben intakt bleiben wird, ganz gleich wie sehr wir leiden müssen oder wie ungerecht die Welt uns behandelt. Dies ist eine andere Weise zu sagen, dass unser bedingungsloses Vertrauen auf unserem inneren unverbrüchlichen Gutsein beruht.

Unsere Buddha-Natur bleibt von all unseren Fehlern unberührt und unbefleckt. Sie kann überdeckt werden, wenn wir zu Geiseln unserer eigenen dramatischen Geschichten werden, aber sie bleibt unauslöschlich in uns vorhanden und lässt sich durch Achtsamkeit aufdecken, weil sie nur einen Atemzug entfernt ist. Aus diesem Grund kommt es letztlich nicht einmal darauf an, „was unsere Erfahrung erweist", weil wir immer unsere innere Vertrauenswürdigkeit aktivieren können – wie das jedermann kann.

In der traditionellen Religion kann man auch darauf vertrauen, dass Gott persönlich ist und an unserem Leiden Anteil hat. Unser Glaube ist dann Vertrauen auf die kameradschaftliche Präsenz Gottes. Wir haben das Gefühl, dass Gott bei dem, was uns widerfährt, mit uns fühlt. „Denn du bist bei mir" ist Glaube als Vertrauen.

Wie wir oben gesehen haben, impliziert die erste Wahrheit des Buddhismus, dass wir uns auf nichts voll verlassen, geschweige denn an etwas festhalten können. Wir sind erleuchtet, wenn uns die Last von den Schultern genommen wurde, die darin besteht, aus unserem Wünschen und Festhalten Götter zu machen. Zu erwarten, in dem Befriedigung zu finden, was unbefriedigend ist, ist Leiden.

Zu erwarten, dass Unverlässliche möge verlässlich sein, ist Leiden. Der Buddhismus bietet uns ein erwachsenes Programm und beinhaltet gleichzeitig Vertrauen. Dieses Vertrauen ist Zutrauen und die Zuflucht zu dem, was die Drei Kostbarkeiten genannt wird: der Buddha, der Dharma und der Sangha.

Der Buddha ist das Potenzial zur Erleuchtung in uns selbst und in allen Lebewesen. Zum Buddha Zuflucht nehmen bedeutet Zuflucht nehmen zu der Zugänglichkeit der Erleuchtung in unserem Inneren – in diesem und in jedem Augenblick, in diesen und in allen anderen Schwierigkeiten.

Der Dharma ist die buddhistische Lehre. Zum Dharma Zuflucht nehmen bedeutet auf die Praktiken zu vertrauen, die der Dharma uns anbietet, und sie als verlässliche geschickte Mittel auf dem Pfad zur Erleuchtung zu betrachten. Unser Vertrauen erweist sich in der Ernsthaftigkeit unserer Verpflichtung zur Übung, insbesondere der Übung von Achtsamkeit und liebender Güte.

Der Sangha ist die Gemeinschaft der Übenden, die den Lehren folgen. Zum Sangha Zuflucht nehmen bedeutet Zuflucht zu nehmen zu der Kraft der Kameradschaft zwischen uns und anderen Praktizierenden. Dazu gehört das Mitgefühl mit all jenen, die ebenso wie wir darum ringen, Furcht und Anhaften – die Wurzeln des Leidens – loszulassen. Wir hoffen darauf, dass sie uns gegenüber ebenso mitfühlend sind.

Der Buddha repräsentiert auch die unmittelbare Erfahrung im Gegensatz zu der falschen Zuflucht des Egos zu Geistesverfassungen. Der Dharma besteht darin, aus diesen Erfahrungen zu lernen. Der Sangha besteht aus den anhaltenden Beziehungen, die sich daraus ergeben. Alle drei Zufluchten setzen einen Glauben voraus. Wir müssen daran glauben, dass alle Lebewesen das grundlegende Gutsein, die Buddha-Natur, besitzen. Es verlangt Glauben zu akzeptieren, dass das Ablassen vom Anhaften und die Befolgung der Gebote der liebenden Güte zu wahrer Befreiung führen. Und es verlangt Glauben, um sich mit anderen in unserer Übung zusammenzutun und auf sie zu vertrauen.

Wenn wir von Zweifeln geplagt werden, können wir nach Art des buddhistischen Tantras praktizieren. Dies bedeutet, dass der Zweifel für uns kein Hinderungsgrund ist, *sondern etwas, womit wir arbeiten*, eine wertvolle Gelegenheit, mehr Licht in unser Leben zu lassen. Das transzendente „Mehr" der traditionellen Religion kann sich auch auf mehr Licht, mehr Leichtigkeit, mehr Erleuchtung beziehen. Wir werden zudem von der Last des Egos befreit und damit erleichtert – von Ängsten, mit denen wir niemals umgegangen sind und von nie befriedigten Wünschen.

Eine Zuflucht ist etwas Verlässliches. In manchen Traditionen des Buddhismus gibt es keine Zufluchten. Unsere Übung besteht dann darin, unser Leben ohne jegliche Krücken, ohne etwas, worauf wir uns stützen können, zu leben. Da gibt es nichts, worauf wir uns verlassen können. Das ist in der Tat eine Herausforderung für unser Kernvertrauen; es kann dieses aber auch enorm stärken.

Der Buddha benutzte das Gleichnis eines Floßes, um uns zu erklären, wie wir seine Lehre gebrauchen sollten. Mit diesem Floß können wir über den Fluss der Täuschung übersetzen, aber dann lassen wir es am Flussufer zurück, wenn wir in den Dschungel des täglichen Lebens weitergehen. Indem wir dies auf jeden religiösen Glauben anwenden, vermögen wir zu bekräftigen, dass wir an keiner Religion festhalten, sondern diese nur dazu verwenden, auf unserer Reise voranzukommen. Die Lehren werden von Meister zu Meister und von Generation zu Generation weitergegeben. In einer solchen altehrwürdigen Lehre glauben wir das, was die alten Meister geglaubt haben, aber wir glauben nicht *an* sie, sondern *mit* ihnen. Dieses Zutrauen ist etwas Kollektives, nicht einfach nur etwas Persönliches. So wird deutlich, dass es die ganze Person ansprechen kann.

Die Verlässlichkeit der Buddha-Natur, des unauslöschlichen erleuchteten Wesens in uns, führt zu einer Leichtigkeit im Umgang mit uns selbst und mit anderen. Dies ist die wahrhaft spirituelle Grundlage von Vertrauen. Wir können darauf vertrauen, Zugang zu der reinen Erfahrung des Hier und Jetzt zu haben, ungehindert von Ablenkungen und ohne auf Abwege von der Wirklichkeit zu

241

geraten. Wir können darauf vertrauen, dass es uns möglich ist, mit liebender Güte zu handeln, ganz gleich, wie andere uns behandeln. Wir können darauf vertrauen, dass wir es unterlassen können, uns selbst noch zusätzlichen Schmerz zuzufügen, ganz gleich, wie tief wir im Leiden stecken. Wir können darauf vertrauen, dass wir in einem sich ständig weiterentwickelnden Universum leben, ganz gleich, wie schlecht die Situation momentan zu sein scheint. Welch Freude ist es doch, ein solches Zutrauen zu besitzen!

Auf die Buddha-Natur anderer zu vertrauen heißt, dass wir sie niemals verloren geben. Wir wissen stets, dass sie auf den Pfad der Erleuchtung finden können, dass sie Liebe in sich tragen und dass sie aus ihrem Ego heraus in ein weiteres und höheres Leben eintreten können. Aus diesem Grund ist niemals Vergeltung angebracht, liebende Güte dagegen immer. Unsere Übung der liebenden Güte macht es uns möglich zuzulassen, dass andere nicht so für uns einstehen, wie wir es uns wünschen, dass sie auf Distanz bleiben, statt hier bei uns zu sein, dass sie nicht immer unsere Bedürfnisse befriedigen und dass sie uns manchmal ganz und gar ablehnen. Dabei trauen wir uns zu, ihr Gutsein zu empfangen, wenn sie es zeigen, und uns nicht gegen sie zu wenden, wenn sie es nicht tun. Auf diese Weise wird das spirituelle Vertrauen schließlich dermaßen siegreich, dass es sich unter dem Banner der Liebe jegliches Terrain aneignet, das zuvor vom neurotischen Ego regiert wurde.

Wir behalten unser gesundes Ich bei, während wir seine neurotischen Neigungen – etwa Furcht, Urteile, Vorlieben, Aggression, Begehren, Kontrolle, Vergleiche – eine nach der anderen ausräumen. So gelangen wir zu dem, was der buddhistische Meister Chögyam Trungpa „strahlende Geistesklarheit" nannte, nämlich Geräumigkeit, Klarheit und Mitgefühl. Wir sind des Egos ebenso leer wie das Firmament, wir sind gänzlich offen, enthalten aber Vögel, Wolken und auch Regenbögen. Es gibt, mit anderen Worten gesagt, immer noch Raum für all die Ereignisse und Menschen in unserem Leben, während wir frei sind vom Ego. Mitgefühl ist in seiner Ausrichtung transzendent, da es uns von uns selbst weg und zu anderen hin führt. Unsere spirituelle Arbeit besteht also nicht darin, der Welt zu entsagen, sondern uns in ihr und für sie hinzugeben. Das ist im Grunde der Weg.

Das Vertrauen auf ein höheres Selbst

Wir wissen, dass die menschliche Psyche sowohl individuelle als auch kollektive Züge besitzt. Wir haben eine einzigartige Persönlichkeit aber gemeinsame Vorfahren. Wir erkennen uns selbst, indem wir in die kollektive Quelle der Religion, der Mythen, der Symbole und der Bilder eintauchen, die die Menschen schon seit alten Zeiten angezogen haben. Dadurch wachsen wir nicht nur aufgrund unserer eigenen Erfahrung, sondern auch auf der Grundlage der Erfahrung unserer Vorfahren, die ebenso wie wir nach Sinn im Leben gesucht und ihn auf imaginative Weise gefunden haben. Auf diese Weise vermögen die Weisen und Heiligen, die wir bewundern, uns zu helfen. Sie weisen uns den Weg zu Zielen und Bestimmungen, die großartiger – und unerhörter – sind als alles, was wir für menschenmöglich angesehen haben.

Das „Selbst" im Sinne von C. G. Jung steht für unsere meist unbewusste kollektive menschliche Identität jenseits unseres individuellen Egos. Das Selbst ist kein Ding, sondern vielmehr ein Feld, das jegliche persönliche Einzelidentität transzendiert und gleichzeitig die belebende Kraft jeder Person ist. Genauso ist sie auch dasselbe wie die Energie des gesamten Universums. In der *Bhagavad Gîtâ* wird das folgendermaßen formuliert: „Meine höhere Natur ist die Lebenskraft, die das Universum trägt." Eben dieses Selbst, unsere „höhere Natur", kann das sein, was viele Menschen als Gott oder eine höhere Macht begreifen.

Unser Ego ist unser kleineres Ich. Dies ist unsere Persönlichkeit mit ihrer einzigartigen Weise, zu denken und zu fühlen. Unser Ich wird anders als das Selbst durch unsere Rollen und unser Verhalten definiert und es unterliegt Furcht und Begehren. Das Ich kann gesund sein und uns dann helfen, unsere Ziele im Leben zu erreichen.

Es kann aber auch auf abhängig machende und angsterfüllte Wege abirren und wird dann zu einem Vehikel des Leidens.

Unsere volle Identität ist sowohl das Ich als auch das Selbst. Das Ich wird bei unserer Geburt geboren und stirbst bei unserem Tod. Das Selbst ist ungeboren und todlos. Das Ich ist in jeder Person einzigartig; das Selbst ist in uns allen dasselbe. Das Ich befindet sich in unserem Körper/Geist. Unser Körper/Geist befindet sich im Selbst.

Das Ich lässt sich durch die Psychologie verstehen. Das Selbst ist ein Mysterium. Es entzieht sich jeder Beschreibung, da es kein „Etwas" ist, kein vereinzeltes Ding in einer Welt vereinzelter Dinge, sondern die Lebenskraft eines jeden „Etwas".

Wir haben festgestellt, dass die positiven Eigenschaften des Selbst genau dieselben sind wie die, die zur Beschreibung von Gott, Buddha und den Heiligen herangezogen werden – Liebe, Weisheit und heilende Kraft. Wir haben Anteil am Selbst, wenn wir einen Moment der Epiphanie, der bedingungslosen Liebe, der außerordentlichen Weisheit und der unerwarteten Heilung erfahren. Ganz zu sein heißt, in Einklang mit diesen drei Gaben zu leben.

Für C. G. Jung ist unsere Sehnsucht nach Ganzheit unser spiritueller Instinkt. Spiritualität ist das Engagement für ein Leben als Ausdruck der Ganzheit. Wir haben unser Leben dann mit den Eigenschaften des Transzendenten abgerundet. Wir werden dies als Höhepunkt und Erfüllung unserer menschlichen Reise empfinden, als die Inkarnation des Göttlichen auf der Erde.

Aus der Sanguinischen Sicht liegt die göttliche Präsenz im tiefen Selbst, dem Unbewussten. Darum schreibt Jung: „Wir verlassen uns auf die unbewusste Psyche oder die „Gnade Gottes" – auf den Namen kommt es hier nicht an." *Sich verlassen auf* ist gleichbedeutend mit *Vertrauen*. Auf das Göttliche zu vertrauen heißt auf das höhere Selbst vertrauen.

> Wann immer unsere *Liebe* bedingungslos wird, ist klar, dass dies durch die Gnade einer Macht geschehen ist, die alles überschreitet, was das Ego handhaben oder heraufbeschwören kann.

Dieser Augenblick der bedingungslosen Liebe-durch-Gnade wird zu unserer gefühlten Wahrnehmung des Göttlichen. Wann immer unsere Weisheit größer ist, als es unser Verstand ohne Hilfe zu erreichen vermag, also ein Geschenk der Gnade, das erleben wir eine gefühlte Wahrnehmung des Göttlichen, denn Gott ist für uns ewige Weisheit. Wann immer unser Vermögen, zu *heilen* und zu versöhnen statt zu vergelten und aufzuspalten größer wird, als wir es gewohnt sind, erleben wir eine gefühlte Wahrnehmung des Göttlichen, denn im göttlichen Leben geht es um universale Aussöhnung und Mitgefühl.

Diese drei Momente sind Augenblicke der Inkarnation des Göttlichen. Dies bedeutet, dass das transzendente Göttliche, dass in uns immanent ist, in Zeit und Raum eintritt. Alle drei Momente können wir nicht kontrollieren und herbeiführen. Wir haben das Gefühl, das hier etwas Größeres im Spiel ist, als wir es je gewesen sind, und es strömt durch uns hindurch.

In seinem Interview mit Frederick Sands sagte C. G. Jung: „Eine der wichtigsten Eigenschaften der menschlichen Seele ist ihre religiöse Funktion, die es dem Menschen ermöglicht, Frieden mit sich selbst zu schließen, indem er die höhere Macht in sich selbst begreift." In den meisten Religionen finden wir den Glauben an das Gutsein in allen Menschen, das unbefleckt bleibt von allem, was der Mensch getan hat. Die Quäker sprechen von „dem von Gott in jedermann". In der christlichen Tradition spricht man auch vom Christusbewusstsein als einem in uns wohnenden Geist. Im Hinduismus ist dies der göttliche Funke in allen Lebewesen. Im Buddhismus heißt es, dass jedermann und alle Dinge eine erleuchtete, weise und mitfühlende Natur besitzen – die Buddha-Natur. Jung nennt das höhere Selbst den Gott-Archetypus in jeder Person.

All dies ist eine Art und Weise zu sagen, das alles *mehr* ist, als es zu sein scheint und dass wir alle im Wesentlichen gut sind, auch wenn wir uns existentiell, im täglichen Leben, nicht immer dafür entscheiden, so zu handeln. Und doch wissen wir, dass wir uns gut fühlen, wenn wir geliebt werden, und dass es uns dazu bringt, liebevoll sein zu wollen. Wissenschaftliche Untersuchungen haben erwiesen, das Mitgefühl unsere Immunreaktion verstärkt und uns so gesünder macht. Dies sind unsere besten Indikatoren dafür, dass das Gutsein in uns wohnt und wir dementsprechend handeln sollten.

Wenn das Ich und das höhere Selbst zusammenwirken, dann sprechen die Jungianer von „Individuation". Die Ich-Selbst-Achse ist ein Anschluss unseres individuellen Ichs an das höhere universale Selbst. Dazu kommt es, wenn das aufgeblähte Ego mit seiner Neigung zur Angst, Unwissenheit und Aufspaltung sich den Zwecken des des höheren Selbst ergibt. Dann wird die Angst zu Liebe, die Unwissenheit zu Weisheit, und die Trennung wird zu Versöhnung und Heilung.

Das Ich muss also nicht zerschlagen, sondern einfach nur in eine andere Richtung gelenkt werden. Wir zügeln unser Ego, wie wir ein Pferd zügeln, damit es seinen Zweck besser erfüllen kann. Zu diesem Prozess gehört das Ablassen vom Anspruchsdenken und der Egozentrik des Ichs. Wir richten uns stattdessen darauf aus, bedingungslose Liebe zu zeigen und mit Mitgefühl und Weisheit zu handeln und tragen damit zur Heilung und Weiterentwicklung der Welt bei. Spirituelle Übungen helfen uns, diese Ich-Selbst-Verbindung herzustellen. Unsere Individuation erreicht dann ihren Höhepunkt, wenn unsere persönliche Integration und unsere universale Verbundenheit zu ein und derselben Erfahrung werden. Aus diesem Grunde sind psychische Gesundheit und spirituelle Gesundheit letztlich dasselbe.

Indem wir uns erleichtern und die schwere Verkleidung des Egos ablegen, lassen wir automatisch das Licht des spirituellen Gewahrseins herein, da es nicht mehr von unserem Ego blockiert wird. Das Ich ist nun zu einem Pfad zum Licht geworden, statt dieses abzublocken. Wir können darauf vertrauen, dass zusammen mit den Verwirrungen des Egos in der Tat auch Gutsein, weise Eigenschaften und erleuchtete Verhaltensweisen vorhanden sind.

Das Selbst drängt uns immer in Richtung auf die Ganzheit voran. So sind denn auch alle Ereignisse, ob sie uns nun negativ oder positiv vorkommen, Treibstoff für den Motor des fortlaufenden Projekts, unser Ego mit dem Selbst in Einklang zu halten. Aus diesem Grund ist das Kernvertrauen so nützlich dafür, uns in Richtung Ganzheit vorankommen zu lassen. C. G. Jung spricht von dem „geradezu unwiderstehlichen Drang, zu dem zu werden, was man ist". Für ihn war Ganzheit die Essenz der Spiritualität, und diese ist ein Drang in uns, der ebenso stark ist wie der Sexualtrieb und der Überlebenswille.

Wenn wir unser volles Potential verwirklichen, sind wir Seligkeit, Liebe und Güte. Eine Religion oder Spiritualität, die gesund für uns ist, wird ein Leben fördern, das von diesen drei Eigenschaften überquillt. Sie wir unsere Lebendigkeit nicht unterdrücken, sondern sich daran freuen. Darum sagt Thomas Merton in *Love and Living:* „Wahre Reinheit findet sich gerade im Geist der Feier, der Dankbarkeit und der Freude."

In diesem Kapitel haben wir die Idee des Vertrauens auf eine höhere Macht erörtert. Wir haben dazu Aussagen aus dem Christentum, dem Buddhismus, der Spiritualität und der Psychologie von C. G. Jung gehört. Jede dieser Traditionen hat ihre eigentümliche Auffassung vom Sinn des Lebens in der Form von Ideen, Praktiken und Prinzipien. Wir würden unserem Thema jedoch nicht Genüge tun, wenn wir nicht noch einen Punkt hinzufügen würden: Wir könnten uns dafür entscheiden, keinem dieser vorgegebenen Pfade zu folgen. Vielleich haben wir ja schon unseren ganz eigenen Pfad gefunden oder sind dabei, ihn zu finden. Das ist immer eine ganz und gar praktikable und sogar aufregende und mutige Möglichkeit.

Übung

Erwachen auf vielen Ebenen

Wir können nun unser gesundes Ich vom neurotischen Ego unterscheiden sowie auch von unserem spirituell erwachten Ich. Unser gesundes Ich lässt uns in der Welt funktionieren, indem es auswählt, was uns hilft, unsere Lebensziele zu erreichen, wozu auch gesunde Beziehungen gehören. Unser neurotisches Ich ist – wie wir oben gesehen haben – die Fassade, was wir zu wahren suchen und die aus Angst, Anhaften, Kontrolle und Anspruchsdenken besteht. Unser spirituell erwachtes Ich steht in Verbindung mit dem höheren Selbst und weiß universell und bedingungslos zu lieben, mit Weisheit zu leben sowie Heilkraft und Versöhnung in die Welt zu tragen. Das folgende Diagramm hilft uns, die drei unterschiedlichen Ausprägungen auf einen Blick zu sehen:

Das gesunde Ich	*Das neurotische Ego*	*Das spirituell erwachte Ich*
Psychologische Arbeit ist nötig, um es aufzubauen.	*Spirituelles Engagement ist nötig, um es zu transformieren.*	*Spirituelle Übung ist nötig, um es zu entwickeln.*
Intelligente Vorsicht und immer weniger Sorge darum, wie andere uns beurteilen.	Angst, dass die anderen uns vielleicht nicht mögen.	Liebende Güte.
Selbstvertrauen und Selbstachtung	Festhalten am Rechthaben und Unfähigkeit, sich zu entschuldigen.	Weisheit und Offenheit.
Effektiver Umgang mit den Dingen und Anpassung an diese, sowohl individuell als auch in Beziehungen.	Kontrolle anderer und von Ereignissen.	Bedingungsloses Ja zu den Menschen, wie sie sind, und zum Leben, wie es sich entfaltet.
Einstehen für die eigenen Rechte, doch ohne Vergeltung, und Akzeptanz der Gegebenheiten des Lebens mit angemessenen Gefühlen, aber ohne Klage oder Schuldzuweisung.	Anspruch, der Erste zu sein, von jedermann respektiert zu werden, unverantwortlich handeln zu dürfen, ohne etwas gutmachen zu müssen, sich rächen zu dürfen und von den Gegebenheiten des Lebens verschont zu bleiben.	„Leben und leben lassen"- Einstellung und Versöhnung und Vergebung als echtes Anliegen.

Dies sind Fähigkeiten.	Dies ist ein Mangel an Fähigkeiten.	Diese Dinge kommen als Gnade.
Ergebnis: geistige Gesundheit.	Ergebnis: weltlicher Erfolg oder ständige Enttäuschung.	Ergebnis: Heiligkeit.

Arbeiten Sie mit dieser Gegenüberstellung, indem Sie sich fragen, wo ihre Denk-, Beziehungs- und Verhaltensmuster in dieser Gegenüberstellung auftauchen.

In der Psychologie und Psychotherapie geht es hauptsächlich um den Aufbau eines gesunden Ichs. Diese Disziplinen sind im Allgemeinen nicht auf die Verwirklichung hoher Ideale oder auf die Transformation des Individuums oder der Spezies ausgerichtet. Sie konzentrieren sich darauf, wie das Individuum gesund genug werden kann, um persönliche Gelassenheit und persönliches Glück zu erreichen. Eine derart minimalistische Sichtweise fordert nicht genug von uns Menschen, die wir uns ständig weiterentwickeln und die Welt stets überraschen sollten. Wir können sehr viel mehr sein als das, was in den psychologischen Lehrbüchern beschrieben wird.

Beispiele für die Verbindung von psychologischer Arbeit und spirituellem Erwachen sind die Zwölf-Schritte-Programme für die Genesung von einer Sucht. All die altbewährten Mittel der Psychologie können Nüchternheit und Genesung nicht erreichen. Wie C. G. Jung dem Gründer der Anonymen Alkoholiker, Bill Wilson, sagte, ist im Falle einer Sucht ein spirituelles Programm nötig. Dies bedeutet:

Anerkennung der Machtlosigkeit des Ichs.
Gnade von einer Macht, die das Ich transzendiert.
Kameradschaft mit anderen Menschen, die uns auf dem Pfad unterstützen.

Wenn wir uns daran erinnern, was wir oben über den Buddhismus gehört haben, entspricht Punkt eins dem Buddha, Punkt zwei dem Dharma und Punkt drei dem Sangha – den Grundlagen des

Vertrauens. Eine Übung besteht darin, sich anzuschauen, wie man jede dieser drei Quellen des Vertrauens im Alltag verwendet:

Inwiefern verlassen Sie sich auf Ihr inneres Potential zu universaler und bedingungsloser Liebe, der uralten Weisheit und heilender Kraft?

Wie oft bitten Sie höhere Mächte, die Ihre Person überschreiten, um Gnade?

Wie oft bedanken Sie sich, wenn Ihnen Gnade widerfährt?

Wie nahe stehen Sie Ihren Mentoren und hilfreichen Freunden oder einer Gruppe, die auf der Suche nach der Kraft, den nächsten Schritt zu tun, beisteht?

Nachwort

Vertrauen auf das begnadete Zusammentreffen von Umständen

In diesem Buch haben wir uns immer wieder auf Synchronizität bezogen, den Archetyp der hilfreichen Macht – einer Gnade –, die sich in Augenblicken des sinnvollen Zusammentreffens von Umständen manifestiert, eines Zusammentreffens, das wir selbst niemals herbeiführen könnten. Wir können auf die Gelegenheiten vertrauen, die sich uns in solchen Momenten der Synchronizität bieten. Wenn wir aufmerksam auf das achten, was natürlich und jenseits unserer Kontrolle passiert, gibt uns das vielleicht Hinweise darauf, wie wir unsere innere Entwicklung am besten fördern können. Dies ist kein Aberglaube, sondern ein Vertrauen darauf, wie das Unbewusste und andere Mächte, die unser Ego überschreiten, am Werk sind, um uns zu unserem ganzen Selbst erwachen zu lassen. Wir können uns darauf verlassen, dass Synchronizität uns stets in Richtung auf eine spirituelle Praxis führt. Dies hat mit dem Zweck der spirituellen Praxis zu tun: Man übt sie nicht aus, um irgendwann Erleuchtung zu finden. Eine spirituelle Praxis ist das, was wir tun, weil wir in unserem innersten Wesen bereits erleuchtet sind. Spirituelle Praktiken sind ein Ausdruck und eine Verkörperung dieser phantastischen Tatsache.

Ich möchte mit einem erstaunlichen persönlichen Beispiel der Gnade einer Synchronizität schließen, die sich ereignete, als ich mich dem Abschluss der Arbeit an diesem Buch näherte. Dieses außerordentliche Ereignis half mir psychologisch weiter und zeigte mir zugleich die Kraft meiner Übung der liebenden Güte.

Mein Halbbruder rief mich aus Connecticut an, um mir mitzuteilen, ein Freund habe ihm aus purem Zufall ein Foto meines Vaters aus dem Jahr 1932 anlässlich des Abschlusses der achten Klasse gezeigt. Dieser Freund hatte keine Ahnung, dass mein Vater sich auf diesem Foto befand. Er wollte meinem Bruder ein Foto von der Abschlussfeier der achten Klasse seines eigenen Vaters zeigen und mein Bruder erkannte seinen Vater darauf, der gleich neben den Vater seines Freundes stand. (Die Namensliste auf der Rückseite des Fotos bestätigte, dass es sich tatsächlich um meinen Vater handelte.)

Mein Bruder sandte mir einen Abzug von diesem Foto, wofür ich ihm sehr dankbar war. Ich betrachtete das Foto gedankenverloren und mir fiel ein, dass dieser Junge auf den Foto nur acht Jahre später mein Vater werden sollte und dass er zehn Jahre später verschwunden sein sollte. (Meine Eltern ließen sich scheiden, als ich zwei Jahre alt war und mein Vater zog weg und ich sah ihn niemals wieder.) Mir fiel auch auf, dass ich bei all diesen Gedanken keine besonderen Gefühle hatte – was ungewöhnlich für mich war.

An dem Sonntagvormittag nach Erhalt des Fotos suchte ich die Green Gulch Farm auf, eine Zen-Gemeinschaft im Marin County von Nordkalifornien, um dort die wöchentliche Dharma-Darlegung zu hören. Ich war zu früh dran und benutzte die Gelegenheit, mich zum Sonnen im Gras auszustrecken. In der Nähe war ein Spielplatz und ich hörte das Kreischen und die Schreie von Kindern, ohne einzelne Worte zu verstehen. Plötzlich segelte ein klar artikulierter Satz über die Wiese zu mir herüber, auf den gleich wieder unartikuliertes Geschrei folgte. Offenbar hatte ein kleiner Junge auf die Frage eines Spielgefährten geantwortet. Die mit sehr viel Gefühl ausgesprochenen Worte brannten sich in mein Bewusstsein ein: „Ich habe einen Papa, aber er wohnt weit, weit weg in San

Diego." (Das ist am weitesten von Marin County entfernte Stadt in Südkalifornien.)

Mir stiegen Tränen in die Augen, da ich den Schmerz des Verlustes deutlich in der Stimme des Jungen wahrgenommen hatte. Ich dachte an meinen eigenen Vater, der während meiner gesamten Kindheit weit weg gewohnt hatte. Dann dachte ich an die vielen Kinder, die die Erfahrung dieser Ferne machen mussten, nachdem ihre Eltern geschieden worden waren. Ich erinnere mich noch, dass ich zu mir sagte: „Väter tun das manchmal."

Ich ließ die Tränen strömen und stand nicht aus dem Gras auf oder wischte mir die Augen, damit niemand meine Erfahrung störte. Ich wusste, dass es wichtig war, dieses Schluchzen geschehen und seinen Lauf nehmen zu lassen. Bald stiegen Klagelaute aus mir auf, wer weiß aus welcher Tiefe. Ich blieb offen für die Erfahrung, dankbar für die unerwartete und ungeplante Gelegenheit, diese so lange in mir vergrabenen Gefühle zum Vorschein kommen zu lassen. Ich machte keinen Versuch, die Tränen oder das Schluchzen in dem Versuch, sie zu erklären – was eine mir gewohnte und ablenkende Tendenz ist – zu stoppen.

Erst später überdachte ich die Erfahrung und versuchte zu verstehen, was mir geschehen war. Mir wurde klar, dass es hier einen Zusammenhang mit dem Foto gab. Ich hatte es ohne jede Trauer um die mir entgangene Vater-Sohn-Beziehung betrachtet. Die nicht vergossenen Tränen hatten jedoch darauf gewartet, fließen zu können, sodass ich etwas mehr von dem in mir vergrabenen Kummer loslassen konnte. Das sinnvolle Zusammentreffen von Umständen, als ich den Jungen hörte, den ich nie zu Gesicht bekam, war genau das, was ich brauchte, damit etwas in mir aufbrechen konnte. *Platziert das Universum die Dinge so sorgfältig, dass sich unser Herz gerade im richtigen Moment öffnen kann? Ist das nicht ein fürsorgliches Universum?*

Diese Erfahrung war auch ein konkretes Beispiel für die Macht der Übung von liebender Güte. Ich war bruchlos und mühelos vom Schmerz des Jungen zu meinem eigenen Schmerz und dann dem

Schmerz aller Kinder übergegangen. Zu diesem Übergang vom persönlichen zum universalen Mitgefühl kommt es als Ergebnis der Übung von liebender Güte. Welch erstaunliches Beispiel dafür, wie unsere spirituelle Praxis Hand in Hand mit unserer psychologischen Arbeit einhergeht.

Diese Synchronizität passte mit all den Synchronizitäten zusammen, die zu ihr geführt hatten: dass mein Bruder einen Freund hatte, der Klassenkamerad meines Vaters gewesen war, dass er meinen Vater erkannt hatte, dass ich vor diesem Wochenende einen Abzug des Fotos erhalten hatte, dass ich zu früh zu der Darlegung gekommen war, sodass ich mich hinlegen konnte, dass es ein sonniger Tag war, sodass es mich reizte, mich im Gras auszustrecken, dass der Spielplatz in der Nähe war, dass ich hier ungestört meinen Tränen und dem Schluchzen den Lauf lassen konnte, dass das ein Junge war, der etwas Ähnliches erlebt hatte wie ich, dass dieser eine Satz der Einzige war, der deutlich artikuliert zu mir herüber drang – dies war für mich die wahre Dharma-Darlegung dieses Tages.

Welch geheimnisvolle Kraft lässt all diese Dinge genau so zusammentreffen? Wie können wir – Sie, der Junge, der das Wort „weit" so traurig wiederholte, und ich selbst – je daran zweifeln, dass wir Vertrauen wagen dürfen?

Wir erfahren alle Augenblicke, in denen das universale Leben uns mit Freundlichkeit zu umhüllen scheint.

– WILLIAM JAMES, *Die Vielfalt religiöser Erfahrung*

Über den Autor

Dr. phil. David Richo, MFT, ist ein Psychotherapeut, der in Santa Barbara und San Francisco in Kalifornien praktiziert und Workshops abhält. In seiner Arbeit kombiniert er Sichtweisen der Jungianischen Psychologie und des Buddhismus. Er hat mehr als ein Dutzend Bücher über Psychologie und spirituelles Wachstum geschrieben. Mehr Information über ihn, seine Veranstaltungen und Audio-Programme (in englischer Sprache) auf http://davericho.com

Folgende Bücher von ihm sind bereits in deutscher Übersetzung erschienen:

Fünf Dinge
die wir nicht ändern können und das Glück das daraus entsteht,
Windpferd 2008

Reif werden füreinander –
Wie man in Beziehungen erwachsen wird – Die fünf
Dimensionen authentischer Liebe, Windpferd 2009

Wenn die Vergangenheit allgegenwärtig ist –
Wie die emotionalen Wunden heilen, die unsere Beziehungen
vergiften, Windpferd 2011